한국연구재단 학술명저번역총서

서양편

대통령이 만드는 정치 ②

The Politics Presidents Make:
Leadership from John Adams to Bill Clinton

스티븐 스코우로넥 저 | **백창재** 역

박영사

차례

1권 · 차례

2권 · 차례

제7장

자유주의 리더십: 흐려지는 경계들

대통령이 만드는 정치에 대한 네 번째 고찰에서 우리는 지금까지 추적해 온 각 리더십 유형들의 논리적 한계를 마주하게 된다. 프랭클린 루즈벨트, 린든 존슨, 지미 카터 각각은 현대 대통령직의 자부심에 가득 차서 자신들의 권위의 한계를 넘으려 했고, 그러는 동안 각 유형들에 대한 익숙한 구분을 모호하게 만들었다. 루즈벨트의 재편에 있어서 우리는 태동하고 있던 다원 사회에서 과거와의 단절이 가져오는 곤란한 문제들을 보게 된다. 재편 리더십 한계가 어디까지인지 실험하는데 있어서 이 문제들의 도전에 직면하여 루즈벨트는 궁극적으로 정치적 재편과 기술의 본질화 간의 구분을 사라지게 했다. 린든 존슨은 물려받은 근거들을 재표출하는 것과 미국 정치를 완전히 재편하는 것 사이의 구분을 흐리게 했다. 그의 리더십에서 우리는 대통령 권력의 확대가 기존의 이익과 이념들을 조정할 수 있는 능력에 어떻게 영향을 미치는지, 그리고 이런 조정을 강화한 것이 어떻게 대통령의 레짐 소속 여부가 지닌 실질적 의미를 사라지게 했는지 알 수 있다. 대중동원(plebiscitary) 정치를 활용하는 데 천재성이 있었던 지미 카터는 대중과의 직접적인 관계를 활용하여 해체의 정치가 지닌 논리적 한계를 넘어서려 했다. 자신의 정치적 지지를 구축할 수 있는 능력에 대한 예리한 감각을 지니고 카터는 이 불가능한 리더십 상황에서 다른 대통령들이 했던 것보다 훨씬 더 나아갔다. 대중들에 대한 직접적인 호소와 자유주의 레짐의 문제 해결을 위한 기술 중심적 접근을 결합시키면서 카터는 이 레짐의 가장 근본적인 기약들에 대해 저항했고, 기존 질서가 파산했다고 선언했으며, 독자적으로 구조적 변화를 추진했다.

제1부 프랭클린 루즈벨트의 재편

인류의 상품 교환을 지배하던 자들은 그들의 완고함과 무능력으로 인해 실패했고, 자신들의 실패를 인정했으며, 물러났습니다.
몰염치한 환전상들의 행위는 여론의 법정에 기소되었고, 사람들의 마음 속에서 거부되었습니다.
환전상들은 우리 문명 사원의 높은 자리에서 도주했습니다.
우리는 이제 이 사원을 원래의 진리에 맞게 복구할 수 있습니다.

오랫동안 지속해 온 정치 질서가 정책 실패와 깨진 약속들과 당혹스러워진 지지자들로부터 공격받던 그때, 프랭클린 루즈벨트는 "깨끗한"(clean hands) 후보였다.[1] 1932년의 압승을 위해 선거 유세를 하면서 루즈벨트는 "공화당 지도부" 전체를 비난했다.[2] 그는 이들이 번영을 외친 가짜 선지자라고 비난했고, 경제적 재난을 다루는데 무능력하다고 공격했으며, 절망적인 사회 앞에서도 고집불통이었다고 고발했다. 선거 유세에서 공화당 레짐이 도덕적으로 파산했다고 선언하면서 루즈벨트는 과감한 조치를 취하고 새로운 기준을 만들 것이며 미국 정치에 원래의 진리(ancient truth)를 복원시키겠다고 주장했다.

기본적인 주장에 있어서 이처럼 단순하고 그 순간을 장악하는 데 있어서 이처럼 확고한 리더십을 찾아보려면 20세기 중반을 훨씬 넘어서서 오랜 기간을 뒤져보아야 한다. 루즈벨트는 이전에 몇 안 되는 대통령들만이 지녔던 정치적 권위를 행사했다. 흥미로운 점은, 루즈벨트처럼 기존 질서 때문에 사라진 원래의 보편적 진리를 새 질서 속에서 복구하겠다고 약속했던 다른 대통령들을 찾게 되면, 루즈벨트의 웅장한 이미지가 곧바로 보다 균형된 것으로 바뀐다는 점이다. 이전 사례들과의 비교가 재편의 정치에 있어서 새로운 패턴을 끌어내 주는 것이다. 재편 리더십의 핵심적 요소들이 미국 정치의 점진적 발전과정에 의해 어떻게 변화되었는지를 보여주며, 따라서 그 전형적인 성격에 새롭게 덧붙여진 미묘함과 맥락적인 변화 양상에 주목해야 할 필요가 생긴다.

자신이 "깨끗한" 후보라는 루즈벨트의 단순한 주장을 예로 들어 보자. 재편을 하려는 자세에 있어서 이보다 기본적인 것은 없다. 그렇지만 공화당 레짐의 지독한 실패에도 불구하고 이 경우에 있어서 물려받은 기약들과 무관하다고 주장하는 것은 비교적 복잡한 일이 되어 있었다. 일단, 루즈벨트는 자신이 곧 정당이었던 앤드류 잭슨과 달랐다. 또, 새로운 정당의 후보였던 링컨과 같지도 않았다. 그를 대통령 후보로 지명하려던 정당은 100년 역사의 짐을 지고 있었다. 루즈벨트 자신은 이 정당을 "똑같은 반동적 교리"의 다른 이름 정도로 간주했다.[3] 따라서 루즈벨트는 대통령 리더십 유형 중 가장 강력한 태세를 취했으나, 이를 밀고 나가는 데 있어서 새로운 문제들에 바로 부딪히게 되었다. 같은 정치적 시간에 위치했던 다른 대통령들의 경우보다 모든 면에서 더 두텁고 확고하게 자리 잡은 제도들의 세계에서 재편을 하기 위해 루즈벨트는 숙명적인 단어 "새로운 거래"(new deal)를 말했던 것이다.

루즈벨트는 처음부터 이 복잡한 상황에 정면으로 대응했다. 라디오에서 자신이 지명되었다는 것을 듣고 루즈벨트는 시카고의 민주당 전당대회에 날아가서 대의원들 앞에서 직접 후보직을 수락했다. 이전까지 어떤 지명자도 이렇게 하지 않았는데, 루즈벨트는 이것이 "내 의도의 상징"임을 밝히며 수락 연설을 시작했다. 그는 대의원들에게 국가의 중대한 상황이 언행에 있어서 솔직함을 요구하며 솔직하기 위해서는 적절한 행동에 대해 물려받은 규칙을 모든 면에서 깨야 한다고 말했다. "새로운 거래"의 민주당은 "공화당 지도부의 무능력과 실패를 양심상 견디지 못하는 명목상의 공화당원들"에게 다가갈 것이라고 루즈벨트는 선언했다. 마찬가지로 "과거를 향해 얼굴을 돌린 채 옆 눈길로 미래를 살펴보며 새 시대의 요구에 책임을 못 느끼는 명목상의 민주당원들"과도 헤어질 것이었다. 전통을 깨고 직접 나서서 후보 지명을 수락했듯이, "이제부터 어리석은 전통을 깨는 것이 우리 당의 과제가 되도록 합시다."라고 루즈벨트는 모든 민주당원들에게 촉구했다.[4)]

기존의 제도적 장치들로부터 루즈벨트가 이 특별한 기회를 그다지 빨리 움켜잡았던 것은 아니었다. 그는 전형적인 전당대회 논의과정의 혼란들을 치르면서 4번째 표결에서 지명되었다. 시카고로 날아간 것은 루즈벨트 역시 당을 통해 과거의 정치에 연루되어 있을 것이라는 생각을 떨쳐버리게 해주었으며, 이 후보 지명자가 독자적이라는 것을 과시함으로써 후보와 후보가 대표하는 조직 간의 전통적인 관계가 중대하게 변화했다는 것을 상징했다. 전당 대회가 끝난 뒤 당의 대표단을 후보에게 보내서 지명을 통고하는 과거의 형식적인 절차를 루즈벨트는 현대 교통 통신 수단에 의해 낡은 것이 되어버린 어처구니없는 의식으로 치부했다. 그러나 전통적인 절차에는 이 이상의 의미가 숨어 있었다. 이 방식은 **제시받은 대로** 당의 리더십을 책임지라고 지명자를 초대하는 방식이었으며, 따라서 당 자체의 본질적 성격을 지키는 안전판의 역할을 했다. 루즈벨트는 현대 문물의 날개 위에 앉아 그 자신의 조건대로 당을 책임지겠다고 나섰던 것이다. 거추장스러울 수 있는 것들 위에 자리를 잡으면서 루즈벨트는 민주당원들에게 과거의 무기력에서 벗어나서 그가 세운 기준을 받아들이라고 촉구했다. 사실상 루즈벨트는 자신을 선택한 조직에게 기존 레짐과 함께 이 조직도 재편하겠다고 말했던 것이다.[5)]

겉에서 볼 때 루즈벨트의 이 후보 수락 연설 일화는 대통령 리더십이 새로 발견한 독자성에 대해 말해주는 듯하다. 그렇지만 이후의 사태들에서 확인되듯이, 이 재편에서 현대성의 의미는 독자성이 과시되었던 것 못지않게 독자성을 자부했었다는 데에도 있었다. 루즈벨트가 시카고에서 연설을 통해 민주당을 정화시킨 것은 이때까지의 어떤 정치적 재편보다 지저분한 정당 건설을 예고한 것이 되었으며, 정당 건설 과정에서 그가 맞서야 했던 제도적 장애들이 그의 재편에 모든 측면에서 압박을 가할 어려움들의 신호였을 뿐이었다. 전국적인 독립적 조직들은 이제 거의 모든 정치적, 경제적 영역에서 지속적으로 작동하고 있었는데, 이는 상호 연관된 다양한 방식으로 재편의 정치를 중대한 것으로 만들었다. 중앙의 권력 배분을 재구성하려는 어떠한 시도도 그 사회적, 경제적 함의가 중대해졌던 것이다. 이와 동시에 루즈벨트의 경로에 대한 대안들을 지속적으로 마련해줄 수 있는 다른 제도들의 권위도 강화되었다. 궁극적으로 루즈벨트는 재편 프로젝트를 추진해 나가면서, 유지하기 힘든 헌법상 지위까지 밀려나게 되었다. 그날 시카고에서 루즈벨트가 그토록 신중하게 꾸몄던 현대성의 드라마 속에는, 그의 리더십에 대한 독특한 도전, 곧 태동하고 있던 다원적 정치체에서 과거와 단절한다는 도전과의 첫 번째 조응이 숨어 있었다.

이렇게 조명해 보면, 자신의 권한에 대해 루즈벨트가 거듭했던 대담하고 새로운 주장들은 특별한 색채를 띤다. 이 주장들은 그가 끌어낼 수 있었던 새로운 자원들을 의미하기도 하지만, 재편 리더십을 행사하는 과정에서 부딪힌 거대한 장애들을 의미하기도 한다. 또한 이 주장들은 루즈벨트가 새로 지니게 될 독자성의 전조이기도 하지만, 그의 권위 아래 벌어질 변화들과 루즈벨트 사이의 묘한 단절의 징조이기도 한다. 후버가 국가적인 정통성 위기 속에서도 다원적 정치체에서 대통령의 정책 결정 역할이 확대되면서 오히려 유리한 위치를 점할 수 있었던 것이 분명하듯이, 루즈벨트는 이 다원적 정치체 전체를 재편하려는 자신의 시도에 더욱 저항하는 이익들과 조직들에 포위되었음을 분명히 깨닫게 되었다. 또한 자신이 인정할 수 있는 것보다 더 근본적인 변화를 후버가 가져온 것이 분명하듯이, 자신이 가져올 수 있는 것보다 더 근본적인 변화를 루즈벨트가 원했음도 분명하다. 다른 재편 대통령들과 마찬가지로 루즈벨트도 마주치는 저항들에 대해 우위를 점하기 위해 점점 더 많은 권한을 요구하게 된다. 그러나 역사적으로 새로운 이 위치에서 공적 권력과 사적 권력들의 체계적 재구성을 통제하는 과제는 심지어 가장 확장된 리더십에 대해서조차 그 논리적 한계를 바로 허물게 되었다. 두 번째 임기 초가 되면 통제력을 확보하려는 루즈벨트의 시도가 너무나 확장되어, 급진적 변화와 원래 진리의 재확인을 동일화시키는 재편 리더십의 핵심적 속성이 사라지기 시작했다.

물론, 1933년에는 루즈벨트의 리더십에 한계가 있다는 생각이 별로 들지 않았다. 취임식 전야에 당시 상황을 개괄한 한 조언에 따르면, “워싱턴에 있는 어떤 정당도 의회를 통제하고 있지 않으며, 심지어 자기 자신도 통제하지 못하고 있습니다… 현재 어떤 근본적인 정책이나 구상에 대해서도 국가 전체에 단합된 지지 여론이 없습니다. 선거는 압도적으로 무언가를 부정한 것이었습니다.”[6] 모든 측면을 보아도 기회는 확실한 **것이었다.** 루즈벨트는 권력 공백상태에서 대통령직에 올랐으며, 구질서를 넘어서서 그의 뜻대로 이 정치체를 재구성할 수 있는 듯 보였다.

루즈벨트는 이 기회를 놓치지 않았다. 재편 구상에 장애가 되는 것들을 계속 거부하면서 루즈벨트는 미국 정치의 근본에까지 손을 댔고, 경제 복구의 당면 과제를 정부-사회 관계의 보다 항구적인 변경을 위한 구상에 연결시켰다. 시카고에서의 후보 수락 연설은 뉴딜을 “재편을 위한 실행 가능한 프로그램”이라고 규정했다.[7] 선거 유세 동안 가장 중요했던 정책 발표에서 루즈벨트는 새로운 “경제적 권리”를 인정할 것과 새로운 “경제적 헌정 질서”를 구축하는 것에 대해 말했다.[8] 선거 승리에 대한 사후적 해석에서는 “우리의 정치적 삶은 과거의 정치 조직들에 너무 많이 매달려 있습니다. 우리는 정치적, 경제적 재편에 한 세대 뒤쳐져 있습니다.”라고 말했다.[9] 두 번째 노변정담(fireside chat)*에서 루즈벨트는 단순히 구호나 복구가 아니라 “우리가 현대 문명이라고 부르는 것을 거의 파괴할 뻔 했던 조건들이 되돌아오지 못하게 막는 것”이 목표임을 청취자들에게 상기시켰다.[10] 수년 뒤 루즈벨트는 뉴딜에서 새로운(New)이라는 단어는 “기존

* 역주: 루즈벨트가 임기동안 했던 대국민 소통기제. 당시 대중화되기 시작한 라디오 방송에 출연해 자신의 국정 방침에 대한 국민적 지지를 호소.

체제를 철저하고 완전히 혐오하는 이 나라에서, 농부와 근로자와 기업가들의 대다수 대중에게 혜택을 주도록 고안된 새로운 질서가 특권적인 낡은 질서를 대체하게 되는 것"을 의미한다고 썼다.[11] 링컨 이래 미국의 지도자 중 누구도 새롭게 생각하고 새롭게 행동할 수 있는 이런 기회를 가진 적이 없으며, 잭슨 이래 누구에게도 독자적인 정치적 행동의 장이 이처럼 활짝 열린 것처럼 보인 적이 없었다.

시간이 흐를수록 재편에 대한 루즈벨트의 생각은 더욱 굳어졌다. 1934년 후반에 루즈벨트는 "앤드류 잭슨에 대해 알면 알수록, 더 좋아하게 된다."라고 썼다.[12] 이 두 대통령들처럼 개인적 기질이 다른 대통령들은 찾아보기 어렵다. 루즈벨트는 실용적이고 적극적이며, 동부 상류층의 교육을 받은 사교적인 신사였다. 반면에 잭슨은 도덕주의자였고, 용서를 모르며, 전장에서 뼈가 굵은 병사였다. 그렇지만 이 시기가 되어 루즈벨트가 잭슨에게 느끼기 시작한 동류 의식은 정치적 상황의 유사성에서 비롯된 것이었다. 1934년 여름이 되면 처음으로 뉴딜에 대한 불만이 표면화되기 시작했으며, 8월에는 구질서의 기득권 이익들이 (이 중에서도 구 민주당계가 두드러졌다) 미국 자유 연맹(American Liberty League)을 조직하여 정치적 저항의 전면에 나섰다.[13] 중간선거에서 미국 자유 연맹이 뉴딜에 대한 반대 세력으로 나서고, 우군과 적군이 나뉘게 되면서, 미국 정치의 잭슨식 틀이 다시 한 번 분명해지게 되었다. 1934년 중간선거 결과는 루즈벨트에게 경이로울 정도의 국민적 지지를 가져다주어서, 공화당과 반동주의자들에 대한 원래의 압승을 실제로 더 확대시켰다. 그러나 얼마 지나지 않아 구질서에 대한 더욱 막강한 지지가 정부 내에서 힘을 과시하기 시작했다. 대법원이 당시까지 뉴딜 재편에서 가장 중요했던 성취를 독단적으로 없애버렸던 것이다. 이제 한편에서는 루즈벨트가 압도적인 대중적 지지를 과시하고 있었고, 그 반대편에서는 구질서를 수호하려는 이익과 제도들이 방어벽을 치고 있었다. 미국은행 면허장 갱신 이후의 잭슨과 마찬가지로, 대법원의 도전 이후 루즈벨트에게 있어서 선택은 재편을 포기하거나 재편을 급진화하는 것이 되었다.

1936년 선거를 시작하면서 루즈벨트는 잭슨과의 비교를 활용했다. 1월에 잭슨의 날 기념 만찬에서 청중들에게 그는 "역사는 종종 되풀이됩니다."라고 말했다. 잭슨에게 그랬던 것처럼 "물리적인 힘의 압도적인 부분들이" 자신에 대한 반대에 결집해 있었다. "껍데기뿐인 낡은 전통주의"가 잭슨과 루즈벨트 모두에게 삿대질을 해 왔다. "어떨 때는 모든 것이, 미국 국민들을 제외한 모든 것들이, 우리 둘에게 반대하는 듯 보이기도 했습니다."[14] 이처럼 100년의 역사가 흘러가는 동안 발생한 차이들을 무시하며 루즈벨트는 잭슨과의 비교를 즐겼다.[15]

그런데, 잭슨이 오래전에 했던 일들을 루즈벨트가 하려고 드는 순간 이 차이들이 효력을 발휘하기 시작했다. 우선, 뉴딜의 외벽이 되라고 주문했던 당이 어리석은 전통들을 포기하기를 바로 거부했다. 루즈벨트의 당은 잭슨의 당처럼 대통령의 분신이 아니었으며, 이 점을 분명히 하기 위해 루즈벨트의 민주당은 당 조직을 개편하려는 루즈벨트의 시도를 바로 중단하라고 요구했다. 자신에 대한 반대에 결집된 물리적인 힘에 대해 말하자면, 루즈벨트가 상대한 것은 거만한 연방은행 하나가 아니라 고도로 조직화된 현대 경제 전체였다. 후자를 무너뜨린다는 것은 생각할 수 없는 것이고, 따라서 바로 무언가를 하려는 대통령에 대한 새롭고 더욱 강력한 방어선이 이 차이 속에 구축되어 있었다. 잭슨 시기에 그랬던 것처럼 농민들과 노동자들과 기업가들의 새로운 다수가 동원될 수 있었음은 분명했다. 그러나 이 이익들로 새로운 정치 연합을 결성하는 것은 이제 전국적인 농민 조직과 노동 조직, 기업가 조직들에 권력을 나눠주는 것을 의미했다. 이 재편에서 루즈벨트의 동맹 세력들은 루즈벨트에게 덜 의존적이었고, 따라서 덜 믿음직스러웠다. 반면에 그의 적들은 불필요한 존재가 아니었고, 따라서 더 안전했다. 현대의 이런 조건들이 루즈벨트에게 허용한 독자성은 이 전국적으로 조직화된 사회가 그의 초현대적 리더십 프로젝트에 부과했던 요구 이상이었다.

초기의 시도들을 되돌아보면, 루즈벨트는 다원적 정치체에서 재편의 권위를 행사하는 데 있어서 삼중으로 제약되어 있었다. 그는 잭슨처럼 홀로

서기를 할 수 없었고, 자신의 투쟁이 국민들의 투쟁이라고 주장할 수 없었다. 또한 개인적인 정치적 지지가 미약한 링컨을 지원했던 막강하고 집중된 정치적 에너지에 기댈 수도 없었다. 나아가 잭슨과 링컨이 그랬듯이 적의 권력을 지탱하고 있는 핵심적인 제도적 기반을 무너뜨릴 수도 없었다. 루즈벨트의 재편은 잭슨처럼 개인적인 승리도 아니었고, 링컨처럼 무책임한 혁신적 정당을 능숙하게 조절한 것도 아니었다. 루즈벨트의 권위는 미국 정치와 정부를 재구성하는 조건들에 대한 통제에서 이전보다 더 벗어나서 작동했다. 그의 재편은 보다 체계적인 과정으로 진행되었고, 자신의 의지와 무관하게 전개되었다. 20세기 미국의 가장 중요한 정치 지도자였던 루즈벨트는 줄곧 개인적인 패배를 당하곤 했고, 훨씬 더 컸던 그의 구상이 무너진 위에서 다른 세력들이 자신들의 요구를 만들어갔다.

프랭클린 루즈벨트 하에서 재편의 정치가 역사적으로 재구성된 것을 추적할수록, 대통령사 전반의 동태적 변화에 대한 우리의 이해와 특히 "현대 대통령직"의 형성에 대한 우리의 이해가 얼마나 만족스럽지 못한지 알게 된다. 1932년에 시카고로 날아간 때부터 1939년에 대통령실(Executive Office of the President)을 설립할 때까지 루즈벨트를 살펴보면, 처음에는 놀라울 정도로 노련한 정치가로서 현대 사회의 성격으로부터 새로운 리더십 자원들을 성공적으로 끌어 모으고 이로부터 대통령 중심제 정부의 기반을 효율적으로 이룬 것처럼 보인다. 루즈벨트 당시의 미국에는 전국적으로 조직화된 이익들과 독립적인 권위들이 점차 증대되었고, 이 현대 미국의 정부는 대통령의 지휘 능력에 점점 더 의존하게 되었다. 루즈벨트는 이 지휘 능력을 확고하게 확대시켰고, 관리자 대통령(clerkship presidency)의 성격을 없애버렸으며, 대통령이 이끄는 새로운 정부 체계에서 대통령 리더십을 제도화시켰다.[16] 하지만, 뉴딜 시기 "현대 대통령"의 형성이 이후 모든 대통령들에게 새로운 권력과 독자성을 알려주기는 했으나, 이 시기의 경험을 조심스럽게 살펴보면 루즈벨트 자신의 한계를 설정하기도 했었다는 것을 알 수 있다. 뉴딜은 미국 정치에 있어서 이익과 이념에 대한 근본적인 기약을 재구성하는 것이었는데, 이를 위해 전국적으로 조직화된 권력과 독립적인 권위들이 확산되기 훨씬 이전의 리더십 자세에 의존했다. 보다 직접적으로 말하자면, 이렇게 현대 미국 사회에서 이익들과 권위들이 확산된 것은 루즈벨트의 변혁적 시도를 강화시켜 준 것이 아니라, 이와 반대로 정부 내의 반대 세력들을 강화시켜 주었고 루즈벨트의 개인적 통제력을 위축시켰던 것이다. 루즈벨트가 "현대 대통령"의 원형이라고 한다면, 산업 사회의 조직화된 이익들을 관리하거나 방만한 연방 관료제를 합리화시키는 등 현대적 과제들을 다루면서, 이후의 대통령들이 모두 겪게 될 좌절감을 맛보았다는 점 때문일 것이다. 잭슨 하에서 정치적 반대 세력들이 조직적으로 형성된 것과 마찬가지로, 루즈벨트 하에서 현대 대통령직 하의 다른 정치 제도들이 조직화된 것은 전통적으로 가장 강력한 유형이었던 재편의 리더십이 이제 포위되었음을 보여준다.

현대 대통령들 중 루즈벨트가 특별한 것이 정치적 리더십에 있어서 놀라운 능력에 있다는 주장에는 조심스러울 필요가 있다.[17] 이전의 재편들을 돌아보면, 루즈벨트가 지녔던 결정적 이점은 바로 취약한 레짐에 대항하는 반대당 리더로서의 정치적 정체성에 있었다는 것을 알 수 있다. 뉴딜 시기에 루즈벨트가 했던 가장 중요한 일은 이 정체성을 강화시키고 이로 인해 가능해진 권력들을 행사하여 파산한 이전 질서를 지칠 줄 모르고 공격한 것이었다. 이것이야말로 새로운 발상들과 이익들이 몰려들 수 있게 문을 열어준 것이었고, 이것이야말로 자신의 구상들이 줄줄이 번복되는 가운데에서도 그가 낙관적일 수 있게 해 준 것이었으며, 이것이야말로 루즈벨트의 선거 압승에 의미를 부여해 준 것이었고, 이것이야말로 개인적으로 그를 좌절시켰던 사람들이 루즈벨트가 이끌어낸 새로운 상황을 인정하고 궁극적으로 받아들이게 만든 것이었다. 이 시기의 현대 대통령직 형성에 담긴 역설은 매 단계마다 재편 권위의 철퇴에 대한 새로운 장애들이 나타났었다는 점이다. 시카고에 날아간 것부터 대통령실 수립에 이르기까지 루즈벨트가 이후의 대통령들에게 물려 준 현대적인 도구들과 주장들은, 그의 극도로 현대적인 권력 주장을 피해가고 있던 조직화된 권력과 독립적인 권위들을 마지못해 인정하면서 만들어졌다. 이렇게 수용을 해야 할 필요성은 루즈벨트 리더십 프로젝트의 모든 면에 수반되었고, 마침내 그의 이례적인 독자성 주장은 다른 모든 행위자들의 권력과 독립성을 훨씬 더 존중하는 새로운 조직 형태, 곧 "현대 대통령직" 안에 담겨지게 되었다. 루즈벨트의 정치적 성취는 근본적인 통치 기약의 급진적 변화에 대한 정통성을 현대성으로부터 이끌어낸 것이었다. 결국, "현대 대통령직"은 루즈벨트에 저항하던 사람들의 성취로 대두되었던 것이다.

루즈벨트의 규율

루즈벨트는 절제와 규율(discipline)의 중요성을 강조하며 첫 번째 취임사를 마쳤다. 신임 대통령은 "공동의 규율을 위한 희생", "우리 모두의 문제에 대한 규율 있는 공격", "리더십 하에서 규율과 방향"을 촉구했다. 흥미로운 점은 루즈벨트가 이렇게 촉구하면서 더욱 놀라운 것을 이 안에 포함시켰다는 점이다. 루즈벨트 자신에 대한, 그리고 "이런 식으로 행동"을 하는 데 필요한 헌법상의 조정에 대한 관대함을 요구했던 것이다.[18)]

루즈벨트는 규율의 중요성에 대해 단호했지만, 그때나 그 이후나 그의 리더십에서 규율을 찾아보기란 어렵다. 이 모순을 이해하려면 루즈벨트의 리더십 프로젝트에 미친 현대성의 영향을 더 살펴보아야 한다. 문제는 루즈벨트가 의미하는 규율이 무엇인지 파악하는 것이다. 그는 당면한 순간에 행동을 할 수 있는 광범위한 권위가 나오는 일련의 기약들, "공동의 규율"에 대해 말하고 있다. 이 기약들은 특정한 의무를 부과하며, "리더십 하에서 규율과 방향"을 향해 국민들을 고취시킨다. 이 기약들은 국가의 문제에 대해 "규율 있는 공격"을 추진할 수 있도록 행동에 대한 형식적인 제약들로부터 대통령을 풀어줄 수도 있음을 루즈벨트는 암시한다. 이와 같이 이 용어의 상이한 의미들은 루즈벨트가 연설의 앞부분에서 묘사했던 역사적 국면에서 효과적으로 행동하기 위한 필요조건을 끌어내었던 것이다. 루즈벨트는 이전의 리더십이 파산했다고 선언한 후 이와 같이 규율에 대해 촉구했다. 이전의 리더십은 모든 "비전"을 잃었고, "비전이 없는 곳에서 국민들은 소멸한다"는 것이다. 루즈벨트는 자신의 비전이 이전 체제로부터 국민들을 해방시킬 것이며 원래의 보편적 진리를 새롭게 실행하여 국민들을 구해낼 것이라고 말했다. 이 점에 있어서 루즈벨트는 제퍼슨과 잭슨, 링컨과 마찬가지로, 물려받은 질서를 무너뜨리고 원래 정부 수립의 근거였던 원칙들 위에 새로운 질서를 수립하기 위한 자신의 특별한 권위를 요구하고 이로부터 새 질서의 정통성을 세우려 했던 것이다. 그는 질서-확인적 논리 속에 현재 존재하고 있는 질서의 철저한 거부를 통해 변혁을 할 수 있는 확대된 권위를 요구했다. 규율은 바로 이 재편의 논리, 곧 무너뜨림으로써 구한다는 정치적 문법을 고수한다는 것 이상도 이하도 아니었다.

그렇지만 현대 미국에서 이 규율을 유지한다고 해서 모든 어려움이 사라지는 것은 아니었다. 아마도 그래서 루즈벨트가 그토록 규율을 강조했었을 것이다. 낯설고 상반된 대안들이 처음부터 그를 둘러싸고 있었고, 단순한 재편의 논리를 통해 제시된 특정한 선택을 밀고 나가다 보면 이 논리 자체가 알아 볼 수 없을 만큼 훼손되었다. 산업화된 미국에서 기존의 권력 구도를 근본적으로 변화시키는 데에는 아무 것도 단순하거나 확실한 것이 없었다.

루즈벨트가 후버의 "미국적 방식"을 거부하자마자 무엇으로 대체하려는 것인지에 대한 질문들이 퍼부어졌다. 이렇게 된 것은 1930년대에 이념들로 가득 찬 세상에서 근본적인 것에 관한 불확실성이 고조되었기 때문이었다. 루즈벨트가 취임할 당시, 미국에 대해 일관되고 방향성 있는 대안을 제시하려는 시도들이 넘쳐 났고, 확고한 변화들과 연관하여 전 세계에서 다양한 대안들이 제시되고 있었으므로, 루즈벨트가 국가를 어디로 이끌 것인지에 대한 논쟁은 특히 통제하기 어려웠다. 취임 후 첫 석 달 동안 루즈벨트는 후버가 "사회주의의 일부"라고 거부했었던 테네시 계곡 개발 프로그램(Tennessee Valley Authority; TVA)에 착수했고, 또한 후버가 일종의 "파시즘"이라고 거부했었던 국가부흥국(National Recovery Administration; NRA)을 설립했다.[19] 사회주의, 파시즘, 자본주의, 공산주의 같은 용어들이 1930년대 국가의 방향에 대한 솔직한 담론들에서 사용되었는데, 국민들에게 솔직하겠다고 약속한 대통령 앞에 이 단어들이 끊임없이 내밀어지곤 했다.[20] 프랜시스 퍼킨스(Francis Perkins)에 따르면, 한 젊은 기자가 루즈벨트에게 이런 선택지들을 내밀고는 어떤 입장인지 분명히 밝히라고 요구했다. 자신에게 제시된 각각의 꼬리표들을 모두 부인한 후 루즈벨트는 무심하게 말했다. "나는 기독교도이고 민주당원입니다. 이게 다입니다."[21]

변화에 대한 완전한 권위를 지닌 대통령 중에 이처럼 다양한 대안들을 마주했던 적은 없으며, 루즈벨트는 이들 중 어떤 것도 단호하게 거부했다. 이런 면에서 루즈벨트는 당시 제기되었던 중대한 질문들을 회피하고 자신 앞에 놓인 선택들에 귀를 기울이려 하지 않은 듯 보인다. 그는 단지 미국적 전통만을 인정하려 들었던 것이다. 루즈벨트 자신에 대한 규정이 함의하는 것은 거대 구상의 정반대, 또는 보다 관대하게 말하자면, 당시의 급박한 사태에 대한 친숙한 가치들의 실용적 적용만을 루즈벨트가 의도했음을 의미한다. 퍼킨스 자신도 이처럼 관대한 관점에서 루즈벨트의 응답을 해석했다. 그의 구상은 본질적으로 미국적인 것이었으며 그의 정치적 업적은 우리 정치를 "중앙에서 약간 왼쪽으로" 밀고 갔을 뿐이라는 것이 그녀의 주장이다.[22]

뉴딜에 대립했던 또 하나의 일련의 선택들, 곧 당시 급부상한 혁신주의적 개혁 대안들에 대한 루즈벨트의 태도에 대해서도 똑같은 결론을 내릴 수 있다. 과거 30년 동안 미국 정치에 스며들었던 온갖 종류의 개혁 발상들에 직면하여 루즈벨트는 또다시 어느 것에도 얽매이려 하지 않았다. 국가의 새로운 방향을 설정하기 위해 다투던 이들에게는 좌절스럽게도, 루즈벨트는 모두를 받아들이면서 선택의 여지를 열어두었다. 그는 국가주의와 국제주의, 균형 예산과 적자 지출, 계획과 규제, 조합주의와 트러스트 부수기, 민간 주도와 국가 주도, 중앙 중심과 지역 분산, 경제적 현실주의와 사회적 이상론, 과학적 관리와 정당 중심주의 모두에 귀를 기울였다.

궁극적으로는 이 모든 경쟁적 “혁신주의들”이 뉴딜 정책에 반영되게 된다. 개혁가들의 구상을 구체화하고 새로운 개혁 실험을 추진하는 데 적극적이었음에도 불구하고, 이런 면에서 루즈벨트는 자신의 선택들에 있어서 일관성이 없었고, 자신의 이름하에 제시되는 경쟁적인 주장들에 무관심했으며, 자신만의 특정한 변혁적 비전이 전혀 없었던 듯이 보인다.[23]

루즈벨트가 거부했던 구상들과 수용했던 구상들 중간쯤에서 루즈벨트의 규율은 미국 정치에서 일어나는 뻔한 일들 중 하나로 사라져 간 듯하다.[24] 여기에 바로 루즈벨트의 재편에 대한 새로운 한계가 있다. 그렇지만 이렇게만 생각하는 것은 잘못이다. 루즈벨트 리더십의 경이로운 힘을 먼저 계산하지 않고 그 한계만을 설정하는 것으로부터는 얻을 것이 별로 없다. 뉴딜을 미국 정치와 정부에 있어서 몇 안 되는 결정적인 새 출발점으로 만든 변혁적 힘을 평가하면, 우리는 루즈벨트 리더십의 원래의 근거들, 지금의 판단 기준을 완전히 초월하는 그 근거들로 돌아가게 된다.

루즈벨트가 실용주의자였다는 통설은 이런 점에서 훨씬 많은 것을 시사한다. 역사적으로 볼 때, 정책 문제들에 대한 실용주의적인 접근은 무언가가 결여된 것이 아니라 대단히 드문 무언가가 존재한다는 것을 의미해 왔다. 기존 질서로부터 정치적으로 독립적이며 물려받은 정치적 해법들을 폐기할 수 있는 권력을 행사할 수 있을 때에만 대통령은 실용주의적일 수 있다. 정치적 대안들을 가장 굳건하게 추구했던 대통령들은 거대한 구상이나 포괄적인 정책틀을 지니고 있던 대통령들이 아니라, 정치적 관계들에 대해 다시 생각하는 데 있어서 기존 질서에 의해 덜 가로막혀 있던 대통령들이었다. 다가올 질서에 대해 모든 가능성을 열어 두는 접근은 변화에 대한 선택지를 배제하지 않고 오히려 보호하고 증대시킨다. 대안들에 대한 기존의 관념들에 회의적이고 다른 해법들을 기꺼이 모색하려 든다는 면에서 실용주의는 대통령의 특권으로서 급진주의를 품고 있다. 루즈벨트는 미국의 전형적인 지도자가 아니라 바로 이런 유형의 지도자였다. 루즈벨트 리더십의 정치적 근거들은 익숙한 것일 뿐 아니라 대단히 특별한 것이었다. 그는 당시까지의 국가 발전 경로가 도덕적으로 파산했다고 주장했고, 또한 최우선 원칙을 철저하게 재구성해야 할 필요성을 단호하게 주장했다. 바로 이런 면에서 루즈벨트의 규율은 범세계적인 꼬리표와 혁신주의적인 꼬리표 모두를 거부한다. 제퍼슨의 "우리 모두는 연방파이자 공화파이다."라는 선언이 바로 물려받은 이 대안들 모두를 대체하려는 목적이었다는 면에서 루즈벨트의 규율은 제퍼슨적이었다. 또한 링컨의 "내 정책은 아무 정책도 없다는 것입니다."라는 말이 두 번째 미국 혁명의 길을 열었다는 면에서 루즈벨트의 규율은 링컨적이기도 했다.

루즈벨트의 "나는 기독교인이고 민주당원입니다."라는 자기 규정은 이런 식으로 제시되었던 역사적 맥락 속에서 나온 것이다. 미국의 개혁에서 전통적으로 사회적 복음이 상당한 영향을 미쳤던 것을 반영하듯이, 뉴딜의 정치적 수사에서도 기독교적 정서에 호소하는 것은 계속되었었다. 그러나 1930년대에 루즈벨트가 이 기독교적 정서를 불러냈을 때는 예수의 권위 자체를 발휘했다. 루즈벨트는 기독교적 정서를 활용하여 물려받은 경로를 공격했고, 자신의 리더십을 이와 무관한 것으로 만들었으며, 자신의 비전을 다시 근본으로 돌아가는 것에 연결시켰다. 기독교적 정서는 그가 대체하려는 타락한 레짐의 무자비한 이미지를 만들어냈던 것이다. 루즈벨트는 "환전상들"에 대항하여 일어섰다. 따라서 그는 "단순한 금전적 이윤보다 훨씬 고상한 사회적 가치"를 적용하여, 성전을 더럽혔던 자들을 몰아낼 것이었다. "이들의 시도는 낡은 전통에 따라 이루어졌습니다. 신용체계가 무너지자 이들은 다만 더 많은 돈을 빌려주자고 제안했습니다. 우리 국민들로 하여금 이들의 거짓 리더십을 따르게 만들었던 이윤의 유혹이 사라지자, 이들은 다시 믿어달라고 눈물을 흘리며 간청했습니다. 이들은 오직 한 세대 간 지속된 이기주의자의 규칙만을 압니다."[25]

루즈벨트는 가장 중요한 기약을 단호하게 선언하면서 시작했다. 당시의 미국 정치경제를 떠받치고 있는 근거들을 폐기하겠다는 것이다.[26] 미국 정부를 당시에 지배하고 있는 가치들은 미국 문명이 진실로 근거를 두고 있는 가치들이 아니기 때문에, 변화는 가능하고 또 필수적인 것이라고 루즈벨트는 주장했다. 루즈벨트는 다른 가치들, 곧 자신이 내세우는 가치들이야말로 원래의, 근본적인 가치들이라고 강조하면서 국민들에게 정부체계가 본질적으로 공고하다는 것을 재확인시켜 주었다. 그의 주장에 따르면, 이 "원래의 진리"는 국가 정체성에 대한 위험이 없이는 포기될 수 없는 것이며, 물려받은 질서를 근본적으로 변경하지 않고서는 재확인될 수 없는 것이었다. 달리 말하자면, 이 가치들을 이제 복원하는 것이야말로 최우선시 해야 하는 재편 과제였다.

루즈벨트는 "성공의 기준으로 물질적 부는 오류"이며 "높은 자리와 개인적 이득이라는 허황된 기준"을 버려야 한다고 주장했다. "이 어두운 날들이 우리에게, 우리의 진정한 숙명이 저절로 이루어지는 것이 아니라 우리 자신과 우리 동료들의 뜻에 따르게 될 것이라는 점을 가르쳐 준다면, 지금까지의 희생이 가치가 있을 것입니다."라고 루즈벨트는 말했다.[27] 이런 정서는 기독교적 도덕성만큼이나 미국인들에게 익숙한 것이었지만, 그러나 이는 일상적인 비판에 그치지 않았다. 일단 당면한 절망적 상황 속에서 이렇게 말하고 나자, 여기에 담겨 있는 재편의 구상으로부터 후퇴란 정치적 자살이 될 것이었다. 사실, 루즈벨트는 이 원래의 기약들로 인해 처음에는 거의 생각지도 못했던 방향으로 이끌리게 된다. 과거의 엘리트들에 대한 급진적인 공격이 미국 정치 체제의 사회적 기반에 대한 급진적인 재구성을 작동시켰던 것이다.[28]

루즈벨트 자기 규정의 "민주당원" 측면도 일찍부터 구체화되었다. 여기서도 마찬가지로 대조가 되는 것은 극단적으로 협소했던 후버의 "미국적 방식"이었다. 루즈벨트에게 있어서 미국적 가치는 국민들로 하여금 은행가들의 모략에 운명을 맡기도록 제약하는 것이 아니라, 경제적 이익들과 사회적 고려들 전체에 주의를 기울이도록 요구하는 것이었다. 루즈벨트가 약속한 새로운 "경제적 헌정 질서"는 "경제적 피라미드 구조의 밑바닥에서 잊혀진 사람들"에게 다가갈 것이며, 시장의 모든 행위자들을 직접적으로 포함할 것이었다.[29] 선거 직후 그가 밝혔듯이,

그동안 우리나라에는 불행하게도 대단히 특수하고 협소한 이익들만을

> 대표하는 행정부들이 있었습니다…
>
> 노동과 기업들의 이익이 농업의 희생 위에 보장될 수는 없습니다. 마찬가지로 노동에게 정당한 몫을 제공하지 않고 자본이 번영에 도달할 수는 없습니다. 농업이건 공업이건 광업이건 상업이건 혹은 금융이건, 소외된 집단은 국가 전체를 감염시키고 고통을 만연시킵니다. 내 행정부는 현대 미국사회의 핵심적 측면, 곧 이 위대한 나라의 모든 분파들, 지역들, 이익들의 상호의존성에 대해 실질적인 관여를 하고 필요한 입법을 제공하는 데 주력할 것입니다. 국민들이 다른 사람들에게 피해를 입히지 않고도 자유롭게 살고 개인적 삶을 개선시키며 행복을 추구할 수 있도록 대중들에게 일자리와 경제적 안정을 제공하는 보다 높은 수준의 관리체계를 나는 믿습니다.[30]

이렇게 분석해 보면, "규율"에 대한 애매한 촉구나 모호해 보이는 루즈벨트의 자기규정은 사실은 고전적인 재편 프로젝트의 모든 요소들을 응축한 것이었다. 질서－확인적, 질서－파괴적, 질서－창조적 동기들이 동시에 합쳐져서 말과 행동 모두를 통해 이익과 이념의 기존 기약들을 단절시키고 있었던 것이다. 이 단절에 정당성을 부여하기 위해 익숙한 미국적 가치를 불러냈으며, 이 가치들이 구질서의 방탕함 속에서 사라졌다고 루즈벨트는 주장했던 것이다. 이 시점에 이 가치들을 복구하는 것은 정치를 좌로 약간 기울이는 것보다 훨씬 많은 것을 의미할 것이었다. 곧, 완전히 새로운 정치적 중앙을 중심으로 정부를 재구성하게 될 것이었다.[31] 확실히 루즈벨트는 이 재편 과제에 모든 이익들이 자신과 함께 하도록 다가갔다. 실제로 루즈벨트는 최우선으로 신용체계 관리자들에게 다가갔다. 그렇지만 그의 거부의 태세에는 구질서의 기득 이익들로부터 권력을 재분배하겠다는 강력한 결의가 도사리고 있었으며, 은행가들 스스로 제일 먼저 깨달았듯이, 그때까지 주변적이었던 다른 이익들에 대해 루즈벨트가 전념하게 되면서 모든 사람들과의 관계를 바꾸어 놓았다.[32]

당시 전 세계에서 제시된 대안들이나 국내에서 제시된 대안들과 비교해보면, 이 규율은 기초적인 것이었고 노골적으로 정치적인 것이었다. 이것을 과대 평가할 필요는 없으며, 대통령이 취했었던 여러 가지 입장들 내에 존재했던 것으로 확인하여, 보다 구체적인 선택들 가운데서 그 효과를 평가하기만 하면 된다. 1930년대에는 재편의 규율이 대통령이 취하는 특정한 선택들에 대해 이전보다는 크게 도움이 되지 못하게 되지만, 이런 식으로 루즈벨트 리더십의 근거를 이해하게 되면 실제 일어난 일들을 평가하는 데 있어서 몇 가지 조심해야 할 점들이 생기게 된다.

첫째는 루즈벨트가 미국적 가치를 재확인한 것이 그가 변혁적 의지를 결여하고 있었다는 명백한 증거로 간주되어서는 안 된다는 점이다. 전 세계적으로 제시된 암울한 대안들 대신에 루즈벨트가 원래의 진리를 선택한 것은, 스스로 변혁적 역할을 포기한 것이 아니라 이 현실성 없는 대안들이 쏟아지는 가운데서 변혁을 위한 최선의 노력을 한 것이었다.[33] 루즈벨트의 질서-파괴적 의지에 한계가 있었다는 평가들이 너무 많았기 때문에 우리는 대통령의 재편에 있어서 질서-확인이 지니는 중요성을 제대로 인식하지 못해 왔다. 해외의 구상들이 끊임없이 제기된 것을 감안할 때, 1930년대에 과거 정치와의 단절을 이끌어내는 데는 이것이 확고하게 미국적인 것으로 이해되는 것보다 더 중요한 것은 없었다고 할 수 있다. 대공황과 연관된 이익들을 완전히 새로운 방식으로 다루겠다고 루즈벨트가 천명했기 때문에 외국과의 비교를 하게 되었고, 따라서 이 전형적으로 미국적인 재편의 권위를 유지하는 데 따르는 어려움들이 더 복잡해졌던 것이다. 뒤에 밝혀지듯이, 루즈벨트 리더십의 아킬레스건은 질서-파괴의 의지가 약했던 것이 아니라, 질서-확인이 모호했다는 데 있었다.

둘째, 루즈벨트는 투명한 정통성이라는 재편 규율의 완벽한 단순성에 의존하고 있었지만, 일련의 개혁 해법들에 대한 실제 방법들에 있어서는 전혀 단순한 것과 거리가 멀었다. 뉴딜의 개혁 발상들이 나올 수 있는 어쩔 수 없는 출처는 혁신주의였다. 혁신주의는 기득 세력들에 대한 인민의 목소리였고, 정부 행동을 통한 사회 개혁의 복음이었으며, 기업 중심 자본주의에 대한 민주주의의 대응이었고, 전문가들의 권위이자 경제성과 효율성의 보장이었다. 특히 개인적인 경험을 통해 루즈벨트는 그의 사촌 씨어도어 루즈벨트와 그의 정신적 지주 우드로 윌슨이 파악하지 못했던 혁신주의의 재구성에 대해 알고 있었다. 그렇지만, 허버트 후버의 경험이 확인시켜 주었듯이, 혁신주의는 당시까지 수년간 경쟁적인 관념들이 뭉쳐진 잡동사니 요리와도 같이 되어버렸다. 전체적으로는 먹음직스러우나 한 접시에 담기도 어려웠던 것이다. 혁신주의자들은 개혁의 올바른 방향에 대한 기본적인 문제에 관해서도 서로 간에 의견이 달랐고, 루즈벨트가 선택한 특정 경로에 대해 혁신주의는 지지만큼이나 반대도 쉽게 정당화할 수 있었다. 국가 정책이 수립되어야 할 때, 행정 합리화란 혁신주의 이상은 정치세력을 결집시키는데는 크게 부족한 것이었으며, 전문가들도 특정 이슈에 대해 모든 정치적 입장들에서 논쟁할 뿐이었다. 제퍼슨이나 잭슨, 링컨과 같은 다른 재편의 대통령들이 지녔던 깊이 있는 비전을 루즈벨트가 갖지 못했다고 결론을 내리기 전에, 다른 재편들과 달리 이 재편에 있어서는 당시의 지배적인 개혁 정신이 어떤 특정한 방향으로 정치적 변화를 추구하려는 시도를 거부했다는 점을 고려할 필요가 있다. 혁신주의의 경쟁적인 목소리들과 "대중들에게 일자리와 경제적 안정"이라는 구체적인 약속 사이에서, 자신의 정치적 권위를 행사하고 개혁의 이름하에 기득권력 구도에 대한 공격을 지속하기 위해 루즈벨트는 그가 할 수 있는 모든 것을 했던 것이다.

마지막으로 조심해야 할 점은, 재편 규율이 다른 어떤 리더십 유형보다 실용적 행동을 할 수 있는 여지를 넓혀주기는 했으나 결코 완전히 실용적이지는 않았다는 점이다. 루즈벨트 리더십의 실용주의에 대해서는 과장하기 쉽다. 관심이 가는 구상들에 대한 그의 접근이 이해하기 어렵기 때문이기도 하고, 그의 선택들 거의 모두가 다른 선택들과 모순되었기 때문이기도 하다. 루즈벨트가 가장 실용적이지 않았을 때 가장 성공적이지 못했다는 것은 확실히 사실이지만, 보다 중요한 점은 이 재편의 결과물은 루즈벨트 자신보다는 훨씬 덜 이념적이었다는 점이다.

재편 리더십이 지니는 큰 이점 중 하나는 변화에 대한 대통령의 의지를 모호하게 하지 않으면서도 정책 문제들에 대해 전략적 변경의 여지가 크다는 것이다. 루즈벨트의 첫 번째 임기 동안에는 정책들에 대해 놀라운 반전들이 있었지만, 1936년에 루즈벨트는 물려받은 질서를 대체하고 광범위한 대안을 확보하겠다는 결의가 어느 때보다 확고해졌다. 이 재선을 위한 선거가 열리는 해 내내 루즈벨트는 허버트 후버와 공화당 지도부에 대한 거부와 공격을 더욱 강화시켰다. 1936년 1월의 연두교서에서 루즈벨트는 다음과 같이 말했다. "이 의회가 직면한 도전은 단지 과거로 돌아가는 것보다—과거가 아무리 나쁜 것일지라도—훨씬 위험합니다. 휘황찬란한 경제 귀족들은 그들이 수다 떨던 저 개인주의로 돌아가는 것만을 원하지 않습니다… 그들이 마음대로 하게 두면, 과거의 모든 독재의 길을—그들이 권력을 독차지하고 대중을 노예화하는 길을—갈 것입니다."[34] 재선을 위한 민주당의 후보 지명을 수락하면서 루즈벨트는 경제적 왕조들이 사람들과 그들의 노동력과 재산을 통제하게 되어 이제 보통 사람들을 "미니트맨(Minute Man)의 문제"*에 봉착하게 만들었다고 주장했다. 이 싸움은 "위대하고 소중한 정부 형태를 구하기 위한 것"이라고 루즈벨트는 말했다. "이 경제적 왕당파들은 우리가 미국적 제도들을 전복하려 한다고 불평합니다. 그들이 진짜 불평하는 것은 우리가 그들의 권력을 빼앗으려는 것입니다. **미국적 제도에 대한 우리의 신념은 이런 종류의 권력을 전복시키기를 요구합니다.**"[35] 1936년 가을이 되면 루즈벨트는 "이기심과 권력욕의 모든 사악한 세력들"을 공격하게 되었다. 그는 두 번째 임기 동안 이 세력들과 "맞상대" 할 의향이 없었다. 이들을 "정복"하려 했던 것이다. "나는 그들의 증오를 환영합니다."라는 루즈벨트의 결의는 제퍼슨이 개인적인 서한에 남겼던 그 감정을 공개적으로 선언한 것이었다.[36]

1936년 선거 유세는 두 번째 임기의 재편 시도 속에서 일어나게 될 헌법상의 난제들에 대해 국민들을 대비시키지 못했다고 비판받아 왔다.[37] 그럼에도 불구하고 루즈벨트의 말들은 직설적이고 비타협적이었으며, 완

* 역주: 독립혁명 당시의 민병대 조직. 중요한 역할을 했으나, 지휘부가 없었다는 것이 결정적 약점이었음.

전히 비실용주의적으로 변화할 것임을 분명히 예고했다. 보다 중요한 것은, 루즈벨트가 가차 없는 거부의 수사를 계속한 것은 압도적인 선거 승리에 분명한 메시지를 남겨서, 새로운 질서의 정통성에 대한 도전들을 효과적으로 침묵시켰다는 점이다. 흥미롭게도, 루즈벨트가 이 선거에서 거둔 엄청난 정치적 자산을 가지고 새 레짐을 위협해온 자들과의 마지막 결전을 준비하는 동안, 실용주의적인 접근을 선택한 것은 바로 그의 적들이었으며, 그들은 새 레짐이 들어서게 될 제도들에 대한 통제를 루즈벨트로부터 빼앗았다.

미국 정부와 정치의 재편을 이루어 나가는 데 변함없는 힘을 발휘해 온 정치적 규율을 고수하면서 루즈벨트는 범세계적 대안들과 국내의 혁신주의 대안들에 비해 이 규율이 부여해 준 엄청난 이점을 끌어낼 수 있었다. 그러나 이 규율은 이제 작동해야 할 새로운 제도적 맥락들에 맞추어 확장되어야 했다. 1936년의 루즈벨트의 입장에는 자유를 위해 연방은행을 무너뜨리거나 연방을 구하기 위해 노예제를 파괴하는 것처럼 명확하거나 뚜렷한 것이 없었다. 파괴를 통해 구한다는 오래된 주장이 이제 산업화된 미국의 상호의존적인 이익들 전체에 퍼져나감에 따라, 이 주장은 보다 포괄적이 되면서 동시에 뚜렷한 목표를 점차 잃어갔다. 재확인해야 할 원래의 진리는 상투적인 것으로 변해 갔고, 실제로 어떤 제도를 없앤다는 것은 더욱 가망이 없게 되었다. 잭슨과 링컨은 그들이 거부하려던 이익과 가치들의 근거지였던 제도들 자체를 쓸모없게 만들 수 있었지만, 루즈벨트의 표적들은 이들이 지배하고 있던 제도들로부터 도려내져야만 했다. 경제적 왕당파들과 사법부의 무능력에 대해 루즈벨트가 격분하기는 했어도 기업 자본주의나 대법원을 없애겠다고 제안하지는 않았으며, 루즈벨트가 이런 제도들을 파괴하겠다고 위협하는 것으로 인식될수록 그가 어떤 근본적인 것을 구한다는 주장 자체가 위험에 빠지게 되었다.

루즈벨트가 첫 번째 취임사에서 규율을 촉구하면서 헌법상의 형식적인 것을 융통성 있게 조정해달라는 요청을 이에 연결시켰을 때, 이미 이러한 약점이 예고되었었다. 점점 더 분명해지게 되지만, 루즈벨트가 결단코 끌어내려 한 "진리들" 중 하나는, 헌법 제정가들이 미국 정부의 틀인 이 헌법을 유연하게 만들려고 의도했다는 허구적 신화였다. 이전에 누구도 재편의 필요성을 이런 식으로 제기한 적이 없었으며, 루즈벨트는 이것이 급진적 행동에 대한 취약한 근거임을 깨닫게 된다. 헌법 해석의 유연성을 주장하는 것은 근본적인 것에 대해 인정하고 있다는 점을 제대로 확인시켜주지 못하기 때문에, 혁신적 변화를 추구하는 동안 쉽게 불안정해지는 것이다. 잭슨과 링컨이 독재라는 비난에 직면하여 벌인 힘든 싸움들을 되돌아보기만 해도, 급진적 변화에 대해 질서—확인적 외양을 확실히 갖추는 것이 얼마나 중요한지 알 수 있다. 이전의 재편 대통령들은 물려받은 정부 구도들을 변경시키려 하면서 입헌 정부에 대한 훨씬 명확한 구상을 내세웠고, 파괴를 통해 구하려던 것들도 훨씬 구체적이었다. 루즈벨트의 "원래의 진리"가 헌법 유린과 1인 지배라는 피할 수 없는 비난을 견뎌내고 그의 재편 프로젝트를 수호할 수 있을 것인가? 혁신주의적 개혁의 보다 기술 중심적인 처방이 이 약점을 치유할 것인가? 대통령이 주도하는 정치적 재구성이라는 것을 어처구니없이 비미국적인(un-American) 것으로 만들어버리기 전까지 현대 미국의 이익들과 제도들이 이 극도로 현대적인 규율을 얼마나 받아들일 것인가?

국가부흥국의 붕괴

취임 후 석 달 반이 지난 시점에 루즈벨트는 "역사상 의회가 제정한 가장 중요하고 원대한 법안"의 통과를 선포했다. 국가산업부흥법(National Industrial Recovery Act; NIRA)은 "100일"로 알려진 숨 가빴던 특별회기의 절정에 "미국에 번영을 가져오고 우리의 기준을 보존하게 해 주는 많은 요소들을 영원히 안정시키려는 지대한 노력"으로 입법화되었다.[38] 루즈벨트의 말은 실제로 뉴딜 시기 동안 그가 주도한 가장 야심찬 재편 구상을 예고한 것이었다.[39] 국가부흥국(National Recovery Administration; NRA)은 미국의 산업관계를 완전히 재조직화할 것을 예고했고, 이 과정에서 루즈벨트의 재편 규율을 제일 먼저 엄중한 시험에 들게 만들었다.

후에 뉴딜에 벌어지게 될 일들을 생각해보면, 국가부흥국은 재편의 서곡에 불과했다고 볼 수도 있다. 이전의 재편 대통령들이 초기에 했던 것과 마찬가지로, 국가부흥국은 보다 분열적이고 불안정한 행동을 해야 하는 당면한 압력을 덜어주고 그 대신에 뉴딜에 연관된 모든 세력들의 신뢰를 구축하려 했다. 루즈벨트 행정부가 본격적으로 산업 복구 프로그램에 뛰어들게 된 것은 주당 30시간 노동을 의무화한 민주당 휴고 블랙(Hugo Black) 의원의 법안이 상원을 통과했기 때문이었다. 실업 문제에 대처하는 의회 특별회기의 첫 번째 주요 시도에 직면하여, 또 이 시도가 실패할 경우 벌어질 수 있는 총파업의 위협에 직면하여, 루즈벨트 행정부는 블랙의 법안을 하원에 계류되게 만들면서 보다 유연하고 포용적인 제안으로 대체시켰다.[40] 이 제안에 담긴 국가부흥국은 노동은 물론 기업에도 다가가고 시장의 적대감을 완화시킬 새로운 협의체를 촉진시키려고 고안되었다. 국가부흥국은 민간 자발성, 협의주의, 산업의 자구체제, 협력적 경영 등 후버식의 접근을 뚜렷하게 반영하고 있었다. 단체 협약을 약속함으로써 노동의 이익을 인정했고, 반독점법의 완화를 약속함으로써 대기업들의 이익을 인정했으며, 불공정 상행위에 대한 보호를 지속하겠다고 약속함으로써 소상공인들의 이익을 인정했고, 시장에 대한 정부의 통제와 기획을 약속함으로써 경제 계획가들의 이익을 인정했다. 전반적으로 산업 정책에서의 국가적 단합을 요청한 대통령의 의지를 반영했던 것이다.[41]

그렇지만, 어떤 대통령들도 그렇게 많은 것을 그렇게 빨리 변화시키려 하지 않았었다. 국가부흥국은 단순한 서곡이 아니라, 루즈벨트가 원했듯이, 본무대였다. 주목할 만한 것은 루즈벨트가 원래 긴급 대응을 위한 특별회기에 이런 식의 조치를 다루지 않으려 했었다는 점이다. 다른 재편 대통령들과 마찬가지로 루즈벨트는 변혁 의도가 그토록 광범위한 프로그램을 수립하기 전에 상황이 좀 더 정리되게 기다릴 수 있기를 원했었다.[42] 블랙 법안에 대한 의회의 지지 때문에 노동이나 기업을 심각하게 자극하지 않고서는 기다리는 것이 불가능해졌기 때문에, 서곡과 본무대가 하나로 합쳐져서 그 포용적인 정치적 비전이 가리키는 것보다 재편에 대한 합의가 훨씬 급진적인 프로그램이 되었던 것이다.

국가부흥국은 생산을 안정화시키는 데 목적을 두었다. 루즈벨트 이전에 원래의 안은 "경찰력이 뒷받침하는 기업 신디칼리즘"에 대한 기업들의 제안이었다. 그러나 루즈벨트 행정부가 승인하고 의회가 제정한 수정된 안은 소비자의 구매력을 강화하기 위한 새로운 조항들을 포함하고 있었고, 이 조항들은 급진화될 수 있는 많은 구상들을 담고 있었다.[43] 첫째로, 산업관계를 관리하는 데 있어서 연방정부는 단순한 경찰이 아니라 적극적인 행위자가 되어야 했다. 두 번째는 전반적인 국가 상황에 대한 연방정부의 견해에 따라 산업관계가 조정되어야 한다는 것이었다.[44] 연방정부는 기업들의 업종별 협회들을 도와 특정 업종에 적합한 운영 규정(codes)을 협상하여 집행하도록 할 것이었다. 이 규정들은 연쇄적인 가격 구조의 토대를 마련하고, 최저 임금과 근로 시간 및 근로 조건에 대한 업종별로 적합한 기준을 제시하게 될 것이었다. 나아가 이 규정들은 사용주들의 간섭 없는 노동자들의 단결권과 단체 교섭권을 보장할 것이었다. 법에 명문화되어 있지는 않았지만, 이 규정 제정 구상은 기업과 노동, 국가 내부와 이들 간의 관계에 있어서 중대한 권력 재분배를 의미했다. 국가부흥국에 대한 찬성론자들에게 이 프로그램은 대중의 이익이 정부 관리자들에 의해 민주적으로 반영되는 인도적인 경제적 이상을 구현한 것이었고, 회의론자들에게는 통제하겠다는 발상이 모스크바나 베를린에서 나온 것이나 다름없는 듯 보였다.[45]

국가부흥국이 불러일으킨 꿈과 공포 뒤에는 산업관계에서 연방정부가 새로운 동반자(partnership) "권리"를 가질 수 있는지를 결정할 레짐의 세 가지 전제들이 있었다.[46] 첫 번째 전제는 루즈벨트가 1935년에 이르러서도 여전히 주장할 수 있었던 유일한 것이었는데, 직전 대통령 선거 유세에서 루즈벨트가 했던 강력한 거부의 메시지로부터 나온 것이었다. 즉, 국민들이 미국 정치경제에 대한 과거의 사고방식을 거부했으며, 이로부터 근본적으로 벗어날 것을 1932년 선거가 승인했다는 것이다. 국가부흥국이 얼마나 직접적으로 자유방임을 거부할 것인지에 대해 루즈벨트는 다음과 같이 대답했다. “만일 그 철학이 파탄난 것이 아니었다면, 지금 이 자리에 허버트 후버가 앉아 있을 것입니다.”[47] 두 번째 전제는 1935년 봄에 가장 극적으로 반박된 것인데, 보다 적극적인 것이지만 추정적인 것이었다. 이에 따르면, 헌법이 의회와 행정 수반에게 산업관계를 감독하고 집행하고 필요하다면 새 질서를 부과할 수 있는 권위와 자율성을 부여했다는 것이다. 이에 대한 광범위한 선례는 1차대전 중의 자원 동원이었고, 구체적인 선례는 철도산업의 노사관계였다. 그렇지만 1933년은 전시가 아니었고, 국가부흥국에 대한 입법 조항들은 어처구니없을 정도로 구체적이지 않았다. 수립된 지 2년 만에 이 산업 규정 계획은 대법원에 의해 무효화되었다.[48]

그렇지만 국가부흥국은 이보다 훨씬 이전에 이미 사망상태였다. 이 계획은 세 번째 전제, 곧 질서가 어떻게 재구축되어야 하는지에 대한 전제 때문에 붕괴되었다. 이 계획의 성공은 정부가 인정한 이익을 기업과 노동이 상호간의 자기희생 정신으로 받아들이는데, 즉 행정부 자체의 보다 복잡한 정책 우선순위들을 만족시키기 위해 각자가 수년간 구축해온 시장에서의 힘의 사용을 절제하는 데 달려 있었다.[49] 이 계획의 주 고객들에 대한 이러한 의존은 시작부터 더욱 커지게 되었는데, 정부 자체의 지출이 통제되지 않을 것을 우려한 루즈벨트가 막대한 양의 국가부흥국 공공사업들을 보수적인 내무부(Interior Department) 손에 넘겨서 국가부흥국이 남아 있는 자체 자원만으로 소비 주도 복구를 하게 되면서였다.[50] 방만한 지출을 막으려는 루즈벨트에 의해 국가부흥국이 무거운 짐을 떠안게 되었던 것이다. 이 구상 아래 놓여 있던 다양한 경제적, 사회적, 정치적 이익들을 함께 하도록 했던 것은 재편에 대한 루즈벨트의 의지였는데, 이 프로그램의 원래의 작동기제 자체가 거의 즉각적으로 붕괴되자 가장 당황하게 된 것도 루즈벨트였다.

국가부흥국의 정치적 논리는 첫째, 이윤 하락의 위협이 있더라도 가격을 충분한 기간 동안 인하하여 소비 수요가 상승하도록 하고, 둘째로, 새로운 협력 기제 아래서도 어느 정도의 경쟁이 남아있는 것을 필요로 했다. 두 목적의 달성 여부는 기업들의 이윤 동기를 제어할 수 있는 규정 제정 당국들의 능력에 달려 있었다. 그러나 푸른 독수리(Blue Eagle)*가 뜬 뒤 규정 제정을 하는 정신없이 분주한 나날이 되자 프로그램 관리자들은 이 방대한 과업에 압도되어버렸고, 해당 업종의 기준을 끌어내기 위해 가장 강한 기업들에 의존하게 되었다. 새로운 규정들의 가격 정책이 시장 진입을 제한하게 된다는 것이 분명해지자마자 약한 기업들은 이 프로그램에 반대 입장으로 돌아섰다. 프로그램 관리자들이 이런 불균형을 시정하려들자 강한 기업들의 지지가 약화되었다. 6개월 내에 강한 기업이든 약한 기업이든, 대기업이든 중소기업이든, 기업들의 지지는 흩어지고 중앙 집중과 통제, 독재에 대한 원성이 자자해졌다. 기업들의 불만이 고조되면서 바로 국가부흥국의 가격정책에 대한 조사가 뒤따랐고, 이런 불만들 때문에 루즈벨트가 개입하여 1934년 가을에 이 프로그램을 정리하게 되었다. 이때쯤 되면 이미 프로그램은 충분히 훼손되었고, 자유 시장 원칙과 공정 경쟁에 맞게 재조정할 전망은 사라졌다.51)

한편 이 프로그램의 또 다른 고객인 산업노동자들도 그들 나름대로 국가부흥국에 대한 루즈벨트의 희망을 무산시켰다. 법안의 7a 조항에 담긴 단체교섭권 인정은 소비자－주도 복구 전략의 핵심이었다. 단체교섭을 통해 임금을 인상시켜 소비를 진작시키겠다는 것이다. 그러나 이 프로그램은 노조의 이익에 관한 한 제대로 보장해 주지 못했다. 단체 교섭권이 어떻게 행사되는지에 대해 모호했기 때문이다. 독자적인 조직들을 육성하려던 노동계 지도자들은 노동자들의 대표가 기업에 고용된 근로자들의 단순다수에 의해서만 결정될 것을 요구했다. 반면에 노조 내에서 영향력을 유지하기를 원했던 기업들은 비례대표제와 자발적 참여를 고집했다. 이 이슈는 국가부흥국을 심각하게 분열시켜서 루즈벨트가 개입하여 질서를 바로잡아야만 했다. 이 프로그램의 책임자였던 휴 존슨(Hugh Johnson)은 비례

* 역주: 국가부흥국의 상징이 푸른 독수리였음.

대표를 강력히 지지했으며, 대통령이 다른 결정을 할 경우 이 프로그램에 대한 기업들의 지지는 물론 이미 위태로워진 프로그램의 운영이 더 손상될 것이었다. 그러나 루즈벨트가 존슨의 입장을 지지하고 기업들을 안심시키는 동안 노동자들은 전국적으로 생산 관계를 교란시키기 위해 독자적인 힘을 과시하고 있었다. 분개한 노조들은 질서와 안정과 생산성이 복구된 척하는 국가부흥국을 파업을 통해 조롱하면서 산업 전체를 계급 갈등이 고조된 상태로 몰아넣었으며, 그러는 동안에도 정부 내의 개혁파들이 단순 다수제에 주목하도록 만들고 있었다. 이런 반발에 놀랐지만 여전히 뉴딜에 대한 기업의 지지를 유지하려던 루즈벨트는 비례대표제에 대해 실제로 양보하지는 않으면서 노동의 입장을 강화시켜주려 했다. 구체적으로, 기존 국가부흥국 틀 내에서 운영될 전국 노동관계위원회(National Labor Relations Board)를 통해 노동의 요구가 더 수용되도록 했던 것이다. 그렇지만 기업들의 실질적인 카르텔화에서 후퇴했던 것과 마찬가지로, 대립하는 이익들을 이렇게 수용해 준 것도 개혁의 경로를 통제하는 데 있어서 효과적이지는 못했다.[52)]

국가부흥국의 복합적인 목표들이 이 프로그램의 주 고객들의 독자적 힘에 굴복하게 되면서, 후버가 겪었던 것만큼이나 정치적으로 낭패스러움이 생겨나는 듯했다. 루즈벨트는 자신의 개인적 권위 하에 대단히 대립적인 이익들을 같이 수용하면서, 자신의 재편 규율이 이들 간의 관계를 재정립하고 안정화시킬 것이라고 확신했었다. 그러나 이들이 제기하는 어려운 선택들을 통제하고 변형시키고 해소하거나 무시할 수도 없다는 것을 이제 깨닫게 되었다. 역사상 의회가 제정한 가장 중요하고 원대한 법안을 선포한 뒤 18개월 만에, 국가산업부흥법은 연관된 모든 사람들에게 무산된 약속들 중의 하나가 되었음이 자명해졌다. 좌파들에게 "뉴딜"(New Deal)은 "최악에 이른 과거의 거래"(Old Deal)에 불과한 듯 보였고, 우파들에게는 "절대적인 국가 사회주의"로 보였으며, 회의론자들 모두에게 국가부흥국(NRA)은 부흥불가국(No Recovery Allowed)을 의미하게 되었다.[53)]

자신의 새로운 질서가 붕괴되면서 루즈벨트는 동요하는 듯 보였다. 중간선거 결과로 의회 내에서 세력이 강화된 혁신주의자들의 산업 개혁에 대한 요구가 대통령의 프로그램이 실패한 데 맞물려 새로운 구상들로 곧바로 진행되고 있었다.[54] 그러나 루즈벨트는 이러한 시도들을 멀리했으며, 대신에 자신의 프로그램을 구해내는데 집중했다. 루즈벨트는 "[국가부흥국의] 근본 원칙과 목적은 견고합니다. 이것을 포기한다는 것은 생각할 수 없습니다."라고 선언했다.[55]

국가부흥국은 여전히 루즈벨트 재편의 핵심에 있었고, 루즈벨트는 정치변동의 선두에 있는 자신의 지위를 포기하는 위험을 감수하더라도 이를 포기하려 들지 않았다. 1935년 2월에 루즈벨트는 수정된 형태로 이 프로그램의 2년간 연장을 요청했다. 모든 문제점들에도 불구하고 이것만이 혼란에 대한 유일한 대안이라고 그는 주장했다.[56] 이런 주장을 고수해야만 하는 암울한 장래로부터 루즈벨트를 구해준 것은, 중간선거에 의해 의회 내에서 개혁에 대한 지지가 강화된 것 덕분이 아니라 더욱 강력해진 저항의 출현이었다. 5월 초에 국가부흥국 지지의 버팀목이었던 미국 상공회의소(United States Chamber of Commerce)가 공개적으로 뉴딜에 대한 전쟁을 선포하고 나섰다.[57] 그리고 나서 그 달 말에는 대법원이 기업들의 공격에 법의 권위까지 더해 주며, 대통령의 대안 자체가 정당한 근거가 없다고 만장일치로 판결했다. 국가부흥국이 내부에서 해체되고 있을 때 루즈벨트는 동요했었지만, 위헌이라고 선언되자마자 루즈벨트는 다시 일어섰고, 의회 내에서 개혁에 대한 압도적인 지지를 일구었으며, 새로운 자유주의 레짐의 근본적 기약들을 더욱 확고하게 만들게 되었던 것이다.

당시의 예리한 관찰자들은 1935년 5월의 대법원 판결이 "자신이 만든 잠자리에 누워있어야* 하는 불편한 필연성에서 구해 주었기 때문에 대통령의 첫 번째 임기 중 생긴 최고의 행운"이었음을 깨달았다.[58] 이 통찰은 더 설명할 필요가 있다. 표면상 직관에 반대되기 때문이다. 최고 법원에서 진보적이든 보수적이든 대법관들 모두가 만장일치로 자신의 프로그램의 핵심을 위헌이라고 판결했는데, 어떻게 대통령이 정치적으로 더 효과

* 역주: 자업자득; lie in the bed he had made

적이 될 수 있었는가? 루즈벨트가 자신이 만든 잠자리에서 일어날 수 있었던 것은 대법원이 루즈벨트의 특별한 정치적 권위 주장을 부인한 것이 아니라 오히려 회생시켜 주었기 때문이다. 조화될 수 없는 것들을 조화시키고 과거의 기약에 묶여 있는 지도자처럼 이미 사망 상태에 있는 프로그램의 운영을 옹호해야 하는 부담으로부터 대법원이 루즈벨트를 풀어주었던 것이다. 더욱이 이 판결은 애초에 루즈벨트를 권좌에 올려주었던 훨씬 강력했던 필요성을 더욱 극적으로 만들어주었다. 국가부흥국 규정의 무효화는 새로운 체제를 만들려는 시도에서 루즈벨트가 겪게 된 실패를 과거 체제의 저항을 보여주는 확실한 증거로 만들어 주었다. "두 번째 100일"의 전야에 루즈벨트는 다시 한 번 이전의 뿌리 깊은 이익과 이념들을 공격했고, 급진적 변화의 정당성을 옹호했으며, 정부가 작동하는 방식 자체를 재편하겠다고 약속했다. 루즈벨트는 좌로도 우로도 움직이지 않았다. 경이롭게도 출발점으로 돌아오고 있었던 것이다.

대법원 판결 수일 뒤 루즈벨트는 국가부흥국 규정의 무효화가 "드레드 스콧 판결 이후 가장 중요한 판결"이라고 선언했다.59) 국가부흥국을 무효화시킨 것은 뉴딜이라는 개념 전체를 위협하는 것이며 농업조정법(Agricultural Adjustment Act)과 증권법(Securities Act)도 똑같은 논리에 취약해졌다고 루즈벨트는 경고했다. 이제 문제는 산업 규정들이 있을 것인가가 아니라, 국가가 불신임된 과거로 되돌아갈 것인가였다. 실제로 법원은 연방정부를 후버 시절이 아니라 훨씬 더 오래전으로 되돌려 놓을 것이었다. 이는 "완전히 터무니없고 있을 수 없는 상황"이었다. "앞으로 나아갈" 길은 없을 것이고, "국가 전체의 사회적 조건들과 근로 조건들을 통제하리라는" 희망도 없을 것이었다. 루즈벨트는 대법원의 결정이 "오랫동안 우리 나라에 벌어진 일들 중 가장 좋은 일"이라고 판단했다. 관련된 모든 사람들에게 뉴딜에 대한 지지가 얼마나 중대한 것인지 깨우쳐 주었고, 자신이 핵심적인 지점을 공격할 수 있게 해주었던 것이다.

문제는 이것입니다… 미국이 과연, 미국 국민들이 과연, 국가 경제 문

> 제에 대한 해법을 추구할 수 있는 묵시적 권한 혹은 법원이 승인하는 권한이 연방정부에게 주어지지 말아야 한다고 결정할 것인가…
>
> 우리가 이 판결 혹은 뒤따르게 될 판결에서처럼 연방정부가 사회적 조건을 개선하는 데 어떠한 역할을 할 수 있는 권한이 없다는 관점에서 사회 문제들을—이 안에 나는 모든 종류의 고용 문제를 포함합니다—볼 것인가? 이처럼 명확하고 단순한 것입니다.
>
> 우리가 하나의 국가로서… '기업은 원하는 대로 할 수 있고 원칙을 준수할 것이다'라는 멋진 이론을 따라 앞으로 나아갈 수 있습니까… 이 이론은 어처구니없을 정도로 천진난만합니다.

국가부흥국 판결은 정반대 방향으로 나아갔던 대법원과 대통령이 루즈벨트의 첫 번째 임기 중 남은 기간의 성격을 결정한 핵심이 되었다. 대법원에 대한 대통령의 공격에 언론은 처음에는 신랄하게 부정적이었으나, 1935년 봄부터 1936년 봄 사이에 대법원은 상대적으로 대중적 인기가 없던 국가부흥국보다 훨씬 더 많은 것들을 무효화시키는 일련의 악수를 두었다.[60] 그러는 동안 루즈벨트는 새로운 정치적 근거를 만들어 갔다. 이 시점이 되면 로버트 와그너(Robert Wagner) 상원의원의 국가노동관계법안(National Labor Relations bill)의 통과가 불가피해졌는데, 상공회의소 공세와 국가부흥국 무효화의 중간 시점 즈음에 루즈벨트는 이 법안을 기정사실로 받아들였다. 노조에 대한 사용주의 불간섭과 정부가 보증하는 교섭 단위에서 노조 대표의 다수결 원칙을 보장하는 조치를 뒤늦게나마 루즈벨트가 지지했던 것이다. 이를 통해 루즈벨트는 이제 자신의 행정부가 이끄는 변화에 기업은 조화될 수 없는 것이며 새로운 질서를 확립하려는 모든 희망이 정부와 노동 사이를 동반자 관계로 연결하는 데 달려 있다는 점을 묵시적으로 인정했다.[61]

사법부가 1차 뉴딜을 부정하는 가운데 대통령의 철퇴는 2차 뉴딜의 길을 열고 있었다. 구질서의 저항에 대한 새로운 공세를 이용해 루즈벨트는

1935년 여름 내내 의회를 개회하도록 만들었다. 사회보장법과 농업조정법을 강화하는 수정안들, 테네시 계곡 개발 입법, 농가 부채 유예, 석탄 산업 안정법, 새로운 구호 입법들, 부유세 등이 신속하게 통과되어 미국 정치와 정부의 지형을 바꿔놓았다. 주목할 만한 것은, 이 개혁들(또는 농촌전력화법과 토양보존 및 할당법과 같은 1936년 전반기의 개혁들) 중 어느 것도 국가부흥국 문제에서처럼 이익을 조정하는 대통령의 권위가 도전받지 않았다는 것이다. 루즈벨트는 개별적인 이익들과 발상들을 인정해 줌으로써 자신의 리더십 지위를 다시 강화시켰다. 이 시기 동안 새로운 규율에 가깝다고 할 수 있는 것은, 이전에 주변적이었던 지지층을 새롭게 지원하면서 기득 경제 권력에 대한 정부의 공세를 강화시킨 것이었다. 기업간 협력체제 구상이 국가부흥국과 함께 무너지고 나자, 남아 있는 혁신주의 기업 정책들은 은행에 대한 규제 강화, 유틸리티 기업들의 분할, 증권거래위원회(Securities and Exchange Commission) 강화 등이었다. 이처럼 덜 포용적인 기업 통제 찬성론자들은 처음부터 뉴딜 규제정책에서 지배적인 목소리를 내길 원했었다. 정부 계획의 훨씬 야심찬 이상에 기업들이 무관심하고 뉴딜과 상공회의소의 입장 사이에 분명한 구분이 생기게 되자, 루즈벨트는 이러한 혁신주의자들을 받아들이고 이들의 이상을 자신의 이상으로 삼게 되었다.[62]

현대 대통령의 등장

1936년 선거 유세 동안 루즈벨트는 구질서에 대해 전면적 공격을 계속했고, 이 과정에서 그가 추진했던 변화에 대해 압도적인 대중적 지지를 얻었다. 뉴딜에 대한 정치적 반대는 사실상 섬멸되었다. 선거 직후 루즈벨트는 자신의 성취를 공고히 하려 했고, 자유주의적인 사회적 기약들을 확고히 하고 장래에 구체화할 수 있도록 정부를 재구성하려 했다. 1833년의 잭슨처럼 루즈벨트는 굴복을 강요했고, 통제력을 집중시켰으며, 지배력을 장악하려 했다.

결과는 놀라울 정도로 끊임없는 좌절이었다. 1937년과 1938년에 루즈벨트는 대법원을 갈아치우려는 시도에서 실패했고, 새로운 행정부 조직을 장악하는 데 실패했으며, 민주당에서 보수주의자들을 몰아내려는 시도에서도 실패했다. 그의 개인적 의도는 전 영역에서 무산되었고, 새로운 질서에 대한 그의 구상은 모든 단계에서 그가 자신의 의지에 굴복시키려던 제도적 행위자들의 권위와 독자성을 수용하는 방식으로 대체되었다. "현대 대통령직"(modern presidency)이라는 기묘한 지위는 바로 루즈벨트 자신의 구상에 대한 이러한 체계적인 부정 위에 세워졌다. 이 지위는 루즈벨트가 원했던 것이 아니라 그에게 강요되었던 것이다.

이전의 재편들을 다시 한 번 되새겨보면, 이러한 정치적 통제력의 전체적인 상실이 선례가 없었던 것이 아님을 알게 된다. 사실, 각 재편마다 대통령의 개인적인 의지에 대한 정치적 저항이 증대되어 왔다. 무효화 위기에 대한 타협 이후 승리를 기념했던 잭슨의 전국 순회 때문에, 선거 이후 그에 대한 지지가 분산되고 최대의 적수가 정치적으로 부활했다는 사실이 가려진 것이 아니었던가? 1834년 중간선거에서 민주당의 의석수가 증가하고 1837년에 잭슨에 대한 상원의 견책이 삭제된 것 때문에, 은행 전쟁 당시 반대 세력이 막강하게 재조직화된 것이 가려진 것이 아니었던가? 그렇지만, 루즈벨트라면 이런 결과라도 크게 기뻐했었을 것이다. 루즈벨트의 두 번째 임기의 구상들은 아무런 승리 기념 순회도 가져오지 않았고, 중대한 6년차 선거에서 의석수 증가도 없었으며, 마지막에 삭제하는 일도 없었고, 양당의 세력분포가 재확정되는 일도 없었다. 링컨과 비교하면 루즈벨트의 좌절감은 더 커진다. 자신의 정당과의 차이가 변화에 대한 전략이나 시점과 같은 문제를 훨씬 넘어섰기 때문이다. 실제로 루즈벨트와 민주당 간의 공통점은 빠르게 사라지고 있었고, 국가 전체에 대한 통제력을 원하던 루즈벨트가 남부의 인종 문제에 대한 제도적 방어벽에 부딪히게 되자 궁극적 목적에 대한 교착상태에 빠지게 되었다.[63]

자신의 새로운 레짐이 공고화되고 있는 그 시점에 정작 루즈벨트는 심각하게 정치적으로 소외되었던 것을 어떻게 이해할 수 있을까? 이에 대한 중요한 단서는 바로 첫 번째 임기 당시 국가부흥국의 붕괴 속에 있다. 1933년에 루즈벨트가 재편의 핵심으로 자부했던 이 프로그램이 1934년에 무산되자, 그의 재편 프로그램은 다른 제도적 행위자들에 의해 그가 별로 반기지 않는 근거 위에서 부활되었다. 실제로 입법과정의 마지막 순간까지 루즈벨트는 뉴딜 레짐 구축의 중대한 정치적 전환에 대해－새로운 질서의 주축으로서 국가부흥국(과 기업)으로부터 와그너법(과 노동)으로의 전환에 대해－별다른 도움을 주지 않고 바라보기만 했다. 자유주의 질서의 구축은 전반적으로 루즈벨트의 재편의 권위 하에서 신속히 진행되었으나, 그 자신이 변화에 대해 세운 조건들은 뉴딜 반대세력들에 의해 좌절되었을 뿐 아니라 뉴딜에 우호적이었던 많은 사람들에 의해 무시되기도 했다. 루즈벨트의 철퇴가 2차 뉴딜을 위한 문을 열어주었으나, 새 질서 자체를 가져온 것은 의회였던 것이다.

이러한 구도는 두 번째 임기 중에 더 구체화되었다. 루즈벨트가 개인적으로 겪은 중대한 패배 다음에는 승자들이 루즈벨트가 만든 새로운 상황의 정통성을 인정하는 일이 뒤따랐다. 우선 대법원은 선거 결과의 의미를 깨달아서, 루즈벨트의 대법원 물갈이(court packing) 계획이 알려지기도 전에 이미 뉴딜에 대한 반대를 뒤집기로 결정했다.[64] 실제로 대법원은 루즈벨트와의 싸움 한복판에 뉴딜 입법들의 내용과 형식을 수용함으로써, 사법부의 독립을 무너뜨리고 법원이 대통령에게 종속될 위험을 가져올 루즈벨트의 법원 물갈이 계획이 무산되는 데 도움이 되었다. 이와 유사하게, 당내 보수주의자들을 몰아내려던 계획의 핵심적인 표적들이 살아남았고 당을 장악하려던 루즈벨트의 계획을 무산시켰으나, 이들은 대통령의 반대파나 혹은 이미 실행되고 있는 뉴딜 정책의 반대파로 선거 운동을 하지 않으려 애썼다.[65] 마지막으로 1938년에 75대 의회가 새로운 연방정부 관료집단을 행정 수반의 휘하에 복속시키려던 루즈벨트의 계획을 부결시켰으나, 1939년에 76대 의회는 대통령이 확대된 연방정부 관료제를 관리할 수 있도록 보다 온건한 법안을 통과시켜 주었다.[66]

8년간의 뉴딜 재편에서 얻어지는 패턴은 이후의 재편 사례들에서 명확해지는 패턴을 제시한다. 여기에서 보게 되는 것은 재편 과정이 재편 리더의 개인적 의지와 체계적으로 탈동조화(decoupling)되는 현상이다. 대통령의 구상을 무산시키면서도 대법원과 의회 및 민주당은 루즈벨트의 지배 의도를 억제시키면서 전통적인 권한을 보존시키는 방식으로 뉴딜을 수용했다. 두 번째 임기 동안 **루즈벨트의** 보다 원대한 비전을 무산시킨 것은 **이들의** 실용주의적 적응이었던 것이다.

이러한 관찰은 루즈벨트의 정치적 리더십을 이해하려는 사람들이 안게 되는 당연한 문제를 해결하는 데 도움이 된다. 어떻게 대통령이 자신의 주요 구상들에 대해 그렇게 많은 패배를－대법원에 의한 첫 프로그램의 무효화부터 민주당내 보수파 정리의 실패까지－겪으면서도 상황에 대한 통제력을 완전히 상실하지 않을 수 있는가? 탈동조화 현상은 이 문제에서 두 가지 요소가 작동하고 있음을 시사한다. 하나는 재편 리더십의 역사적 변화과정에 연관된 것으로, 대통령의 개인적인 통제력 주장을 점점 더 어렵게 만들어 왔다. 다른 하나는 변화를 정당화하는 데 있어서 다른 리더십에 비해 재편 리더십이 지니는 여전히 막강한 이점들이다. 엄청난 패배에 직면해서도 루즈벨트가 버텨낼 수 있었던 사실이 그가 지녔던 핵심적 주장의 특별함을 말해 준다. 루즈벨트 리더십의 기본적인 자세는 파산한 레짐에 대한 대안을 구축한다는 것이었으며, 루즈벨트는 이 자세를 효과적으로 활용하여 구질서에 도전했고 새로운 자유주의적 근거 위에 수립된 정치적 재편으로부터 후퇴할 수 있는 모든 길을 막아버렸던 것이다. 두 번째 임기 중의 패배들에도 불구하고 왜 루즈벨트 리더십이 해체되지 않았는지, 이념과 이익에 대한 근본적으로 새로운 기약들이 왜 마침내 수용되었는지, 엄청난 비난들과 극적인 패배들과 심지어 막 시작된 불황에도 불구하고 왜 루즈벨트가 전례 없는 3연임을 할 수 있었는지 이해하기 위해서는 루즈벨트의 재편 리더십이 지닌 이 권위가 중요하다.

이렇게 해서 이제 재편 리더십내의 장기적인 역사적 전개과정, 즉 이 거대한 거부의 힘이 질서 재창조 과정에 대한 통제에서 점점 더 멀어지는 정도를 보게 된다. 역사적으로, 정치적 행동을 둘러싼 제도들의 세계가 두터워짐에 따라 재편 권위의 한계가 설정되어 왔다. 즉 독립적인 권력과 권위의 중심들이 확산되면서 대통령의 개인적인 정치적 통제력이 위축되어 왔던 것이다. 역사학자 제임스 패터슨(James Paterson)은 1938년 예비선거에서 민주당내 보수적인 반대파 의원들을 몰아내려던 루즈벨트의 시도에 대해 평가하면서 이 점을 분명히 했다. 민주당을 보다 확실하게 자유주의적으로 재편하려던 시도가 실패한 원인을 루즈벨트 자신의 문제점들에서 찾는 학자들에 대해 패터슨은 민주, 공화 두 정당 조직들의 복원력 때문에 성공은 애초에 불가능했었다고 강조한다. 민주당 보수파 의원들은 자기 영지들에 굳게 자리잡고 있었다. 이들은 루즈벨트를 따르려는 의향이 거의 없었지만, 그렇다고 해서 민주당이 최대의 권력을 지닌 순간에 자신들이 그렇게 오래도록 지배해 왔던 당을 떠나 공화당의 보수파에 동참하려는 의도는 전혀 없었다. 마찬가지로 공화당 의원들도 비록 선거에서 참패하기는 했으나 자신들의 당 조직을 저버리려 하지는 않았다. 더욱 유념해야 하는 것은 루즈벨트 자신도 정당 건설 구상을 실행하기 위해서는 기존 민주당 조직 내의 지지에 의존했다는 점이다. 루즈벨트는 보수적 의원들을 쫓아내려는 주들의 진보적 민주당 의원들로부터 도움을 필요로 했으나, 이들은 루즈벨트를 위해 동료 의원들과 대립하고 자신들의 지역 정당 조직을 혼란에 빠뜨리려 하지 않았다. "순전히 정치의 조직 측면이 너무 강해서 위로부터의 급속한 변화가 올 수 없었다."라고 패터슨은 결론짓는다.[67)]

"정치의 조직 측면"에서 점진적으로 이루어진 역사적 변화는 재편 리더십에 대한 장애를 여러 가지 방식으로 강화시켜 왔다. 가장 분명한 것은 과거와의 단절을 확실히 하기 위해 보다 많은 조직들이 변화되어야 한다는 것이다. 더욱이 이 조직들은 제도적으로 보다 독립적이다. 마지막으로, 제도적인 재편을 실제로 통제하는데 관한 한, 점점 더 독립적이 되어가는 수많은 행위자들에게 대통령 자신이 더 의존적이 된다는 것이다.

이런 맥락에서 사법부와의 대결에서 노조가 루즈벨트에게 던진 미국정치의 냉정한 교훈을 살펴보자. 루즈벨트로서는 두 번째 임기의 이 위험스러운 시도에서 노조의 지지를 기대할 만한 충분한 이유가 있었다. AFL과 CIO는* 서로에 대한 의심을 억제하며 1936년 선거에서 루즈벨트를 지지했었다.[68] 루즈벨트에 대한 노조의 지원이 "두 번째 100일" 동안 발생한 기업의 지지 철회를 만회하게 해 주었었다.[69] 더욱이 법원 물갈이는 노조에게는 당연한 것으로 보였다. 사법부에 대한 노조의 적대감은 본능적인 것이었고, 와그너법에 대한 대법원 판결이 계류중이었으며, 뉴딜 입법들 전반에 대한 법원의 반대가 너무나 명확해 보였다. 나아가 노조의 지지를 확실하게 하기 위해 루즈벨트는 새로운 노동 입법들을 인질 삼아 들고 있었다. 루즈벨트는 사법부 독립을 마침내 무너뜨리기 위해 두 경쟁적 노조들의 확고한 지지를 원했다.

그러나 노조 지도자들이 백악관의 우호적 목소리에 감사했을지는 몰라도 이들이 대통령의 수중에 장악되어 있었던 것은 전혀 아니었다. 루즈벨트가 CIO에 더 기울 것을 우려했던 AFL은 공식적으로 루즈벨트의 계획을 지지했다. 그렇지만 산하의 강력한 조직이었던 목공노조(Carpenters Union)가 강력하게 반대하면서 내부 단결에 문제가 생기게 되자, AFL 지도부는 대통령을 위한 의회 로비를 적극적으로 하지 않게 되었다. CIO 역시 가장 중요한 순간에 공식적인 지지를 보여주지 않았다. 이들의 지도자 존 루이스(John L. Lewis)는 와그너법이 실정법인 이상 사법부 개혁 법안이 시급한 것이라고 보지 않았으며 와그너법을 활용하고 그 함의를 모색하는 데 집중하기를 원했다. 루이스는 대통령과 협상하여 노동자의 연좌파업권을 승인받고 그 대가로 사법부 개혁 추진을 도울 수도 있었으나, 당시에 루즈벨트가 논란이 되는 자신의 사법부 개혁 계획 위에다가 노동에 대한 급진적인 보상까지 더해서 민주당 지지층의 인내심을 시험해 볼 여유는 없었다.[70]

---

* 역주: AFL(American Federation of Labor)은 숙련, 반숙련공 위주의 비정치적, 실용주의 노선의 전국적 노조이며, CIO(Congress of Industrial Organization)는 보다 전투적, 정치적인 산별 노조임. 경쟁적이었던 두 노조는 1950년대에 합쳐서 오늘날의 전미노조 AFL−CIO가 됨.

사법부 계획이 선언된 후 첫 주 동안 대통령에 대해 노동이 확고한 지지를 보여주지 못한 것은 결정적이었다. 4월 중순이 되면 대법원이 와그너법에 대해 합헌 판결을 내렸고 루즈벨트는 이 싸움에서 가장 강력한 우군에 대한 모든 협상력을 잃게 되었다. 실제로, 대통령과 사법부의 역할은 갑자기 뒤바뀌어졌다. 대법원이 노선을 변경한 뒤에도 사법부 개혁을 고집함으로써 루즈벨트는 사법부가 뉴딜을 받아들이는 것 이상을 원한다는 모습을 보였다. 사법부의 복속이라는 묵시적인 목적은 사법부가 우월한 힘을 행사했던 이전의 노동관계체계 만큼이나 노동에 대해 심각한 위협이 되었다. 사실상 대법원은 대통령으로부터 자신의 독립성과 함께 노조의 독립성을 보장했던 것이다.

법원과의 대결 직후 벌어진 행정부 재조직 논쟁은 또 하나의 사례가 된다. 이 과정에서 제도적 행위자들 거의 모두가 대통령의 통제로부터 독립을 추구했었기 때문이다.[71] 행정부 재조직을 루즈벨트가 처음 선언했을 때는 연방정부에 질서를 복구하기 위해 무언가 해야 한다는데 전반적인 합의가 있었다. 뉴딜 기구들이 난잡하게 확산되고 광범위한 고객들을 지니게 된 것은 루즈벨트가 보기에 1936년 선거에서 공화당의 가장 강력한 이슈가 될 수 있었다. 비록 공화당이 이 이슈를 제기하는데 실패했으나 루즈벨트는 이 해 봄에 이를 방지하기 위해 단계적인 조지들을 취했다.[72] 1937년 1월이 되자, 루즈벨트는 의회에 보고서를 보내고 "집안을 정리할" 일련의 제안들을 준비하고 있었다.[73] 그러나 무언가 해야 한다는 전반적인 합의는 막연한 것이었다. 루즈벨트의 의도가 효율화에 있는 것이 아니라 애초에 긴급사태에 적용되었던 지출 프로그램들을 공식화하려는 것이라는 점이 분명해지자, 법원과의 대결 당시 이루어졌던 초당적 보수파 연합의 반대가 더욱 커지게 되었다. 그리고 이 계획이 뉴딜 프로그램들에 대한 의회의 영향을 차단하고 행정부 관료 조직 전체에 대한 대통령의 통제를 공고히 하게 될 것이 분명해지자, 대통령에 대한 정부 안팎의 조직적인 지지는 약화되었다. 루즈벨트는 새로운 부처(department)를 설립하고, 규제위원회들의 정책 수립 역할을 이 부처들로 이관시켜 규제위원회들의 독립성을 제한하며, 정부의 예산, 회계, 감사, 계획 기능 모두를 대통령 개인의 직접적인 감독 하에 두고, 행정부 재조직에 있어서 거의 일방적인 권위를 장악하려 했다. 이런 변화들은 새 레짐에 조직적 일관성을 가져다주고 체계적인 행동을 할 수 있는 능력을 제도화시켜 주었을 것이었지만, 이에 영향을 받게 되는 어떤 조직이나 지도자들도 이런 목적을 위해 자신들의 자율성을 희생하려들지 않았다.[74] 노조 조직들과 가톨릭 교회, 심지어 로버트 와그너까지도 대통령의 계획에 등을 돌렸다.

행정부 재조직 논란 속에서 우리는 대통령으로 하여금 연방정부 내에서 최고의 지위를 요구하게 만들었던 사회 경제적 변화가 어떻게 이를 얻으려던 대통령의 시도를 무산시켰는지 가장 선명하게 보게 된다. 정부의 통제력을 대통령 하에 집중시키는 것이 산업화된 미국의 상호의존적 상황에서 조직화된 이익들에 질서를 부여할 수 있는 최선책이었을 수 있으나, 동등한 권력분립이라는 헌법 원리는 이 이익들의 독립성을 강화시켜 주었다. 루즈벨트의 재조직화 계획이 기본적인 헌법상의 보장에 대한 위험스러운 침해로 간주되어 무산되자, 새 레짐을 어떻게 관리할 것인지 하는 딜레마를 해소할 수 있는 하나의 길이 열리게 되었다. 다음 해에 의회에서 통과된 재조직안은 행정부를 관리하는 문제를 처리하는 데 있어서 대통령에게 동등한 가운데 최고의 지위를 부여했다. 그렇지만 필요로 했던 제도적 독자성을 루즈벨트가 확보한 반면에, 다른 모든 행위자들도 루즈벨트의 통제로부터 벗어나는데 필요한 독립성을 확보하게 되었다.[75] 새로운 부처는 없게 되었고, 독립적 규제위원회들은 독립적으로 남게 되었으며, 예산과 계획 기능에서 대통령의 권한은 강화되지만 회계와 감사 기능은 여전히 분리되었고, 행정부 재조직에 대한 대통령의 재량권은 제한되었다. 결국 의회는 행정 수반의 권위로부터 자신들을 보호하려는 모든 조직화된 이익들의 우려를 받아들여, 새롭게 대두하는 이 복잡한 조직들의 세계를 헤쳐 나가며 국가 정책을 타협해내는 새로운 책임을 대통령에게 부여했다. 뉴딜 재편은 이 지점에서 끝났고, 루즈벨트는 의회가 정한 조건 하에서 대통령실(Executive Office of the President)을 설

립하게 되었다.[76)]

뉴딜 당시 실제로 현대 대통령직을 만든 의도는 루즈벨트로 하여금 끊임없이 협상과 타협을 하게 만드는 것이었다. 루즈벨트 자신의 의도는 대단히 달랐다. 1936년 선거 유세에서 약속했던 대로 대통령이 연방정부 전체를 장악하려는 구상이었던 것이다. 정치 지도자로서 루즈벨트의 핵심적 수완이라고 여겨지는 협상과 타협은 실제로는 그에게 강요된 것이었다. 새 레짐을 공고히 하기 위해 무언가가 더 필요하다는 것은 두 번째 임기에서 루즈벨트의 놀라운 통찰이었다. 하지만 루즈벨트가 끝내 협상이라는 굴레를 벗어나지 못했던 데서 우리는 재편의 정치에 대한 현대성의 영향을 찾아볼 수 있다.

재편 리더십의 논리적 한계

이 문제를 순전히 "정치의 조직 측면"으로만 설명하게 되면, 루즈벨트의 재편 권위가 실제적인 정치적 통제력으로부터 유리되었던 것에 대한 가장 이해하기 어려운 측면을 남겨두게 된다. 이 과정에서 루즈벨트가 완전히 피해자이기만 했던 것은 아니며, 앤드류 잭슨식 권위 주장에 저항할 수 있게 된 정치체에서 순진하게 잭슨 역할을 하려 했던 것은 아니었다. 중대한 국면에 루즈벨트는 조심스럽게 자신의 구상을 새롭게 조직화된 정치체의 관리 필요성에 맞추어 갔다. 두 번째 임기의 재편 프로그램들에 착수하면서 루즈벨트는 첫 번째 임기 중에 그렇게 도움이 되었던 재편 언어들을 돌연 폐기해 버렸던 것이다.

표면적으로 볼 때, 법원 물갈이와 행정부 재조직 시도는 루즈벨트가 어느 대통령들과도 비교할 수 없을 정도로 헌법상의 기본적 관계를 재구상하겠다는 목표에 전념했었음을 보여준다. 사실 루즈벨트는 그때까지 한 번도 고려되지 않았던 방식으로 정부의 틀을 변화시키겠다고 제안했던 것이다. 결과적으로 그가 정말 원했던 것을 얻는 데 실패했다는 것은 그리 놀라운 일이 아니다. 정말로 놀라운 것은, 자신이 무엇을 원하는지를 다른 모든 사람들이 이해할 수 있는 방식으로 말할 수 없었다는 사실이다.[77] 이를 설명하는 데는 추측이 필요하지만, 그렇다고 실마리가 전혀 없는 것은 아니다.

루즈벨트 이전의 재편 대통령들이 했던 헌법적 주장들을 살펴보자. 제퍼슨의 정부 장악 시도는 의회에 대한 행정부의 존중을 공식적으로 인정하는데 기반을 두었고, 잭슨의 경우는 다른 정부 제도들로부터 대통령직이 독립적이며 동등하다는 단호한 주장에 근거를 두었으며, 링컨의 경우에는 연방 자체의 단호한 방어에 근거가 있었다. 서로 다르기는 하지만, 이 주장들에는 여러 가지 공통점이 있다. 우선, 이 대통령들 각각은 헌법에 대한 타락한 이해를 공격하면서 자신이 헌법의 진정한 의도를 끌어내고 있다고 주장했다. 둘째로 이 대통령들은 자신이 개입하고 있는 정치적 논쟁 속에서 헌법에 대한 이런 진정한 이해가 중대한 이슈이며 물려받은 질서를 자신이 거부하고 있다는 점을 깨닫고 있었다. 나아가 이론의 여지가 없는 것은 아니지만, 헌법의 기본적 틀 안에는 이런 주장들 각각에 대한 명백한 근거들이 있었다. 이 대통령들은 헌법에 대해 물려받은 이해를 새로운 조건에 적용하는 유연성을 요청했던 것이 아니다. 이들은 헌법에 대한 완전히 다른 해석을 주장하는 데 있어서 단호했던 것이다. 한 가지 덧붙이자면, 각각의 경우에 있어서 헌법은 유연한 것으로 판명되었다. 주장되었던 급진적 변화 원칙이 헌법과 완전히 이질적인 것은 아니었기 때문이다.

이런 맥락에서 루즈벨트가 헌법의 유연성에 크게 의존했던 것은 특히 많은 것을 말해 준다. 자신이 만든 새로운 정치경제를 장악하는 데 필요한 것을 원래의 헌법 해석으로 갖추는 데 있어서 루즈벨트는 이전의 재편 대통령들보다 훨씬 취약했다. 그가 벌인 일의 규모를 감안할 때, 이를 장악하는 것은 일단 대통령의 우월성을 인정받는 것이 필요했으나, 이는 헌법의 기본 틀이 특히 용납하기 어려운 것이었다. 더욱이 누구에게나 그 위험을 상기시킬 필요가 없게도, 1930년대의 국제 정세가 분명히 대통령 권력의 우위에 대해 예민해지게 만들었다.

이렇게 보면, 왜 루즈벨트가 두 번째 임기의 재편 프로그램을 발표하면서 얼버무렸는지, 왜 그가 1936년 선거 유세 때 했던 거부의 수사를 포기했는지, 왜 그가 사법부와 의회를 행정부에 복속시키는 조치를 효율성을 증진시키기 위한 일상적인 조치로 발표했는지, 왜 그가 이 조치들이 물려받은 관행과 완전히 일치하는 것이라고 주장하고 어떠한 헌법상의 문제도 전혀 없다고 부인했는지를 이해하기 쉬워진다. 행정부 재조직 계획을 발표하면서 루즈벨트는 이렇게 주장했다. "이 프로그램은 철저히 헌법과 미국적 방식에 기초하고 있습니다… 혁명적인 것은 아무 것도 없습니다. 모든 요소들은 정부나 대규모 기업에서 우리 자신의 경험으로부터 나온 것입니다."[78] 이 제안에 중대한 문제가 될 것이 전혀 없다는 무덤덤한 주장과 제안 자체의 내용간의 차이는 시작부터 분명했다.[79] 또한 이런 제안을 단호하게 헌법상의 근거 위에서 주장하면서 이전의 헌법 해석을 거부하고 진정한 헌법 정신에 보다 가까운 분명한 대안을 제시하는 것과 이런 식의 발표에는 엄청난 차이가 있었다. 루즈벨트는 이 제안들로부터 변혁의 힘을 빼버리기 위해 자신의 방식에서 벗어난 것으로 보인다. 1935년과 1936년의 단호한(어느 정도 추상적일 수 있으나) 재편의 수사는 1937년에는 도움이 되지 않았던 것이다. 따라서 재편의 전형적인 어법이 낡아빠진 혁신주의의 어법과 "미국적 방식" 대신에 포기되었고 마치 루즈벨트가 이제 후버처럼 더 이상 마음에 두고 있는 것이 없는 듯 보였다. 그가 추구하는 근본적 변화의 근거가 될 근본적 진리는 사실상 진부한 말들의 수수께끼가 되어버렸다.

루즈벨트의 거부의 권위가 권력 분립과 마주치자 가장 확장된 리더십 태세의 바깥 경계에 부딪히게 되었고, 이 경계를 넘어서기 위해 루즈벨트는 기술의 본질화 전략에 기대게 되었다. 우선, 새롭게 강화된 연방 관료체제에 대한 대통령의 통제를 행정 합리화라는 고도의 혁신주의적 사고로 포장하기 위해 루즈벨트는 행정 전문가들로 구성된 블루리본 위원회를 임명했고 이들의 권위로 자신의 의도를 전해 주도록 했다. 또한 법원에 더 많은 판사들을 임명하려는 의도를 합리화하기 위해 루즈벨트는 효율성을 증진시키고 고령의 판사들의 부담을 덜어줌으로써 연방 법원 전체 체계의 작동을 원활히 하려는 것이라고 주장했다.[80] 동료 민주당 의원들이 이런 기준을 지지하지 않자 루즈벨트는 당황했다. 법원 물갈이 계획을 밝힌 후 루즈벨트는 "지난 11월에 우리는 이제 싸움을 시작했을 뿐이라고 경고했습니다. 우리가 진심이 아니었다고 믿는 사람들이 정말 있습니까?"라고 말했다.[81] 법원 물갈이에 대한 협상을 거부하고 법원이 뉴딜을 수용한 것을 실질적인 승리로 받아들이기를 거부하면서 루즈벨트는 앤드류 잭슨처럼 확신에 차 있었다. 그는 줄곧 "국민들이 나와 함께 합니다. 내가 압니다."라는 말을 반복했다.[82] 그러나 이 모든 것들에도 불구하고 루즈벨트의 재편 리더십이 취약해진 것은 더욱 분명해졌다. 대중적 지지를 대단히 확신하고 있었고 법원 및 의회와 정면 대결할 준비가 되어 있었던 루즈벨트는 근본적인 헌법 해석의 변화를 제안한 것을 아무런 피해가 없는 기술적인 적응으로 둔갑시켜서 연장 정부 장악 시도에 대해 대중들이 믿게 만들려 했다. 눈 깜짝할 사이에 가장 강력한 정치적 리더십에서 가장 허약한 것으로 전락했던 것이다.

> 우리 정부를 보다 효율적으로 만들려고 노력하면서 여러분들과 나는 우리 선조들이 싸워서 수립했고 우리에게 건네준 자치 정부의 자유를 보존하기 위해 우리 세대에 싸움을 벌이고 있습니다. 우리 선조들은 독재, 대표권 없는 지배, 혈통이나 부나 계급에 의한 정부, 지역주의에 대항하여 싸웠습니다. 이제 우리는 혼동과 무능, 낭비, 비효율성과 싸웁니다.[83]

루즈벨트는 현대성에 대해 말할 때 가장 효과적이지 못했다. 조직의 효율성에 대한 강조는 재편의 야망에는 형편없이 부적절한 것이었다. 사법부에 대한 통제력을 장악하기 위한 이 전술이 터무니없음은, 법원이 업무를 충분히 따라가고 있어서 추가로 판사들을 필요로 하지 않는다고 대법원장이 의회에 통고하면서 완전히 드러났다.[84] 루즈벨트가 이 조치를 계속 고집하자, 혁신주의적으로 포장해서 막으려 했던 헌법 유린이라는 비난이 처음 발표할 때의 이중성으로 인해 더 쏟아지게 되었다. 실제로, 상원 법사위원회(Judiciary Committee)는 이 안이 "대단히 교묘한 형태로, 진정한 목적을 가리려는 이유로 의회에 제출되었으며", "해외의 상황"과 "독재적 지배"의 위험으로부터 쉽사리 그 "진정한 목적"을 추정할 수 있다고 비난했다. 위원회가 보기에, 법원이 뉴딜을 받아들였으므로 사법부의 복속을 대통령이 고집하는 것은 "불필요하고 헛된 것이며, 헌법 원리를 대단히 위험스럽게 파기하는 것"이었다.[85] 이와 마찬가지로, 행정부 재조직을 혁신주의로 포장한 것도 진정한 의도가 무엇인지에 관한 억측들을 막아주지 못했다. 이 "독재자 법안"에 유럽 독재자들의 망령이 너무나 깃들어 있어서 결국 독재자 자리를 차지하려는 의도가 전혀 없다는 공식적 발표문을 루즈벨트가 내야만 하게 되었다.[86] 그리고 나자 의회가 루즈벨트가 시작했던 이 이념적 이탈을 마무리했다. 브루킹스 연구소(Brookings Institution)의 전문가들이 제시한 대안적인 재조직화 계획을 참고하면서 의회가 혁신주의의 행정 효율성 이상을 인계받았고, 대통령의 안에 담긴 대통령 권력에 대한 도발적인 관점으로부터 헌법을 수호하려는 의회 자체의 시도를 하게 되었다. 대통령의 구상을 무산시키면서, 자체의 프로그램을 수립하기 위해 대통령의 근거를 이용했던 것이다.[87]

자유주의 레짐을 공고히 하려는 루즈벨트에게 헌법이 실제로 더 강력한 지원이 될 수 있었다고 가정할 때에만, 기술 중심적인 접근이 루즈벨트의 전략적 실책이자 성공하기에는 너무 영악했던 술책이었다고 평가할 수 있다. 그렇지 않다면, 그의 공고화 시도가 너무 취약하게 제시되었기 때문에 실패했다고 볼 수는 없다. 이보다는, 새로운 레짐의 사회적 기약들에 대해 질서를 부과하는 데 필요한 것이 그가 지니고 있던 강력한 권위를 넘어섰기 때문에 루즈벨트가 이 제안을 그토록 취약하게 제시했던 것이다. 권력의 절정에서 – 자신의 특별한 과업을 막 마무리하려던 때에

—루즈벨트는 변화를 위한 자신의 권위의 한계에 도달했다. 거기서부터는, 통제력의 추구가 그가 가져왔던 질서—파괴적 변화와 들어맞는 질서—확인을 어디에서 찾을 수 있는지 알기 어려웠다. 루즈벨트는 자신이 추구하는 헌정질서의 재구성을 솔직하게 옹호하지 않기로 선택했다. 그가 구상하는 제도적 변화가 헌법의 기본 틀 어느 구석에서도 지지받을 수 없었기 때문이었다.

두 번째 임기 초반에 루즈벨트는 제도적 통제를 위한 새로운 통로를 명확히 하는 데 몰두했다. 이 통로는 대통령으로부터 밖으로, 곧 뉴딜이 상호의존적이라고 인정한 사회적 이익들과 전국적으로 조직된 경제 행위자들에게로 작동하도록 의도되었다. 루즈벨트가 여기에 몰두했던 것은, 그가 주도한 변화가 지닌 포괄적인 성격과 그의 사회적 기약을 확실히 하거나 조정해 줄 수 있는 믿을만한 다른 자원들이 없었다는 점, 그리고 자유주의 프로그램을 더욱 구체화하겠다는 그 자신의 결의를 모두 반영한 것이었다. 물려받은 해법들로부터 자유로웠던 루즈벨트는 이 자유를 활용하여 근본적으로 새로운 종류의 정치체, 곧 새로운 "경제적 헌정 질서"를 정당화했다. 그렇지만 이 정치적 변혁이 미국 사회 모든 영역의 권력 관계로 번지자 마침내 직접적으로는 도전할 수 없는 오래된 해법, 곧 권력분립이라는 해법에 도달하게 되었던 것이다.[88] 루즈벨트가 연방정부의 작동 속에 집어넣으려던 이익들의 사회적 상호의존 앞에서 의회와 법원의 독립성은 사라지게 되었고, 이런 수준의 헌정적 갈등에서는 교착상태를 뚫고 나가기 위해 할 수 있는 헌법적 주장이란 없었다.

헌법의 권력분립과 사회경제적 민주주의를 공고히 하는 데 필요한 것 사이의 간격은 루즈벨트의 두 번째 임기 초반부터 너무나 크게 벌어져서 새로운 자유주의 레짐을 질서—확인적 논리와 결합시키기 위해 루즈벨트는 궁극적인 자만심에 빠져들 수밖에 없었다. 미국정치의 가장 근본적인 재편을 시도하기 위해 헌법의 유연성을 호소하면서 헌법상의 문제들을 그저 무시했던 것이다. 사실, 이 책략은 그가 추진한 재편의 내용 때문에 헌법 틀 내에서 그의 리더십 위치가 얼마나 애매해졌는지 드러내 주기만 했다. 재편 규율 속에 생겨난 모든 실수들 중에 이것이 가장 중대했다. 이 실수는 원래의 진리를 자기 방식으로 확인하면서 루즈벨트의 공고화 시도를 하나하나 무산시키게 될 세력들에 이용되었고, 대통령의 가장 강력한 주장과 가장 취약한 주장들의 근거를 대동소이하게 만들어 버렸으며, 현대 대통령직 자체에 그 정통성의 기반과는 어긋나는 열망들을 불어넣게 되었다.[89]

제2부 린든 존슨의 표출

계속합시다.

"린든 존슨의 비극"은 현대 미국 정치에서 비할 바 없는 드라마이다. 이 드라마는 정점에서 자멸한 정치 대가의 이야기이자, 경이로운 업적들이 속출하는 가운데 포괄적인 정치적 합의가 깨져 버린 이야기이고, 저 먼 곳에서 근대로 넘어오기 위해 애쓰던 사람들과 싸우면서 자원을 쓸데없이 쏟아 부은 초강대국의 이야기이다. 믿을 수 없지만 여전히 우리 기억에 생생하고, 충격적이지만 여전히 현재 논의들의 시작점이기도 한 존슨 리더십은 우리 시대 가장 난해한 수수께끼로 남아있다.

이 수수께끼에 대해 제기된 해답들은 서로 물고 물리다가 결국 원래 문제로 다시 돌아가곤 했다. 어떤 사람들은 존슨 자신을, 다른 사람들은 그가 지녔던 생각들을, 대부분은 이 둘의 조합을 공격해 왔다. 이제 우리는 존슨의 성격 결함에 대해, 그리고 당시 지배적이던 생각의 논리적 결함에 대해 너무나 많이 알고 있다. 이 둘 각각이 문제 전체를 설명해 줄 수도 있을 것이다. 그렇지만, 이 자체가 문제이다. 존슨이 권좌에 있던 시기에 대한 분노와 좌절감이 이런 설명들 밑에서 끓어오르고 있어서, 과연 최고조에 달했던 자유주의가 그때나 지금이나 실제로 공정한 평가를 받았었는지, 혹은 백악관의 불안정하고 오만한 인물에 의해 소진되었던 것인지, 쉽게 말하기 어렵다. 린든 존슨은 냉혹하고 비뚤어진 권력 추구자로서 정치적 통제와 대중적 지지에 대한 만족할 줄 모르는 욕망에 사로잡혔던 것인가? 아니면, 자유주의에 대한 진정한 신봉자이자 프랭클린 루즈벨트와 해리 트루만, 존 케네디의 충직한 추종자이고 그가 물려받은 정통이 잘못된 방향으로 나아가고 있는데 좌절했던 혁신가였던가? 이 상반된 질문들을 넘어설 수 없었기 때문에 우리는 이 오래된 논쟁을 지금도 이어가고 있다.

이런 상태를 벗어나기 위해 우리는 행위자와 맥락의 독특성만을 강조하는 고정관념을 깨고 존슨의 리더십 프로젝트를 보다 일반적인 조건들 속에서 생각해 보아야 한다. 확실히 현대적인 것이기는 하지만, 존슨의 비극은 여러 가지 비교가 가능한 드라마이다. 어쨌든 존슨은 지배적인 정치 레짐의 지도부로 계속 올라가서 이 레짐이 구축된 이래 최대의 선거 승리를 이끌었던 첫 번째 대통령은 아닌 것이다. 또한 지속성의 서약 안에 거대한 야망을 담고 전임자의 기약의 틀 안에서 구상한 비전에 따라 행동하며 이미 구축된 국가 목표의 원칙을 향해 변혁을 지휘했던 최초의 대통령도 아니었다. 사실 존슨은 정치적 정체성과 리더십 기회 때문에, 과거와 현재를 종합하고 기존의 기약과 현재의 가능성을 결합시키며 변혁 자체를 통해 정통을 확인하려 했던 여러 대통령들 중의 하나였다.

존슨은 대통령으로서 국민들 앞에 처음 나서면서 자신의 리더십 프로젝트를 다음과 같이 요약하면서 정곡을 찔렀다. “새로운 결의의 이 순간에… 우리 계속합시다.”[1] 표출의 정치의 리더십에 대한 전형적인 진술인 존슨의 이 선언은 이전 시기에 유사한 상황에 놓여 있던 대통령들, 곧 존슨처럼 물려받은 통치 해법을 구체화할 수 있는 확장된 정치적 기회를 지녔던 대통령들과의 비교를 불러온다. 이런 대통령들은 전반적으로 얼마나 잘 해 왔나? 이들은 독자적으로 권력을 행사하고 역사 속 자신의 위치를 독자적으로 규정하려고 하면서 어떤 공통된 문제에 봉착해 왔나? 정통을 광범위한 개혁과 조화시키려는 노력이 **어떤 상황에서라도** 정치적으로 지탱될 수 있다고 판명되었나? 존슨의 리더십 프로젝트가 정치적 시간 안에 위치 지워지고 그가 봉착했던 정통-개혁의 난관을 과거 다른 대통령들이 마주했던 난관들에 비추어 보면, 존슨의 경험이 지닌 특수성들은 전혀 다르게 조명된다. 이를 통해 표출의 정치의 이 사례가 정치적, 제도적 권력의 보다 현대적인 배열에 의해 어떻게 재구성되었는지 알게 된다.

존슨과 같은 유형의 대통령 리더십을 가장 멀리까지 추적해가면 뜻밖에 제임스 먼로를 만나게 된다. 존슨 시절의 기준으로 보면 이 첫 번째 “호감의 시대”에 대통령 리더십의 수단들은 고색창연했다. 국토 개발 문제에 대해 공화당 내부의 상반되는 입장들을 결속시키려고 먼로가 했듯이 곤란한 정치적 이슈를 해결하기 위해 정통-개혁가가 종합적인 보고서를 쓰던 시절로부터 대통령직은 많이 변해 왔던 것이다. 그렇지만, 이비교적 편안했던 호민관이야말로 수립된 레짐을 약속된 땅으로 가는 문 앞으로 데려 갔고 승리한 합의를 전 국민이 기념하도록 했던 첫 번째 대통령이었다. 이 점에 있어서 먼로와 존슨은 똑같았다. 완벽한 내부자로서 이들은 물려받은 원리가 요구하는 것들과 정치적 분파들의 행동에 예민하게 대처했다. 레짐 부흥가로서 이들은 모든 이들의 기대를 만족시키기 위해 전체를 관리하는 데 너무나 사로잡혀 있어서 결국 자신들의 꿈에 희생되고 말았다.[2] 또한 하나의 진정한 신념의 신봉자로 시작하여 의도하지 않게도 충직한 추종자들의 배신자로 변하게 되었다는 점에서, 존슨이 겪게 될 것을 미리 보여주는 정치적 변형을 먼로가 겪었다는 점도 잊지 말아야 한다.

먼로의 리더십 문제는 존슨이 너무도 잘 알게 될 문제의 원형적 형태였다. 자신의 정치적 정체성과 정통이 위태로워질 수 있는 가운데, 이 충직한 제퍼슨주의자는 거의 완성의 순간에 있는 레짐을 통제하는 권위를 유지하고, 물려받은 기약들의 진정한 의미를 놓고 악화되어 가던 갈등들을 막아보려고 애를 썼다. 완성을 위한 먼로의 절제는 존슨이 자신의 장래를 내다본데서 생생히 울려 퍼진다. "우리는 충분히 다 했습니다." 그렇지만 "모든 이들에게 욕심을 절제해달라고 호소할 필요가 있습니다."[3] 이 대통령들 모두 훌륭한 일을 할 수 있는 큰 기회를 받아들였다는 것은 확실하며, 둘 모두 자신들의 행동 때문에 발생한 부정적 결과를 처리하려다가 스스로 혼란에 빠지게 되었다.

확실한 정책적 업적은 정통-개혁가의 상징과도 같다. 문제는 정책에 있어서 확고한 전진을 위해 과거 정책에 대한 철저한 부정이 수반되지 않는 경우, 과거에 진정으로 기대했던 미래가 무엇인지에 대한 논란에 빠지게 된다는 것이다. 이런 상황에서 대통령의 업적은 그의 시도 전체의 정통성을 취약하게 만든다. 미국사에서 이런 문제가 매번 발생할 때마다 대통령이 활용할 수 있는 정치적 자원은 점점 더 많아져 왔다. 대통령은 정치적 행동에 있어서 점점 더 큰 독자성을 누릴 수 있었고, 점점 더 폭넓은 통치 영역을 맡게 되었다. 그러나 근본적인 딜레마를 해소하는 데 도움이 되기는커녕 이 역사적 변화들은 점점 더 복잡한 반응을 촉발시켰다. 레짐 소속 대통령의 레짐을 변화시키는 권위가 핵심 이슈인 경우, 권력과 책임이 늘어난 것은 근본적 모순을 전면에 부각시키기만 하게 된다. 더 큰 성취를 구상하는 것이 가능하게 해 주는 권력은 또한 이 성취를 보다 파괴적으로 만들며, 이 성취에 연루된 추종자들로 하여금 이 성취의 부정적 결과가 그만큼 더 강력하게 느껴지도록 한다. 그간 충직한 후계자(faithful son)로서 표출의 대통령들이 리더십 프로젝트를 유지하는 것은 점점 더 치열해져 왔다. 대통령 권력의 증대가 그 결과를 그만큼 더 격렬하게 만들어 왔기 때문이다.

표출의 정치 내의 새로운 패턴을 추적하기 위해, 제임스 포크가 잭슨 시기 대통령직의 권력을 적극적으로 행사하려 하면서도 그 위에 자기 부정의 징표들을 어떻게 쌓아 올렸었는지 상기해 보자. 포크의 리더십은 기존의 정치적 기초들에 대해 경의를 표하며 시작했다. 권좌에 오른 후 개인적인 권력 기반을 구축하려는 어떠한 의도도 단호하게 포기했던 것이다. 당선되기도 전에 장래의 모든 정치적 경쟁에서 스스로 물러났고, 그리고 나서 모든 분파들의 이익을 실현시키기로 약속하는 프로그램으로 잭슨주의 연합에 접근했다. 그러나 잭슨주의 정통의 기념비를 세우겠다는 열정 때문에 포크는 단지 모든 분파들의 이익을 보장하는 것에 만족하지 못했다. **독자적인** 대통령이 되려고 했던 것이다. 잭슨 시기 대통령직의 작동 규범과 정치적 자원을 이용하여 포크는 자신의 휘하에 여러 이익들을 장악했고 그 자신의 것이었던 국가를 변혁하기 위해 이들을 활용했다. 포크가 모든 이익을 보장하는 구상들의 입법을 위해 의회를 압박한 것은, 동시에 개인적 성취를 위한 전쟁을 벌인 것이었다. 결과적으로 포크가 원했던 정치는 그의 권력 행사로 인해 와해되었고, 잭슨주의 정통을 위해 세운 기념비는 모래성에 지나지 않았다. 포크는 정치를 변화시키지 않고 국가를 변혁시키기 위해 교묘하게 만들어지고 균형을 이룬 프로그램을 실행했다. 그러나 그가 보여준 것은 단지 대통령 리더십의 수단들이 도발적이고 질서 교란적인 것이라는 점이었다.

또한 씨어도어 루즈벨트가 레짐 유지의 책임을 다하려고 얼마나 애태웠는지, 그리고 그 결과가 얼마나 더 황당하고 폭발적이었는지 상기해 보자. 루즈벨트는 대통령에 취임하면서 대통령 권력의 새로운 형태를 만들고 경제에 대한 행정부의 규제를 증대시키고 싶어 했으나, 재편의 정치가 무르익지 않았다는 예리한 인식도 지니고 있었다. 충직했던 루즈벨트는 자신이 구상한 새로운 행정 국가가 물려받은 해법과 조화되면서 공화당 권력의 기존 근간들을 강화시키도록 만들었다. 1904년 선거를 통해 직접 당선되고 이 프로젝트를 보다 공격적으로 추진할 수 있게 되자 루즈벨트는 즉각 재선에 나서지 않을 것을 천명하여, 자신의 국가 건설과 정당 관리 프로그램을 지속 발전시킬 후계자를 키우려는 개인적 야심을 지녔다는 의혹들을 가라앉혔다. 임기가 끝날 때까지는 모든 것이 계획대로 진행되었으나, 그가 구축한 복잡한 상부구조는 그 기초 위에 무너지기 시작했다. 순수하게 건설적이었던 그의 구상을 태프트가 지속하지 않게 되자 루즈벨트는 물러나겠다는 자기 희생 서약을 재고했고, 정통-개혁의 경계를 넘어서는 중대한 발걸음을 내디뎠다. 자신의 업적이 사라지지 않기 위해서는 미국 정치가 완전히 다른 기반 위에 세워져야 한다고 마침내 인식하고 루즈벨트는 재편 리더의 외투를 걸치고 정치적 반대자의 모습으로 정계에 복귀했다. 결국, 루즈벨트는 자신의 업적을 구하는 데도 실패했을 뿐 아니라 업적이 세워져 있던 기초를 재구성하는 데도 실패했다. 반대자로서의 복귀가 둘 모두의 붕괴를 가속화시켰던 것이다.

대통령 리더십과 정치적 변화에 대한 이 패턴은 그간 우리가 존슨의 사례에서 존슨 개인의 심리 상태나 자유주의 레짐의 특성 탓으로 돌렸던 것들 대부분을 포괄한다. 레짐이 견고해 보이는 이 시점에 전형적으로 대통령들은 자신이 서 있는 근거 자체를 취약하게 만든다. 정통을 상당한 혁신과 조화시키려는 노력이 항상 자기 파멸적인 것으로 판명되어왔고,

기존 레짐을 빛나게 하려고 최선을 다한 대통령들이 이 과정에서 레짐을 분파간 갈등에 빠뜨려 왔다. 따라서 대통령 개인과 대통령이 처한 상황에 주의를 기울였던 데서 벗어나 정치적 시간 속에서의 대통령의 행동에 대한 일반론적 질문에 주목해야 한다. 대통령 리더십의 이 익숙한 동적인 과정이 존슨에게는 어떻게 재구성되었는가?

존슨 사례는 이미 수립된 패턴을 따라간 것이다. 먼로에서 포크와 루즈벨트에 이르기까지 표출의 정치에서 발견되는 새로운 패턴들에 따르면, 대통령직의 권력과 책임이 커짐에 따라 충직한 후계자의 상징과도 같은 레짐에 대한 서비스와 겸손이라는 덕목과 점점 더 치열하게 부딪치게 되었다. 독자적 행동을 위한 증대된 자원과 더 커진 국가적 책임은 레짐 관리에 필요한 인내심에 긴장을 가져와서 리더십 태세가 점점 더 확장되고 내적으로 갈등적이 되게 만든다. 이 긴장들이 최고조에 달한 것이 논리적으로나 역사적으로나 바로 린든 존슨의 "호의의 독재"(tyranny of benevolence)이다. 뉴딜 이후 시기의 완벽한 내부자로서 존슨은 "현대 대통령직"의 과도한 권력 위치에 올랐다.[4] 그가 철저하게 정통을 따르는 혁신을 쏟아내다가 자기 파멸하거나 혹은 자신에 대한 신뢰를 회복시키려고 뒤늦게 대통령직에서 물러난 것은 별로 놀랄 일이 아니다. 흥미로운 추측은, 대표적 사례로서 그리고 실제 정치적 효과로서 존슨의 경험이 마침내 미국 대통령직에서 충직한 후계자라는 관념을 없애지 않았는가 하는 것이다.

존슨의 리더십에는 먼로와 같이 진정으로 지배적인 전 국민적 합의, 포크처럼 모든 기약들을 실현시키겠다는 결의, 그리고 씨어도어 루즈벨트와 같이 스스로 레짐의 수립자같이 행동하려는 충동, 모두가 있었다. 그러나 씨어도어 루즈벨트가 머뭇거렸다면, 존슨은 앞질러 나갔다. 공화당이었던 루즈벨트는 자신의 상황과 링컨의 상황이 다른 것에 대해 고민했고, 링컨이 한 것을 자신도 하고 싶다는 야망에 대해 임기 내내 완강히 저항했다. 존슨에게는 이런 애매함이 없었다. 존슨은 처음부터 정신적 지주 프랭클린 루즈벨트의 정치적 업적을 능가하려는 결의에 차 있었다.[5] 씨어도어 루즈벨트가 정통-개혁가의 자세를 뒤늦게 버리고 재편의 투쟁을 벌였다는 사실은 실제로 존슨의 사례를 이해하는 데 도움이 된다. 굴곡진 긴 여정 동안 씨어도어 루즈벨트는 물려받은 해법들의 표출과 재편 사이의 차이에 대해 대단히 예민했으며, 마침내 전자의 자세를 버리고 후자의 자세를 택했을 때 자신이 중대한 선택, 정치 경력에 있어서 숙명적인 선택을 하고 있다는 것을 분명하게 이해하고 있었다. 린든 존슨은 이런 구분을 할 필요가 전혀 없었다. 그가 가졌던 생각은, 대통령들 간의 차이는 당면한 역사적 구상의 성격에 달려 있는 것이 아니라 이것을 실행하는 데 영향을 미치게 될 권력과 정치적 수완의 양에 달려 있다는 보다 확고하게 현대적인 관념이었다.

존슨 리더십의 경우, 물려받은 질서의 표출과 재편 사이를 구분하는 것이 그 어느 때 보다도 어려웠다. 실제로, 민권(civil rights) 운동의 소요가 이미 최고조에 달했었기 때문에 이 시점에는 "기존 정치 사회 질서의 파괴"가 곧 효과적인 리더십이 될 것이라는 점을 존슨이 인정하지 않기는 어려웠을 것이다.[6] 다른 정통 개혁가들이 부정해 보려고 헛된 노력을 했던 것이 존슨에게는 자신이 처한 상황의 자명한 사실이었으며, 민권을 대변하면서 존슨은 "정통"이란 개념이 무색해질 정도로 정치 사회적 재편의 길을 나아갔다. 그렇지만 존슨은 마지막 단계에서 물러섰다. 레짐 소속이 아니라면 존슨은 아무 것도 아니었다. 자신의 리더십이 질서-파괴를 가져오리라는 전망이 확실해지자 이제 표출의 정치와 재편의 정치를 나누는 유일한 것은 이전의 해법을 폐기하고 자신 앞의 모든 문제들에 대해 "새롭게 생각하고 새롭게 행동할" 정치적 권위에 대해 존슨이 어떻게 생각하느냐 여부였다. 존슨은 끈질기게 이 경계를 지켰으며, 이전의 해법을 지키고 지속성을 확인해 주기 위한 보다 포괄적인 프로그램 안에 재편의 성격이 뚜렷했던 구상들을 포함시키려고 했다. 그는 표출의 정치를 버리지 않을 것이고 그 위에서 재편의 정치를 벌일 것이며, 정통-개혁가의 역할을 포기하지 않을 것이었다. 물려받은 해법들을 근본적으로 새로운 기약으로 변화시킬 것이었지만, 이 해법들로부터 스스로를 해방시키지는 않을 것이었고, 그럴 수도 없었다. 이 해법들은 존슨이 용인했던 혁명적 변화의 전례 없는 힘과 함께 존슨 위에 무너져 내렸다.

선거에 의한 임기를 시작하면서 존슨은 과거에 대해 작별을 고했다. "우리 세상이 지나갔습니까? 잘 가라고 합시다. 새로운 세상이 오고 있습니까? 환영합시다."[7] 이 친근한 인사는 어려운 이별의 예고였다. 이전의 질서를 단호히 거부하는 대신에 존슨은 이 질서가 지나가는 것이 그 근거 위에서 자연히 이루어질 것을 고집했다. 이전의 기약들 모두로부터 거리를 두는 대신에 존슨은 모든 쪽에 충실하면서 미래를 환영했다. 자신의 리더십이 지닌 질서–파괴적 의미를 받아들이면서도 존슨은 정치적 중요성을 지닌 어떤 이익들도 이로 인해 피해를 입지 않게 하기로 결심했다. 그의 새로운 세상은 오랫동안 기다려온 약속들이 마침내 실현되면서 과거의 세상을 초월하게 될 뿐이었다. 정치체계가 그 근거까지 흔들릴 수 있고 그 와중에도 물려받은 질서가 여전히 확인될 수 있다는 존슨의 생각은 표출의 정치 속의 상이한 충동들을 논리적 극단까지 밀어붙였다. 이것이 바로 존슨의 리더십에 특별한 중요성을 부여해 준 것이다. 시간 관념이 뒤틀린 목적 의식을 지녔다고 비난받게 된 대통령과 정통과 사회 혁명 사이에서 뒤틀려버린 정치체라는 존슨 리더십의 결과는 권력 행사의 근거로서 충직함과 정통이라는 것이 얼마나 불합리한지를 너무나 잘 폭로시켜서, 이 역사적 패턴에 대해 더 이상의 다른 논의를 필요 없게 만든다.

강인한 확신과 현대성의 불안감

존슨은 프랭클린 루즈벨트와의 관계를 가장 친밀한 말로 회상했다. "그는 항상 나에게 아빠(daddy) 같았습니다."[8] 존슨의 정치 경력에는 여러 명의 "아빠들", 그에게 권력의 문을 열어 주고 올라 갈 수 있게 도와준 사람들이 등장했다. 그러나 루즈벨트처럼 해 준 사람은 없었다. 루즈벨트는 존슨에게 정치적 정체성을 주었고, 대통령 리더십에 대해 생각하는 기준이 되었다.

1935년에 루즈벨트는 당시 26세의 하원의원 보좌관이던 존슨을 전국청소년청(National Youth Administration) 텍사스 지부장으로 임명했다. 2년 뒤, 텍사스의 제10 선거구에서 하원 보궐선거에 입후보했을 때 루즈벨트와 뉴딜과의 인연이 존슨이 내세울 수 있는 전부였다. 이것이 얼마나 귀중한 것인지를 존슨은 보여주었다. 법원 물갈이 논란이 한창일 때, 존슨은 확실하게 대통령 편에 섰다. 그는 선거 유세에서 자신을 효도하듯이 충성하는 전형적 인물로 내세웠고, 많은 뉴딜 지지자들 중에서 "100 퍼센트 루즈벨트를 위한 후보"로서 바로 두각을 나타냈다.[9] 1937년 하원에 입성했을 때 실제로 존슨은 사법부 개혁을 위한 싸움에서 대통령을 지지하겠다는 서약을 하고 당선된 유일한 의원이었다. 그는 이미 "완벽한 루즈벨트 사람"이었던 것이다.[10]

그렇지만 1937년은 존슨의 정치적 정체성이 프랭클린 루즈벨트의 업적과 융합되었던 해이기만 한 것이 아니었다. 이 해는 루즈벨트가 흔들리게 되고 뉴딜이 중단된 해이기도 했다. 태생적으로 충직한 아들의 역할을 주장하자마자 존슨은 아버지의 실패를 직접 목격하게 되었던 것이다. 대통령 정치와 자신의 역사 속 위치에 대한 존슨의 이해에 이 일이 미친 영향은 중대한 것으로 판명된다.[11] 대통령 재임시 존슨은 뉴딜에 대한 변치 않는 신념과 권력 행사 전반에 대한 뿌리 깊은 회의로 정통 개혁가의 리더십을 재구성하게 된다. 뉴딜에 대한 정치적 일체감이 실제 체험했던 교훈과 융합되어, 강인한 확신이 현대성이 가져온 불안감과 비정상적으로 결합된 상태를 초래했던 것이다.

대통령의 리더십 태세들을 분명히 구분하는 데 있어서 존슨이 씨어도어 루즈벨트보다 인내심이 없었다는 것은 전혀 놀랄 일이 아니다. 프랭클린 루즈벨트의 두 번째 임기 중에 의회에 입성한 하원의원의 관점에서 이미 이런 구분은 상당히 모호했다. 물려받은 근거들의 표출과 재편을 가르는 위험한 담을 존슨이 아슬아슬하게 걸어갔던 데 대한 상당한 이유를 뉴딜 재편 당시 루즈벨트가 겪었던 좌절을 존슨이 보았던 데서 찾을 수 있다. 이때의 혼란스러운 결과가 대통령이 된 존슨에게 목적의 혼란을 낳았던 것이다.

우선, 루즈벨트의 좌절은 뉴딜 자유주의의 정당 기반을 불안정하게 만들었다. 1963년 존슨이 대통령이 되었을 때 자유주의는 여전히 법원 물갈이 당시에 형성된 비정상적인 정치적 기반 위에 있었다. 북부 자유주의자와 남부 보수주의자로 민주당이 양분된 것이 존슨의 정치 관념을 고정시켜서, 과거의 과업을 완수하기 위해서는 기반 자체에 대해 많은 노력을 해야 한다고 생각하게 만들었다. 둘째로 보다 흥미로운 점은, 일단 루즈벨트의 과업을 마치는 것이 시야에 들어오자, 아직 완수하지 못한 재편 과업에 대한 전체 접근을 존슨이 루즈벨트가 당한 실패에 비추어 다시 생각하게 되었다는 점이다. 역사학자 류텐버그(William Leuchtenburg)가 지적했듯이, "존슨이 루즈벨트를 따라하기도 했지만, 루즈벨트의 실수를 피하려고도 했다."[12] 존슨이 보기에, 루즈벨트가 실패한 것을 이루려면 루즈벨트의 정치적 자세 전체를 버려야 했다. 루즈벨트의 문제들은 존슨에게 다른 리더십 태세, 곧 그 사이 25년간의 정치적 교착상태 속에서 자신이 배우고 성공적으로 키워 온 리더십 태세를 정당화시켜 주었던 것이다.

민주당이 자유주의 진영과 보수주의 진영으로 분열된 채 미국은 2차 대전에 돌입했다. 전쟁이 끝났을 때, 루즈벨트는 사망했고, 자유주의는 노조와 민권에 대한 지지와 동의어가 되었으며, 이 둘에 반대했던 보수주의는 민주당 남부에 대한 지배력을 다시 공고히 했다. 전후의 정치 질서는 뉴딜 자유주의를 교착 상태에 빠뜨렸고, 대신에 공산주의를 봉쇄하고 미국의 군사적, 경제적 우위를 지키는 데 대한 새로운 합의를 구축하게 되었다.[13]

이러한 상황들의 의미는 아직 텍사스 정치에서 커가고 있던 "완벽한 루즈벨트 사람"에게 큰 영향을 미쳤다. 정치적 대의를 위해 자기희생을 할 준비가 아직 되어 있지 않았던 존슨은 생존 전략을 위해 정치적 입장을 전술적으로 수정했다. 1948년 상원 선거에 나서기 위해 자신을 재포장하면서 존슨은 오랫동안 다른 남부 정치인들로부터 자신을 구분해 주었던 호칭을 부정했다. 자신을 "뉴딜파"(New Dealer)라고 부르는 것은 정말 "틀린 것"이라고 주장했던 것이다. 존슨은 이를 입증하듯이 트루만의 "페어딜"(Fair Deal) 정책 대부분에 반대했고, 노조의 힘을 약화시킨 태프트–

하틀리 법(Taft-Hartley Act)을 지지했으며, 자기 식의 적색 공포(Red Scare)* 히스테리를 통해 냉전을 받아들였고, 흑인들의 민권에 대한 자유주의적 접근을 비난했다.[14] 그렇지만 이 모든 것에도 불구하고 상원에 진출했을 때 존슨은 남부 온건파였다. 그는 지역 문제들에 대한 외부의 개입에 완강히 반대했으나, 인종주의를 직접 옹호하는 데에는 주저했다. 남부의 독특한 제도들이 정해 놓은 정치적 경계선을 존중했지만, 여전히 이 경계 내에서 국제적이거나 국내적인 문제들에 있어서 연방정부의 역할이 가져오는 결실을 키워나가려 했던 것이다.[15]

뉴딜과의 일체감에서 가장 멀어졌을 때는 존슨과 민주당내 자유주의 개혁가들과의 관계가 소원해졌다. 그러나 1950년대에 공화당 온건파 아이젠하워가 백악관을 장악하게 되자 존슨의 정치 경력은 꽃을 피우게 되었다. 현상 유지의 화신 자체였던 존슨은 아이젠하워 행정부 당시 정치적 교착상태를 중재하는데 대가가 되었다. 그는 이처럼 이상하게 구조화된 레짐의 정치적 균열을 어떻게 처리할지 깨우쳤고 다양한 이익들을 절묘하게 중재했다. 존슨은 과거의 개혁 충동을 다시 불러일으킬 생각이 전혀 없었다. 그는 자유주의자들이 아이젠하워의 "신공화주의"(New Republicanism)에 대항하여 후기 뉴딜적 대안을 모색하는 것을 상원 민주당 원내 대표로서 도우려 하지 않았다. 이들에게는 좌절스럽게도, 존슨은 "국민들은 철거반원들에 피곤해 한다."라며 이들과 거리를 두었다.

> 국민들은 무언가 짓는 사람을 원합니다. 국민들은 건설적인 정당에 일을 맡길 것입니다. 국민들은 파괴적인 정당에는 등을 돌릴 것입니다. 우리가 부정적인 반대자들이 아니라 긍정적인 미국인으로서 전진한다면, 민주당이 다시 다수당이 되는 때가 그리 멀지 않았다고 나는 확신합니다.[16]

---

* 역주: 중국이 공산화되고 냉전이 심화되던 1950년대 초 공산주의자 색출 소동. 흔히 매카시즘으로 불린다.

이런 마음가짐에서 존슨은 1960년 대통령 선거를 내다보았고 전국적인 이미지 구축을 시작했다. 뉴딜 이후 시기의 정치 지형을 다루는 데 있어서 존슨이 가장 인상적이었던 때는 1957년에 아이젠하워 행정부의 민권법 제안에 대처했을 때였다. 민주당을 분열시킬 것이 거의 확실했던 이 법안의 입법과정에서 존슨은 민주당을 단합시켰을 뿐 아니라 법안의 통과에 성공했다. 이로써 존슨은 재건기 이후 가장 중요한 민권법 통과를 자부하게 되었을 뿐 아니라, 남부의 1순위 대통령 후보 자리를 유지하게 되었다.[17] 그렇지만 자신이 의회에서 공헌한 바에 대해 민주당 지도부가 보상을 할 것이란 존슨의 기대는 무산되었다. 원내 대표로서의 업적을 가능하게 했던 과도한 흥정들이 북부 개혁가들에게 변덕쟁이(trimmer)라는 존슨의 평판을 바꾸어 주는 데는 도움이 되지 않았던 것이다. 실제로, 존 케네디가 존슨에게 부통령 후보를 제안하자 자유주의자들은 낙담하기도 했다.[18]

그러나 케네디는 남부에서 지지 기반을 구축하기 위해 필사적이었고, 1960년이 되면 존슨도 상원에서 벗어나려고 필사적인 듯 보였다. 민주당 강세의 두 경쟁지역 모두로부터 환호를 받으며 이 둘은 교과서적인 레짐 관리자 팀을 이루었다. 둘 다 온건파로서 당내의 심각한 분열을 추스렸으며, 민권에 대한 강력한 반대파들의 지지를 잃지 않겠다는 결의에 차서 민권에 대해 이때까지 가장 대담했던 정강을 조정했다. 흠잡을 데 없는 냉전 투쟁 경력과 조금 흠집이 났던 "미국을 다시 움직이게 하겠다."라는 뉴딜의 약속으로 이들은 가까스로 승리했다. 사실, 이들은 공화당 집권을 끝내겠다는 공동의 목적 하에 민주당을 결속시켰던 것이다.

1963년 11월 케네디가 텍사스를 방문하면서 존슨의 경력은 돌연 원점으로 돌아오게 되었다. 이때쯤 되면 민권운동은 대중적 저항운동이 되어 케네디와 그 전임자들이 조심스럽게 일구어 온 차단 통로를 부수고 있었다. 온건한 개혁을 신봉하던 북부 대통령이 남부에서 암살되면서 1940년대 말부터 존슨의 경력을 규정해 왔던 정치적 닻은 풀리기 직전까지 흐트러졌다. 경이로운 것은 그가 이에 대해 저항하지 않았다는 점이다. 존슨은 남부 출신이라는 자산을 민권 이슈에 대해 결정적인 행동을 하는 데 장애로 삼지 않고 오히려 추진력으로 만들었으며, 미국 정치에서 오랜 동안 자신이 결속시켜 왔던 모든 것들을 무너뜨릴 수도 있던 민권 운동에 다가갔다.

존슨은 이 과업에 어떤 방향을 잡아야 할지 즉각 깨달았다. 케네디가 암살된 날 밤에 존슨은 케네디의 보좌진들을 만나고 나서 다음과 같이 말했다. "오늘 밤에 내 책상 위에 올려진 모든 이슈들이 1937년에 내가 의회에 들어 왔을 때 책상 위에 있었다는 것을 알아 차렸습니까?"[19] 대통령으로서 가진 첫 번째 생각에서 존슨은 그에게 전해진 리더십 과제를-케네디의 프로그램을 완수하는 것을-그로 하여금 뉴딜 자유주의로부터 멀어지게 했던 정치적 교착상태로까지 추적해 들어갔다. 거기에서 그는 자신의 정치적 경로와 미국 정치사 간에 연결점을 찾아냈다. 민권과 교육, 빈곤과의 투쟁 등의 영역에서 케네디의 아젠다를 밀고 나감으로써 존슨은 자신이 원래의 정치적 정통성을 되찾고 "프랭클린 루즈벨트 이래 실행을 고대해 온 오래된 개혁"을 떠맡는다는 것을 깨달았다.[20] 정치적 재편을 훼손해 왔던 교착상태를 깨고 마침내 아직 실현되지 않은 자유주의적 합의 위에 국가를 단합시키는 데 있어서 텍사스 출신의 이 "완벽한 루즈벨트 사람", 자유주의 신념을 계속 지켜왔던 이 남부인보다 나은 사람이 누가 있겠는가?

"계속합시다."라는 존슨의 말은 이처럼 여러 가지 의미를 지니고 있었다. 존슨이 케네디로부터 넘겨받은 것들 대부분은 루즈벨트의 아젠다가 아니라, 공산주의 봉쇄, 경제 성장의 유지, 민권 소요의 관리와 같은 이차대전 이후의 아젠다들이었다. 제임스 먼로, 제임스 포크, 씨어도어 루즈벨트와 같은 위대한 정통 개혁가들 모두도 그 레짐의 수립자가 큰 관심을 두지 않았던 프로그램들을 받아들였었다. 직전의 전임자가 마련했던 구상들, 레짐을 활력있게 만들고 새 시대에 정당성을 지닐 수 있도록 고안된 새 정책들로부터 새로운 국가적 성취를 위한 영감을 받았던 것이다. 이런 대통령들처럼 존슨은 물려받은 아젠다들 속에서 오래된 기반 위에 더 우수한 상부구조를 구축할 수 있는 기회를 보았다. "우리 시대에 우리는 풍요로운 사회, 강력한 사회로 나아갈 기회만 가진 것이 아니라, 위대한 사회로 올라설 수 있는 기회를 지니고 있습니다."라고 존슨은 선언했다.[21]

그러나 더 깊은 의미에 있어서 뉴딜과의 연관성은 정확히 들어맞는다. 민권 운동은 1937년-38년에 봉착했었던 정치적 교착상태를 해소할 수밖에 없도록 만들고 있었다. 이 교착 상태를 깨는 것은 기존의 정치 사회 구조를 개선하는 것 이상을 의미했다. 루즈벨트 재편이라는 미완의 과업을 완수하는 것은 이후 구축되었던 구조 전체를 완전히 바꾸는 것을 필요로 했다. 민권은 오래된 아젠다 중의 한 가지 정책에 불과한 것이 아니었으며, 다른 모든 것들에 영향을 미칠 것이 확실한 정책이었다. 존슨은 이를 깨닫고 있었다. "미국 어디에서도 평등의 약속이 완전히 지켜지지 않았습니다. 버펄로든, 버밍햄이든, 필라델피아든, 셀마(Selma)든, 어디에서고 미국인들은 자유의 과실을 위해 싸우고 있습니다."라는 것을 존슨은 인정했다. 결론적으로, "편견과 불의라는 좌절스러운 유산을 극복해야 하는 것은 니그로만이 아니라 우리 모두입니다."[22]

바로 여기에서, 물려받은 근거들을 표출하는 것과 재편하는 것, 완수하는 것과 폐기하는 것 간의 구분을 어떻게 실질적으로 해소할 것인지 결정하는 데 있어서, 루즈벨트의 재편의 정치를 존슨이 직접 경험한 것이 가장 중요해지게 된다. 루즈벨트가 1937년에 오판했다는 존슨의 생각은, 루즈벨트가 실패한 것을 하기 위해서는 대통령 리더십에 대한 다른 접근이 필요하다는 1963년의 존슨의 판단을 확인시켜 주었다. 루즈벨트 행정부를 되돌아보면서 존슨은 자유주의적 비전에 대한 자신의 지속적 신념을 되찾았을 뿐 아니라, 아이젠하워 행정부 동안 자신이 구사했던 완전히 긍정적이고 건설적인 정치가 지닌 장점도 재확인하게 되었다. 존슨은 역사 속 자신의 위치를 루즈벨트의 위치에 연결시켰고, 민권운동 세력에 다가갔으며, 이와 동시에 재편 리더십에 고유한 모든 것을 의식적으로 부정했던 것이다.

존슨은 루즈벨트의 실패를 1936년 선거에서 루즈벨트가 취했던 거부의 자세에 직접 연결시켰다. "루즈벨트가 하는 일을 사람들이 좋아하지 않으면, 루즈벨트는 그 사람들을 경제적 왕당파나 환전상이라고 불렀습니다. 그들이 적수를 만났고 이제 주인을 만나게 될 것이라고 말했습니다. 이것은 싸움판에서 서로에게 침 뱉는 것과 마찬가지입니다."[23] 존슨이 보기에 1936년의 위대한 정치적 승리가 1937년에 연기 속으로 사라진 것은 루즈벨트의 리더십 태세가 불러온 적대감 때문이었다.[24] 변화에 대한 루즈벨트의 "철거반"식 접근은 엄청난 실수였다. 최소한 존슨이 보기에는 그랬다. 이것 때문에 지난 4반세기 동안 자유주의는 위태롭고 막혀버린 아젠다가 되었다. 최소한 존슨이 보기에는 그랬다.

당연히 역설적인 것은, 뉴딜 재편에서 겪은 프랭클린 루즈벨트의 좌절에 대한 존슨의 평가가 그를 훨씬 열등한 리더십 자세로 이끌었다는 점이다. 첫 번째 루즈벨트, 곧 공화당 씨어도어 루즈벨트는 이 문제를 보다 명확히 파악할 수 있었다. 순전히 건설적인 자세는 "부차적인 과업"에만 채택된다는 점이다. 진정으로 위대한 업적은 기존의 기약들과 공식들로부터 상당히 멀리 떨어질 것을 요구한다. 뉴딜 재편이라는 초점 흐린 렌즈를 통해 이 문제를 바라보면서 존슨은 실질적으로 링컨에 버금가는 리더십 과제를 떠안았고, 그러면서도 씨어도어 루즈벨트가 자신이 링컨처럼 재편의 순간에 있지 않다는 것을 한탄하면서 취했던 리더십 자세의 **우월성**을 주장했던 것이다.

존슨이 연관 지을 수 있던 중요한 다른 점들도 있었다. 예컨대, 1936년 선거에서 루즈벨트가 취했던 거부의 자세와 대법원이 뉴딜에 대한 반대에서 지지로 돌아선 것을 존슨은 연관 짓지 않았다. 또한 두 번째 임기 중의 좌절스러운 실패에도 불구하고 정치적 권위를 여전히 유지하고 경이로운 세 번째 승리를 거둔 루즈벨트의 비상한 능력과 그의 거부의 자세를 연관 짓지도 않았다. 나아가 다른 시각에서 바라보면 법원 물갈이와 행정부 재조직 시도에서 실제로는 거부의 자세가 **부족**했고 그 대신에 합의적 가치로 모호하게 포장했었다는 사실과 루즈벨트의 실패를 연관 짓지도 않았다. 이런 대안적인 통찰이 있었다면 존슨이 재편 리더십의 자세가 지닌 효과를 인식하고 이를 취했을 수도 있었을 것이다. 물려받은 해법들로부터 더 거리를 두었을 수도 있었을 것이며, 임박한 사회적, 정치적 혁명을 기회로 활용하여 **모든** 기약들을 다시 생각했을 수도 있었을 것이다. 그렇지만 이런 통찰들은 존슨의 정치적 경험에서는 끌어낼 수 없는 것들이었다. 재편의 정치에서 루즈벨트가 실패한 것과 이후 의회에서 레짐 관리자로서 존슨이 거둔 성공은 루즈벨트 리더십의 단점에 대한 존슨의 독특한 평가를 뒷받침했다. 1960년대의 존슨은 자신과 유사한 리더십 상황을 찾아보기 위해, 변화의 파괴적 효과를 완화시키기를 거부한 대통령에 의해 건설적인 업적을 이룰 수 있는 엄청난 기회가 무산되었던 1930년대를 되돌아보았다. 루즈벨트는 존슨에게 대통령직의 "끔찍한 힘"을 보여주었으며, 이로 인해 존슨은 이 힘을 모든 사람들이 좋게 여기는 방식으로 사용하려고 조심하게 되었던 것이다.

이런 인식들을 정신 분석을 하게 되면 의미를 깎아내리게 된다. 원래 명확히 구분되던 리더십 자세들을 존슨이 혼동했을 수도 있지만, 역사적으로 이미 차이가 사라지고 있던 것을 존슨의 결정이 가속화시켰을 뿐이다. 또한 존슨이 잘못 선택했을 수도 있으나, 그는 평생 민주당 소속이었고, 이 소속감으로 인해 당면했던 질서-파괴적 과제에 대해 거부의 대안을 버리고 전적으로 긍정적인 접근으로 이끌리게 되었다. 존슨은 자기 지역으로부터 좌절스러운 인종주의의 짐을 덜어주려 했던 남부 사람이었고, 프랭클린 루즈벨트의 미완의 약속을 완수하려 했던 뉴딜의 사람이었으며, 해리 트루만의 헌신을 존중했던 냉전의 사람이었고, 아이젠하워와 함께 협력의 정신으로 나라를 이끈 사람이자, 계속하겠다는 엄숙한 서약으로 케네디를 승계한 사람이었다. 그리고, 존슨이 이 그늘에서 나와 자신만의 독자적인 대통령 지위를 주장할 수도 있었던 바로 그때, 공화당이 그들 식의 철거반 접근을 시작했고 이 그늘 속에 서 있는 것이 존슨에게는 그 어느 때보다도 좋은 것이 되었다.

1964년에 배리 골드워터(Barry Goldwater)가 공화당 대통령 후보 지명을 수락하자, 존슨의 과거와의 연관들 모두가 전면에 나올 수밖에 없었다. 골드워터가 당대의 거부자로 등장하게 되면서 존슨은 이미 만들어진 약속들의 구현자로서 풀려나게 된 것이다. 골드워터의 분노 하나하나 마다 존슨은 뉴딜의 건설적인 유산과 뉴딜 이후 정치질서의 복원력을 더욱 더 자부하게 되었고, 레짐의 기반을 더욱 강력하게 옹호하게 되었다. "우리에게는 보존할 것이 너무 많고 보호할 것이 너무 많습니다."[25] 골드워터가 최종 결과에서 무기력하기는 했으나, 골드워터와의 대결은 존슨의 대통령직 수행에 부정적인 영향을 미쳤다. 남부 백인들을 공화당의 깃발 아래 끌어 모음으로써 골드워터는 존슨으로 하여금 민권 운동 쪽으로, 보수파를 몰아내려던 루즈벨트의 미완의 과제로, 자유주의 재편을 지휘하는 정치적 긴급과제로 이끌리도록 했던 것이다. 그러나 이와 동시에 존슨에게 기존 레짐의 수호자 역할을 맡김으로써, 당면 문제를 해결하는 데 있어서 물려받은 해법의 복원력에 대해 존슨이 더욱 확신하도록 만들었다.

존슨은 골드워터와의 득표 차이가 1936년의 루즈벨트를 능가했다는 사실에 고무되었다.[26] 1936년 루즈벨트의 거부자 자세가 어리석었으며 근본적 변화를 추진하는 데 있어서 순수하게 긍정적인 자세가 우월하다는 것을 자신의 압승이 입증하는 듯 보였다. "완벽한 루즈벨트 사람"으로서 존슨은 정신적 지주의 리더십 자세가 지닌 한 가지 심각한 약점이라고 생각하는 것을 수정하고, 보다 완벽한 성취를 이루게 해 줄 것으로 생각하는 경로 위에 서려고 해 왔었다. 그렇지만 이미 주어진 경로를 그 어느 때 보다도 더 분명하고 구체적으로 옹호하면서 존슨이 당면한 사회적, 정치적 혁명에 대해 준비해 왔었다는 것이 사실이다. 그는 전임자들의 희망과 업적을 자부해 왔었고, 과거의 노력들을 국가적 문제 해결책의 유일하게 합리적인 출처로 제안해 왔었으며, "미국적 사고와 행동의 역사적이고 근본적인 물결로부터의 급진적인 이탈" 모두에 대항하여 선거운동을 했었다. 선거 유세 연설에서 존슨은 다음과 같이 말했다. "지난 30년간 양당의 미래 지향적인 사람들에 의해 만들어진 업적들의 굳건한 구조 위에서 앞으로 나아갈 것인지, 아니면 이 구조를 허물고 급격하게 다른 방향으로 나아갈 것인지 우리는 결정해야 합니다." 골드워터를 반대하고 먼로 시절 이래 유례없이 높은 수준의 국민적 합의를 내다보면서 존슨은 "미래에 대한 우리의 희망이 서 있는 기반을 부수지" **않겠다고** 서약했다. "지금 이렇게 될 때까지, 너무 많은 사람들이 너무 오랫동안 너무 애를 써왔습니다."[27] 골드워터를 혼내준 것이 존슨에게 전례 없는 권력을 가져다 주었지만, 물려받은 기약들을 인정한 것이 이 권력을 행사하는 데 있어서 존슨의 독자성을 인질로 잡게 되었던 것이다.

돌이켜보면, 프랭클린 루즈벨트에 매료되었음에도 불구하고 존슨이 루즈벨트의 경험을 실제보다 훨씬 더 평범한 것으로 만들어 버렸음을 알 수 있다. 루즈벨트를 기준으로 삼고 그 위에 자신의 정치 경력을 되돌아보면서 존슨은 루즈벨트가 만든 특별한 정치, 곧 재편의 정치 자체를 평범하고 대체가능한 것으로 바꿔버렸다. 존슨이 보기에 루즈벨트는 몇 가지 심각한 "실수"를 저질렀고 몇 가지 심각한 실패를 겪었다. 이런 식으로 해서 프랭클린 루즈벨트는 존슨에게 그가 아는 다른 대통령들처럼 보이게 되었다. 이런 관점에서 볼 때, 큰 표 차의 선거 승리와 이로부터 끌어낼 수 있었던 정책 성공 횟수 이외에 루즈벨트가 다를 것은 없었다.[28]

이러한 판단 기준에서, 직접 겪었던 경험의 교훈은 대단히 어둡게 변해갔다. 존슨의 리더십은 좌절스러운 노출을 피하고 불가피한 마비를 물리치기 위한 필사적인 계산이 되었다. 1936년의 압승에서 거두었던 루즈벨트의 승리 폭이 수 주 내에 연기처럼 사라지는 것을 본 사람에게는 1964년 선거에서의 천오백만 표차는 큰 위안이 되지 못했다. 존슨이 계산한 바와 같이, 그가 받았던 2, 3백만 표는 골드워터 광신주의에 던져질 수도 있었고, "두 달 안에 8백만 표를 잃을 수도 있었다."[29] 또한 대단한 정책적 업적들 역시 더 높은 기준에 미달하기 때문에 큰 위안이 되지 않았다. 1967년에 존슨은 손자들이 자신이 흑인들을 위해 한 일과 "베트남에서 끝까지 해 보려고" 한 일에 대해 자랑스러워 할 것이라고 추측하면서, "선거에서 니그로는 15 포인트, 베트남은 20 포인트 내 표를 깎아 먹는다."라고 계산한 바 있다.[30]

표출과 재편의 애매해진 경계 위에서 이런 식으로 행동하면서 존슨은 대통령 리더십을 권력 행사에 있어서의 한발 앞서기(one-upmanship) 게임으로 만들어버렸다. 그는 "멀리 가기"를 원했고, 가능하면 그 과정에서 루즈벨트 역할을 보다 잘하고 싶었다.[31] 그렇지만 이것은 자유스러운 도전이 아니라 공포스러운 것이었다. 존슨은 문제들이 도처에 도사리고 있고 문제의 근원을 처리하기는커녕 예견할 수도 없다는 사실에 곤혹스러워 했다. 자신이 루즈벨트의 "실수"를 고칠 수 있고 심지어 루즈벨트의 "업적"을 능가할 수 있을지 모르나, 루즈벨트의 "숙명"을 제대로 피해갈 수는 없었다. 아무도 피하지 못했다. 누구나, 심지어 루즈벨트조차 실수를 저질렀고, 누구나, 심지어 루즈벨트조차 중대한 실패를 겪었다. 시간의 문제였다. 위대한 사회(Great Society) 프로그램을 존슨은 국민들 앞에서 양에 대한 집착을－얼마나?－질에 대한 높은 관심으로 대체할 수 있는 기회로, "휴식을 단련과 성찰의 좋은 계기로 만들 수 있는" 기회로 제안했다.[32] 그렇지만 존슨 재임기에 "쉴 수 있는 시간은 없었다." 일을 완수하는 것이 유일한 기준이었으며, "얼마나?"가 끊임없는 집착이었다.[33]

루즈벨트를 대통령 리더십에 대한 규칙을 확인시켜 주는 예외적 경우로 삼음으로써 존슨은 대통령의 정치가 벌어지는 운동장을 평평하게 만들었을 뿐 아니라, 그 자신은 구석에 가두었다. 그는 미국을 변혁시킬 수 있는 절호의 기회를 자신의 능력에 대한 실존적 시험으로 만들었으나, 국가 장래에 대한 열렬한 낙관에 자신의 장래에 대한 뿌리 깊은 숙명론을 덧씌웠다. 대통령이 얼마나 많은 권력을 지니든 간에, 대통령이 얼마나 인기 있든지 간에, 대통령에 반대하는 음모 세력들이 압도하게 될 것이었다. 그에게 유일한 진짜 시험은 숙명을 조종하기 위한 전략적 시도였다. 존슨이 역사속 위치를 설정하게 되면서, 과거의 유산에 대한 그의 확신은 절망적인 불안감과 맞물렸고, 자유주의적 재편에 대한 변함없는 신념은 걷잡을 수 없는 회의 속에서 표출되었다. 존슨은 미국 문명이라는 사원의 높은 자리에서 누구도 쫓아내기를 거부했으나, 어느 쪽으로 움직여도 자신이 "십자가에 매달리게 될" 것임을 "처음부터 알고 있었다."[34]

“힘을 지녔으므로 우리에게는 해야 할 의무가 있습니다”

존슨은 다음과 같이 말한 바 있다. “힘이요? 내가 가진 유일한 힘은 원자폭탄인데… 내가 쓸 수도 없어요.”[35] 이 말은 정통-개혁가 리더십이 지닌 딜레마에 존슨이 대처했던 방식을 그대로 보여 준다. 대통령직의 독자적인 권한을 행사하면서 존슨은 곧바로 궁극적인 파괴에 대한 공포에 사로잡히게 되었다. 모두에게 충실하려 했던 존슨에게 자신의 목적을 달성하기 위해 활용할 수 있었던 자원들은 좌절의 근원이었고, 그 질서-파괴적인 효과들은 당면한 과제에 잘 들어맞지 않았다.

사실, 순전히 건설적인 리더십 프로젝트를 실현하는데 대통령에게 충분한 권력이란 있을 수 없으며, 그렇게 하겠다는 결심으로 모든 방면으로 그토록 얕게 확장해 나가는 대통령이 또 있을 것 같지는 않다. 린든 존슨은 모든 이를 위한 대통령이었으며, 대통령사에서 유례가 없을 정도로 막대한 정치적, 제도적, 경제적, 국제적, 군사적 자원들을 지니고 있었다. 문제는, 정치적으로 중요한 어떤 세력들의 정당성도 거부하지 않는 풀 서비스 대통령에게는 자원들이 믿을 수 없는 것이 되어 버리며, 권력 행사가 권위를 소진시킨다는 것이다. 완전히 긍정적인 결과만을 추구했던 존슨은 누구라도 변화의 충격을 짊어지게 놔둘 수 없었다. 자신이 지닌 막대한 자원이 충분하다고 여기지 않았던 것은 존슨이, 맥윌리엄스(Wilson Carey McWilliams)의 적절한 표현대로, “의무감에 짓눌려 있었기” 때문이었다.[36]

존슨의 의무 중 첫째는 세계 공산주의의 봉쇄였다. 원인이 불분명한 작은 전쟁들은 정통-개혁가 대통령들 시기에 두드러지게 일어나곤 했다. 제임스 먼로에게는 세미놀 전쟁이, 제임스 포크에게는 멕시코 전쟁이, 대리 역할이긴 했으나 씨어도어 루즈벨트에게는 미서전쟁이 있었다. 1964년 통킹만에서의 불분명한 원인 뒤에는 자신도 작은 전쟁(혹은 당시의 용어로 "제한전")을 벌일 수 있을 것이란 존슨의 희망이 있었다. 의회가 베트남전을 승인하도록 만드는 과제 다음에 존슨에게는, 이 전쟁이 다른 어떤 것들에도 별 영향이 없는 것처럼 보이게 하는 것 이상 중요한 것이 없었다. [37]

하지만 존슨의 전쟁은 처음부터 달랐다. 다른 전쟁들은 일종의 정치적 모험이었으며, 새로 생긴 독자성과 강인한 확신을 세계 무대에 투사하는 것이었다. 그렇지만 1960년대에 세계 무대에서 미국의 우위는 이미 확립된 것이었으며, 미국의 국제적 임무는 세계 곳곳에 확고하게 정해져 있었다. 공산주의자들을 봉쇄하기 위한 힘의 과시는 열정적인 모험이 아니었으며, 냉엄하고 한계가 설정되지 않은 의무였다. 문제가 된 것은 기존 질서의 초석을 지키겠다는 존슨의 의지였다. 1965년 운명적인 여름에 국무장관 딘 러스크(Dean Rusk)는 "미국이 한 약속의 진정성이 바로 전 세계 평화를 떠받치는 기둥입니다."라는 것을 존슨에게 상기시켜 주었다. "이 약속이 믿을만한 것이 못되면, 공산주의 세계는 우리를 파멸과 세계대전으로 확실하게 이끌고 가겠다는 결론을 내리게 될 것입니다."[38] 존슨 자신도 몇 달 전에 존스 홉킨스(Johns Hopkins) 대학에서 같은 말을 한 바 있었다. "우리는 지켜야 할 약속이 있기 때문에 남베트남에 있는 것입니다… 우리가 거기 있는 것은 또한 세계 질서를 강화하기 위해서입니다. 베를린에서 태국까지 지구상 곳곳에는, 공격당할 경우 우리에게 의지할 수 있다는 믿음에 안위가 걸려있는 사람들이 있습니다. 베트남을 자신들의 운명에 맡겨두는 것은 미국이 한 약속과 미국이 한 말들의 가치에 대한 이 사람들의 확신을 흔들어 놓을 것입니다."[39] 베트남 방어는 존슨이 관리해야 하는 모든 약속들 중에서 가장 굳게 뿌리박힌 약속이었다.

포크와 마찬가지로 존슨 역시 해외에서의 전쟁을 포괄적인 국내 프로그램과 같이 추진했다. 그러나 존슨은 상당히 다른 개인적 바램을 지니고 있었다. 포크의 경우, 국내 프로그램은 본질적으로 이전의 약속들을 지키는 것이었고 해외에서의 전쟁은 거대한 개인적 업적이 될 수 있는 것이었다. 존슨의 경우에는 해외에서의 전쟁이 이전의 약속을 실행하는 것이었고 국내적 아젠다가 진정한 업적이었다. "나는 제국을 건설하거나, 영광을 추구하거나, 오랫동안 지배하려는 대통령이 되고 싶지 않습니다. 나는 어린 아이들을 교육시키고… 가난한 사람들을 돕고… 모든 시민들의 투표권을 보장하는 대통령이 되고 싶습니다."[40] 존슨에게 "총이나 로켓, 폭탄과 전함들은 인간의 어리석음에 대한 증거"였다. 이것들은 "필요한" 것이지만, "전혀 감탄할 것"이 아니었다. 이 뉴딜주의자를 감탄스럽게 하는 것은 "강을 가로질러 세워진 댐"이었고 "농촌 지역의 전기 공급"이었다. 이런 의미에서, 남베트남을 방어하는 의문의 여지가 없는 냉엄한 의무는 항상 "이전에 전혀 꿈꾸지 못했던 규모로" 건설적인 과업을 하려는 존슨을 방해하는 귀찮은 존재였다.[41] 그렇지만 하나의 의무로서 남베트남 방어는 존슨의 더 큰 목적을 도와주기도 했다. 물려받은 질서를 존슨이 존중한다는 것을 항상 일깨워주는 존재였던 것이다. 국내적으로 존슨이 주도하고 있던 중대한 변화들과 더불어 이 해외에서의 의무를 수행하는 것은 견고한 레짐의 충실한 소속당 대통령이라는 존슨의 정치적 정체성을 뿌리내리게 해 주었다. 1964년 선거에서 배리 골드워터가 순항하는데 통킹만 결의안이 바람을 막아버렸듯이, 1965년에 "제한되고", "별로 중요하지 않은" 이 전쟁은 일시적으로 존슨의 위대한 사회 프로그램에 도움을 주었다. "극적이지 않게", 그리고 "우리의 약속을 지키겠다는 결의의 자연적 결과로" 처리되면서 이 전쟁은 자유주의 아젠다에 대한 우파 비판자들을 침묵시키고 좌파들의 지지를 유지하게 해 줄 것으로 기대되었다.[42]

동남아시아에서의 침공에 대한 "적절하고", "충분한" 대응을 서약하면서 존슨은 결의에 차 있었고, 자신의 가장 끔찍한 힘을 사용하는 데 대해서 전혀 흥분하지 않았다.[43] 그는 미국을 남베트남의 방어로 끌고 들어가면서, 이에 대한 원칙을 유지하는데 꼭 필요한 정도로 절제된 말과 행동만을 했다.[44] 중국 공산화 이후 트루만이 겪어야 했던 배신이라는 비난과 그 후 우파들의 공격 때문에 2차대전 이후의 자유주의 프로그램들이 탈선하게 된 것들을 존슨은 너무도 뚜렷이 기억하고 있었다.[45] 우파들에게 한번 더 해보라고 도전하는 대신에 존슨은 트루만이 했던 후속 대응을 따라 우익들의 이익을 받아들였던 것이다. 국무차관 조지 볼(George Ball)은 존슨에게 베트남에 대해 물려받은 해법에서 거리를 두고, 승리가 가져올 이득과 상상하기 어려운 비용을 따져 보며, 명예롭게 빠져나올 수 있는 방법을 생각해 보라고 촉구했다. 부통령 휴버트 험프리(Hubert Humphrey)는 존슨에게 선거 압승을 우익들에 대한 우려로부터 풀려난 것으로 여기고 베트남에서 더 이상의 손실을 막자고 조언했다.[46] 그러나 그렇게 하기 위해서는 존슨이 외교정책 써클에 대해서 왜 이 도미노가 공산주의를 봉쇄하는 데 있어서 전에 생각했던 것보다 전략적으로 덜 중요한지 설명해야 했다. 이전의 세 대통령들이 세워 놓은 경로에 대해 의문을 제기하고, 이와 동시에 자신의 경로가 오히려 지속성을 지닌 것이라고 서약해야만 했다. 케네디 행정부로부터 넘겨받은 외교정책 조언가들, 매파 기질에 있어서는 서로 달랐지만 명예롭게 빠져나올 수 있는 방법은 없으며 미국의 약속이 신뢰받을 수 있게 지켜져야 한다고 주장했던 조언가들의 견해를 반박해야만 했다. 더 이상의 손실을 막기 위해서는, 존슨이 겉보기와 달리 "모든 것을 할 수 있는" 힘이 없다고 호소해야만 했고, 무엇이 이루어졌었고 무엇이 이루어져야 할지에 대한 국가적 논의에 불을 붙여야만 했다. 무한정한 가능성이 있는 듯 했던 이 순간에, 심지어 신중하라고 촉구했던 사람들조차 의심하지 않았던 원칙에 자신이 도전할 수 있는 권위가 있는지 시험하고 있어야 했다. 1936년 루즈벨트의 거부자의 자세를 피하려고 한 것뿐 아니라, 존슨은 기존 레짐의 가장 정치적으로 확고한 계율을 위반하는 듯한 모습을 피하려 했던 것이다.

묘수는, 전쟁을 관리해서 과거 정치의 초석을 지탱함으로써 이보다 훨씬 덜 확고하지만 훨씬 분명하게 변혁적인 다른 기약들의 정당성을 증대시키는 것이었다. 하나는 민권에 대한 질서-파괴적 기약이었고, 다른 하나는 위대한 사회를 구축하는 질서-확인적 기약이었다. 트루만과 케네디는 존슨에게 공산주의 봉쇄에 대한 확고한 지지와 더불어 흑인들의 민권에 대한 상징적인 지지라는 유산과 구체화된 국내 정책 아젠다들을 남겼었다. 따라서 이 세 전선 모두에서 동시에 지속성이 주장될 수 있었다. 존슨은 1964년 민권법을 케네디 추모의 기념비로 만들었으며, 이에 대한 확고한 입장을 통해 케네디가 전혀 기대할 수 없었을 성과를 거두었다. 전체 법안이 수정 없이 그대로 통과되었던 것이다.[47] 또한 존슨은 인디펜던스(Independence)*에 가서 논란이 많았던 1965년 메디케어(Medicare) 법안에 서명함으로써, 어렵게 타협을 이룬 이 법안을 전국민 건강보험이라는 훨씬 거대한 구상을 했던 트루만에 대한 기념비로 만들었다.[48] 그렇지만 여기에 바로 중대한 차이가 있다. 트루만과 케네디는 공산주의 봉쇄라는 기약을 실행했지만, 민권에 대한 기약과 확장된 자유주의 아젠다들은 아직 대부분 말뿐이었었다. 그러나 권력을 가진 존슨에게는 이제 이 전체를 실현해야 할 의무가 있었던 것이다.

공산주의를 봉쇄한다는 기약에 의문의 여지가 없다고 확신했던 것처럼 존슨은 민권에 대한 분명한 재편 구상에 어떤 저항도 있을 수 없다고 확신했다. 이 생각은 전후의 정치적 합의를 넘어 뉴딜 시기 흑인들이 민주당으로 넘어왔을 때까지 소급되고, 이를 넘어 남북전쟁 당시의 논쟁까지 소급되며, 다시 이를 넘어 건국 자체에까지 소급되는 것이었다. "동등한 권리에 대해 우리는 충분히 오랫동안 이야기해 왔습니다."라고 존슨은 선언했다. "우리는 백년 넘게 이야기해 왔습니다. 이제 다음 장을 쓸 때입니다. 법전에 쓸 때입니다."[49]

전임자들에 의해 엉망으로 절충되고 여전히 실현되지 않은 채, 민권에 대한 자유주의적 기약은 존슨이 보존하려던 정치적 합의와 한 번도 편안하게 어우러진 적이 없었으며, 북부와 남부에서 별개로 진행되다가 이제 합쳐지게 된 민권 이슈의 전개 과정을 관리하는 것이 얼마나 어려운지에 대해 환상은 거의 없었다. 민권 이슈를 자신의 목표로 삼는 것에 대해 남부의 친구들이 배신이라고 비난할 것을 존슨은 알고 있었다. 그의 조언자들은 북부 백인들이 저항할 가능성에 대해 충고하기도 했다.[50] 존슨은 또한 "이 이슈에 대해 자신이 나서지 않는다면 그들이 [자유주의자들이] 자신을 공격하리란 것"도 알고 있었다.[51] 존슨이 잘 했던 것은, 도덕적 당

* 역주: 미주리 주의 도시. 트루만의 고향.

위성을 전면에 내세우고 자유주의자나 보다 온건한 공화당 지지자들에게 자신의 결의를 의심할 기회를 주지 않았다는 점이다. 분수령이 되었던 1965년 투표권법(Voting Rights Act)이 골드워터에게 5개의 남부주들을 잃은 직후에서야 이루어졌고, 잠재적으로 상당한 규모의 남부 흑인 유권자들의 중요성을 민주당 자유주의 세력이 간과하지 않았다는 점도 감안해야 한다. 그렇지만 재편을 해야 할 도덕적 필연성뿐 아니라 정치적 필요가 있었다 하더라도, 존슨은 정치적 계산이 그다지 확실하지 않은 때에 앞서서 추진했다. 투표권법에 이어 주거 문제에 대한 입법이 뒤따랐다. 존슨은 1966년에 주거 개방(open housing)* 입법을 제안했으며, 북부의 도시 빈곤 지역에서 폭동이 일어나고 의회가 단호하게 거부하는데도 불구하고 거침없이 이를 밀고 나갔다. 재임 중 가장 힘든 때였던 1968년에 존슨은 이 법안을 성사시켰다.52)

존슨의 가장 확고했던 두 기약들, 곧 베트남에 대한 기약과 민권에 대한 기약이 대통령 리더십의 질서-확인적 요소와 질서-파괴적 요소를 지니고 있었음은 분명하다. 그렇지만 이 기약들이 서로를 강화시켜주고 고전적인 재편의 정치에서처럼 새 질서의 정통성을 보장해 주지 못했다는 것도 분명하다. 존슨은 자신의 사회적 재편을 추진하면서, 어떤 가공의 먼 과거를 확인하고 있었던 것이 아니었다. 그는 기존의 질서에 대한 당면한, 너무나 현실적인 기약을 확인하면서 자신의 사회적 재편을 추진하고 있었다. 존슨의 두 기약은 서로 합쳐진 것이 아니라, 위태롭게 균형을 맞추고 있었으며, 빠르게 엇나가기 시작했다. 정치적 대안들에 대한 이전의 관념들로부터 벗어날 수 있게 해주는 대신에 이 두 기약은 대안들에 대한 대단히 다른 관점들에 존슨을 묶어버렸다. 실제로 존슨은 과거를 표적으로 삼으면서도 이와 거리를 두고 이해하려 하지 않았으며, 외교정책에 있어서 정통을 고수한 것은 국내정책에 있어서 존슨의 재편 시도가 지닌 자유주의적 효과를 무효화시키도록 작동했다. 존슨 리더십의 질서-파괴적 요소와 질서-확인적 요소는 명확했음에도 불구하고, 존슨의 독자

* 역주: 주택의 구입 및 임대에 있어서 인종 등 어떠한 차별도 금지하는 제도.

적 권위를 강화시켜주지 않았고 배신이라는 필연적 비난을 면하게 해주지도 않았으며, 존슨을 민주당 내에서 더 깊은 갈등 속으로 끌고 들어갔다. 구질서의 초석에 대한 단호한 수호와 새 질서의 초석에 대한 마찬가지로 단호한 추구로 인해 존슨은 모든 측면에서 배신이라는 비난을 받게 되는 상황 속으로 스스로를 밀어 넣었던 것이다.

하지만 이는 너무 성급한 결론이다. 아마 운명에 대해 예민했을 수는 있으나, 그렇다고 존슨이 운명에 굴복해서 이 상태에 처하게 되었던 것은 아니다. 수십 년간 존슨은 불가항력에 맞서 싸워서 상당한 성과를 거두었었고, 이런 투쟁은 대통령 재임 중에 더욱 강력해졌다. 존슨에게 기회를 열어준 것은 바로 정치적 대칭을 이룬 두 기약, 즉 해외에서 공산주의 봉쇄에 대한 기약과 국내에서 사회적 정의에 대한 기약이었다. 존슨은 이 두 정통을 일시적인 균형상태에 두었다. 베트남에 대한 기약은 존슨이 정치 경력의 매 단계마다 우려해 왔던 우익의 "공격"에 맞서게 해 주었고, 민권에 대한 기약은 존슨이 평생 더불어 살아온 것, 곧 동부 자유주의 기득권의 멸시에 맞서게 해 주었다.

존슨은 이 상극적인 것들로부터 위대한 사회(Great Society)에 대한 영감을 얻었다. 서로 맞서 있는 두 가지 확고한 기약으로 존슨은 곧바로 자신이 만든 특별한 접합제, 곧 바닥의 틈이 모든 것을 산산조각 내기 전에 전체를 결합시킬 수 있는 "치유"와 "건설"의 접합체를 쏟아 부었다.[53] 존슨의 손에서 위대한 사회는 단순히 과거의 자유주의 정통을 확장한 것 이상이 되었다. 이 정통 때문에 악화되어 왔던 적대감들을 대체하는 동력이 되었던 것이다. 위대한 사회는 시작부터 자유주의 정치를 갉아먹었던 갈등들, 곧 북부와 남부 간의, 흑인과 백인 간의, 노동과 자본 간의, 그리고 좌파와 우파 간의 갈등을 누그러뜨려 줄 것이었다. 전쟁과 사회 혁명의 대혼란이 시작되기 전에 미국이 이러한 갈등을 넘어 서서 미래에 대한 자신의 비전대로 나아갈 수 있도록 자신이 이 세력들의 균형을 이루겠다고 존슨은 모험을 했던 것이다.

위대한 사회는 질서－창출이라는 짐을 지고 있었으며, 이는 정말로 무거운 짐이었다. 국제적인 책임과 인종 분규에 빠져 있는 미국에 풍요의 축복을 가져 오고 변화의 요구가 체제 유지의 필요성과 충돌하는 것을 막으며 종합적인 정책 프로그램 뒤에 폭넓은 합의를 공고히 하는 것이 그 과제였다. 이 목적을 위해 존슨은 의도적으로 루즈벨트의 방식을 피했다. 루즈벨트처럼 남부를 민주당에서 몰아내려 하지 않았던 것이다. 대신에 존슨은 남부가 민주당에 남아 있을 때 받을 혜택이 두려워하는 비용보다 훨씬 크다는 것을 입증하려고 안간힘을 썼다. 또한 존슨은 루즈벨트처럼 월스트리트나 경제적 왕당파와 충돌하지도 않았다. 대신에 그는 성장의 정치 속에서 기업들과 동반자 관계를 추구했다. 존슨의 "모든 미국인을 위한 정당"은 먼로의 정당, 곧 어떤 미국인도 반대하지 않는 정당처럼 될 것이었다. 그는 기업들에게는 세금 환급을, 노동에게는 높은 최저 임금을, 광부에게는 안전한 광산을, 비숙련 노동자들에게는 직업교육을 제공했다. 배고픈 자들에게는 식품 배급권을, 농부들에게는 많은 보조금을 주었다. 도시 지역은 대중교통 체계와 신도시를 갖게 되었고, 농촌 지역은 종합적인 자원 관리 계획과 애팔래치아 재개발 사업을 갖게 되었으며, 교외 지역은 안전한 자동차와 깨끗한 고속도로를 갖게 되었다. 노인들은 건강보험을, 청소년들은 교육비 지원을 갖게 되었다. 야외활동을 좋아하는 사람들은 공원과 자연보호를, 실내 활동을 좋아하는 사람들은 공영 방송과 문화생활을 갖게 되었다. 빈곤과의 전쟁이 위대한 사회의 상징과도 같은 것이었다면, 그 이유는 적이 없이 수행된 전쟁이었기 때문이었다. 존슨은 비판자들에게 이렇게 대답했다. "빈곤을 반대하는 프로그램에 왜 누군가가 반대하는지, 나는 모르겠습니다."[54] 이 프로그램은 경제 발전 조치로 고안된 것이었고, 따라서 기업들에 이익이었다. 이 프로그램은 또한 일자리 창출 조치였으며, 따라서 노동에 이익이었다. 나아가 이 프로그램은 인종－중립적인 조치였으며, "인종 편견과 싸우는데 드는 막대한 감정적 비용을 대체하는 것"이었다. 이 프로그램은 도시지역의 빈곤은 물론 농촌 지역의 빈곤과도 싸우기 때문에 북부는 물론 남부에게도 혜택이 될 것이었다. 이 프로그램은 도시 지역 민주당 시장들의 인종에 기반을 둔 낡은 정당 머신들이 새로운 무기로 이용할 수 있었던 백인 반발운동(white backlash)*에 대한 보험과도 같은 것이었다.[55)]

막대한 권력을 행사하려는 만반의 준비를 갖추고 1966년 1월에 존슨은 상반되는 압력과 기약들을 경탄스러울 정도로 생산적인 균형을 이루도록 지휘하려고 의회에 갔다. 그 전 해에 존슨은 그가 가장 잘 하는 일을 했었다. 이질적이었던 질서의 세력과 변화의 세력을 속여 완전히 건설적인 행동이라는 거대한 협력체제에 빠지게 했던 것이다. "우리는 베트남에서 우리에게 총을 쏘고 있는 자들이 모든 미국인들의 희망과 의도에 대해 승리를 거두게 놔두지 않을 것입니다." 존슨은 의기양양하게 결론지었다. "우리가 베트남에서 싸우면서 위대한 사회를 계속할 수 있다고 나는 믿습니다."[56)] 당시의 어휘를 쓰자면, 존슨은 "화약과 빵"(guns and butter)을 서약했었던 셈이다. 그러나 존슨에게는 이보다 훨씬 큰 의미가 있었다. 이것은 옛것과 새것, 더욱 영광스러운 미래에 과거를 결합시키는 것이었으며, 정통과 개혁의 승리, 곧 레짐 충성파라는 정치적 정체성을 가진 정부가 할 수 있는 완벽한 접목이었다. 모든 부분들이 제 자리에 있었지만, 곧 폭발하기 직전이었다.

악몽이 된 정치적 관리

고전적인 표출의 정치에서 대통령의 리더십은 최우선 원칙들을 건드릴 정도로 강력하지도 않지만, 그렇다고 기술의 본질화만 할 정도로 허약한 것도 아니다. 표출 정치의 리더십은 정치적 관리의 중간 수준에 목표를 둔다. 물려받은 이익들과 정책 우선순위들을 직접 다루는 것이다. 여기서 생기는 관리 문제는 언제나 다루기가 어려운 것이지만, 첫 번째 "호감의

* 역주: 흑인 민권운동에 대한 백인들의 반대 운동.

시대"의 친밀하고 순수했던 환경에서 관찰하면 특히 많은 것을 알려 준다. 존 퀸시 애덤스는 먼로 행정부 말기에 먼로가 매디슨의 내각으로부터 넘겨받은 재무 장관 윌리엄 크로포드와 대통령 간의 만남에 대해 이야기한 바 있다. 후계를 노리던 세 명의 각료 중 하나였던 크로포드는 정치직 임명 명단을 승인받으려고 백악관을 방문했다. 먼로가 이 선택을 반대하자 크로포드는 성질을 부렸다. 대통령은 똑같이 험한 말을 하며 크로포드에게 자기 위치를 깨우쳐주려 했다. 그러자 분노에 찬 크로포드는 지팡이로 대통령을 때리려고 다가갔다. 먼로는 부젓가락을 붙잡고 그를 막으려 했고, 백악관에서 강제로 쫓아내겠다고 위협했다. 크로포드는 떠났고, 먼로는 다시는 그를 만나지 않았다.57)

이런 것들이 바로 정통-개혁가의 고통거리이다. 크로포드와 먼로 간의 긴장은 수년간 쌓여 왔었다. 크로포드는 1816년 선거에서 먼로의 대안 중 하나로 고려되었었으며, 스스로 공화당의 양심이자 대통령 후계자로 자부하며 먼로의 내각에 남아 있었다. 크로포드가 먼로와는 극적으로 다른 방향으로 미국을 이끌기를 원했다고 할 수는 없으나, 분명한 야심과 독자적인 위치 때문에 크로포드는 항상 문제를 일으키곤 했다. 실제로 대통령에게 폐를 끼치며 자신의 장래를 띄우려는 그의 별로 조심스럽지 않은 행동들은 먼로가 지속시키려고 하는 거대 연합을 해체시킬 위협이 되었다. 그러나 이 모든 것에도 불구하고, 이들의 마지막 대결에서 가장 의미 있는 측면은 이에 대해 먼로가 최종적으로 한 대응이다. 심사숙고 끝에 먼로는 불복종과 배신 때문에 크로포드를 해임하는 것은 현명하지 못한 것이라고 결정했다. 1824년 선거 결과가 아직 확실하지 않은 상태에서 먼로는 경쟁자들 중 누구를 선택한 것처럼 보이기보다는 이 사건을 묻어두는 것이 낫다고 생각했던 것이다.58)

먼로의 대통령 권한 주장이 크로포드의 표적이 된 것과 마찬가지로, 포크 역시 밴뷰렌의 표적이 되었다. 씨어도어 루즈벨트의 경우, 마크 한나의 죽음으로 상황이 조금 나았었지만, 선거를 통해 집권했던 임기의 중반이 되면 넬슨 알드리치가 똑같은 역할을 했다. 독자적으로 권력을 행사하고 자신의 조건에서 역사 속 위치를 규정하려는 정통-개혁가들에게 최대의 강적은 정통을 다르게 해석할 권리가 부정되지 않는 수하들 중에 있다. 존슨 행정부에서 이 현상은 "바비 문제"(Bobby problem)의 형태로 나타났다. 처음부터 로버트 케네디(Robert Kennedy)는 존슨의 리더십에 대한 위협으로 상존하고 있었으며, 이에 대해 대통령이 할 수 있는 것은 별로 없었다.

"바비 문제"는 구조적인 조건이었다. 이는 자신의 행정부를 구성하지마자 물려받은 기약들을 독자적으로 해석하려는 정통-개혁가들의 불가피한 경향에서 초래된다. 여기서부터 정통-개혁가는 이 기약들 안에 포함시키려고 했었던 모든 이들에게 만만한 상대가 된다. 레짐의 대안적 리더들 중 몇몇은 다른 정책 우선순위들을 가지고 있었을 것이다. 이들 중 대다수는 상황에 따라 정통에 대한 자신의 생각을 조정하기만 하면서, 대통령의 정책이 부정적 결과를 가져올 경우, 진정한 정통에 대한 대통령의 잘못된 이해 탓으로 돌릴 것이다. 그러는 동안 대통령은 과거의 기약들과의 일관성을 추구하려고 애초에 표출했었던 특정 경로에 갇히게 된다.

정통-개혁가의 곤경을 재편 대통령의 솔직한 고백과 비교해 보라. 자신은 상황을 통제하지 못하며 상황이 자신을 통제한다는 링컨의 솔직한 인정은 이전에 처방된 행동 경로를 인정하면서 권좌에 오른 모든 대통령들의 악몽을 드러내 준다. 시작부터 모든 이익들과 정치적 기약들의 충족을 완전하게 지휘하려는 정통-개혁가들은 변화하는 상황에 맞게 움직일 수 있는 자유가 없다. 실제로 예기치 못한 사태들이 이들이 결속시키려는 모든 것들을 위협하게 된다. 링컨과 프랭클린 루즈벨트에게서 보았던 실용주의는 정통의 일관성을 지키고 기존 이익들 간의 균형을 유지해야 하는 리더십에는 주어지지 않는다. 불만을 막기 위해 정통-개혁가들은 이익들에 대한 직접적 관리를 시작하고 전 상황에 대해 완전히 통제하려 들게 된다. 정치적 피해를 최소화하기 위해 플로리다 침공에 대한 보고서를 검토해 달라고 앤드류 잭슨에게 부탁했던 먼로를 상기해보라. 겉으로는 정치적 동맹인 것 같았던 자들이 멕시코와 평화적 관계를 이루려는 자신의 노력에 노예제를 결부시키기를 고집했을 때 포크가 느꼈던 비통한 좌절감을 상기해 보라. 1907년 공황 당시 공화당 보수파와 재계 지도자들이 자신의 개혁을 —그들의 장기적 이익을 보장하기 위한 개혁을—불안정을 유발한다고 비난했을 때 씨어도어 루즈벨트가 받은 충격을 상기해 보라. 통제되지 않는 사태들은 이 대통령들에게 큰 불안감의 원인이다. 정통-개혁가들은 예기치 못한 것들에 대한 방어수단이 거의 없는 것이다.

린든 존슨에게 이익들에 대한 정치적 관리의 악몽은 현대성의 모순들에 의해 더욱 악화되었다. 전임자들보다 더 권력이 강했기 때문에 존슨은 이전보다 더 많은 이익들을 수용했다. 실제로 국가적 이슈들을 분석하기 위해 존슨이 세운 태스크 포스들은 자연스럽게 대통령의 정책을 중심으로 새로운 이익들을 만들어 내고 있는 듯 보였다. 이익을 위한 이익들로, 존슨이 모은 이 많은 무리들은 어느 때 보다도 대통령의 통제로부터 조직적으로 독립적이었다. 모든 이익들을 충족시키겠다는 자세로 인해 존슨은 훨씬 다양한 독립적 행위자들에 의존적인 위치에 있게 되었고, 훨씬 많은 통제 불가능한 행동들에 취약해지게 되었다. 민주당을 "모든 미국인을 위한 정당"으로 바꿈으로써 존슨은 거의 모든 사람들에게 대통령의 지원이란 혜택을 제공했고, 실질적으로 정책 전체에 대한 지지를 기대할 수 있는 사람들이 있을 수 없게 되었다.[59] 실제로, 전체 정책이 사회적으로 포용적이고 경제적 효과가 클 것이라는 정치적 근거는 위태로울 정도로 취약해졌다. 어떻게 해서 존슨이 합의를 이루었다는 모습을 유지할 수 있을 것인가?

이 딜레마에 대한 존슨의 대응은 권위 있는 다른 목소리들을 억누르는 것이었다. 겉으로 보이는 모습을 보호하기 위해 실제 모습을 완전히 통제해야 했던 것이다. 포크가 각료들 각자에게 임기 중에는 대통령 욕심을 버리겠다는 선서를 요구했던 것은 모든 불협화음을 침묵시키려던 존슨의 시도에 비하면 서곡에 불과했다. 존슨은 수하들의 충성심에 대한 의심과 허가받지 않은 언론 유출에 대한 집착으로 악명이 높지만, 전례 없는 정도로 정당성 문제에 노출되었던 점을 감안하면 전혀 놀랄 일이 아니다. 1966년이 되면 존슨은 기약들의 균형을 더 이상 지탱할 수 없는 상태가 되었다. 민권 운동에 대한 존슨의 지원은 민주당의 전통적인 남부 지지기반과 충돌하게 되었고, 연방정부 발주 사업과 고용에 있어서의 소수집단 우대정책(affirmative action)은 민주당의 전통적 지지기반인 노동과 충돌했으며, 빈곤과의 전쟁은 민주당의 전통적인 정당 머신들과 부딪히게 되었고, 남베트남 방어는 빠르게 민권운동과 위대한 사회에 대한 기약과 충돌해 가고 있었다. 이들에 대한 균형을 보존하는 것이 당면한 상황에 대한 존슨의 규정을 유지할 수 있는 유일한 희망이었으며, 균형이 무너질 수 있다는 전망으로 인해 존슨은 필사적인 시도를 할 수밖에 없었다. 최고의 신념에 대한 자신의 해석을 지키려는 시도 끝에 존슨은 이 신념의 최고의 보고를 부수게 되었던 것이다.

대통령의 정치적 관리를 위한 이러한 수단들을 존슨이 발명한 것은 아니라는 것을 알기 위해서, 대통령사에서 만나게 되는 모든 기만과 협박과 이중성의 과거 사례들을 다시 설명할 필요는 없다. 존슨은 다만 자신이 벌인 일들에 필적하는 규모로 이 수단들을 사용했을 뿐이다. 의무감에 억눌려 있었던 것만큼이나 존슨은 이를 완수해야 한다는 것 때문에 다른 사람들을 억눌렀으며, 다른 사람들을 억누르면서 이 충직한 의무들로부터 모든 명예가 사라지게 만들었다.

휴버트 험프리가 이를 입증하는 명확한 사례가 된다. 독자적인 기반을 지닌 정치인으로서 험프리는 부통령 후보 지명 당시 전형적인 "현대적 자유주의자"로 널리 인정받고 있었다.[60] 그렇지만 존슨은 자유주의자로서 험프리의 위상을 활용하기보다는 그의 위협을 무력화시키기 위해 험프리를 부통령 후보로 지명한 듯했다. 존슨은 험프리에게 망신을 주기 위해 애를 쓰는 것 같았다. 마지막에 험프리를 선택했던 순간까지 존슨은 부통령직을 원했던 험프리가 자신의 의도에 대해 확신하지 못하도록 했다. 존슨은 험프리에게 1964년 민주당 전당대회에서 남부 대의원들의 항의 퇴장을 막으라고 했는데, 마치 험프리가 자신의 정치적 정체성 보다 존슨에 대한 충성심을 앞세우는지 시험하는 듯했다.[61] 오랜 동안 민권에 대한 자유주의적 이상의 화신과도 같았던 험프리는 (1948년 민주당 전당대회에서 험프리의 연설로 인해 남부 대의원단이 항의 퇴장한 바 있다) 전당대회 회의장에서 미시시피 자유 민주당(Mississippi Freedom Democratic Party)*과 남부의 인종주의적 대의원단 간의 타협을 중재하라고 요구받았다. 이러는 가운데 험프리는 고결한 정치적 도덕성을 포기할 수밖에 없었다.

험프리의 고난은 여기서 끝나지 않았다. 1965년에 존슨이 험프리를 대통령 직속 평등기회위원회(Council on Equal Opportunity) 의장으로 임명한 지 일주일 뒤부터 험프리는 존슨 행정부의 전쟁 정책에 대해 반대하는 목소리를 내기 시작했다. 이에 대해 존슨은 국가안전보장회의(National Security Council)에 험프리가 참석하지 못하도록 했을 뿐 아니라, 민권 분야에서 험프리에게 부여한 임무에 대해서도 다시 생각하기 시작했다. 얼마 안가 험프리는 이 분야의 논의에서도 배제되었다. 법무장관 니콜라스 캇젠바크(Nicholas Katzenbach)가 민권 정책의 조정 역할을 법무부로 이관하라고 압력을 넣고 온건파와 보수주의자들이 민권 정책 집행과정들이 주목받지 못하게 하라고 압력을 가하는 가운데, 험프리는 존슨 행정부 민권 프로그램을 주도하는 역할을 8개월 만에 포기하게 되었다.[62]

정통에 대한 경쟁적인 목소리를 무력화시키려는 의도는 존슨이 민주당 전국위원회(National Committee)를 파탄낸 데서도 명백히 드러난다. 이 충직한 민주당 대통령은 정통에 대한 자신의 해석을 지속시키는 데 필사적인 나머지, 다른 어떤 것보다도 자신의 생각을 구현하고 있는 이 조직을 파괴했다. 존슨은 전국위원회의 예산을 삭감했고, 전통적인 자금 모금과 후견제 혜택 분배를 백악관으로 이관시켰으며, 톡톡히 굴욕을 당한 위원장 존 베일리(John Bailey) 휘하에서 상근 조직이 대폭 위축되게 내버려 두었다.[63] 에반스와 노박이 1966년의 워싱턴 분위기를 파악했듯이, 존슨은 "만일 베일리를 야심가로 교체할 경우, 전국위원회가 백악관에 도전할 수 있는 권력 중심이 될 것을 우려했다. 이는 물론 터무니없는 것이었지만, 북부가 아닌 지역의 민주당원들에게는 이 전국위원회는 늘 대도시 권력

* 역주: 1964년 인종주의적인 미시시피 주 민주당에 대항하여 흑인과 민권운동가들이 미시시피 주에 설립한 반인종주의 정당.

정치의 중심을 대표해 왔었다. 그리고 당내 존슨파와 케네디파가 그 어느 때 보다도 서로 의심하고 있던 상황에서 존슨은 전국위원회에 독자적인 권력을 주지 않기를 원했다."[64]

되돌아보면, 대통령직을 독자적으로 유지하는 데서 부딪힌 어려움들에 대한 존슨의 예민함과 이런 도전들에 대응하려는 냉혹한 결의에도 불구하고, 정통을 효과적으로 이용하는 존슨의 능력은 놀라울 정도로 단기간에 사라졌다. 1965년 전반기에 베트남 전쟁에 대한 행정부의 정책 대응이 적절했는지 상세하게 분석되면서 이와 함께 위대한 사회의 주요 프로그램들이 제정되었다. 이처럼 능숙하게 정책 과정을 관리하지 않았다면, 아시아에서 지상전이 임박한 것 때문에 국내 정책 프로그램의 안전한 통과가 위험에 빠졌었을 수도 있었다.[65] 그러나 이 해가 저물기 전, 존슨은 자신의 경로에 대한 냉정한 현실에 부딪히게 되었다. 1965년 12월에 존슨의 경제정책 참모들은 경제에 대한 악영향이 없이 전체 정책들을 지속하기 위해 증세를 촉구했다. 존슨은 이를 기각했다. 증세 제안은 의회로 하여금 자신의 정책 우선순위들에 대해 논의하게 만들 것이고, 이 중 어떤 것을 선택해도 정치적으로 큰 타격을 받을 것이라고 정확히 인식했던 것이다. "국내에서의 진보"가 "해외에서의 의무"를 수행하면서 이루어질 수 있는지에 대해 의문을 제기함으로써 자신이 작동시킨 정치적 종합이 해체되게 만들 수는 없었다. 자신에게 유리하도록 경제 보고서들을 조작해서 존슨은 기약들 전체가 자동으로 진행되게 했다. 1966년 예산 메시지는 국정연설을 반영하여, "동남아시아에서의 우리의 노력에 들어가는 비용을 조달하기 위해 거대하고 활력 있는 위대한 사회 프로그램의 진척을 중단할" 필요가 없다고 강조했다.[66] 차라리 운에 맡겨 보는 것이 존슨의 정치적 권위에는 덜 위협적이었던 것이다.

불행히도 존슨 행정부의 낙관적인 전망은 베트남 전쟁의 비용과 경제적 충격을 과소평가한 것이었고, 1966년 일 년 내내 인플레이션에 대한 우려가 커져 갔다. 1967년 초에 존슨은 문제를 인정했으며, 전쟁과 연관된 "비정상적 지출"에 대비하고 경제 상황에 대응하기 위해 개인 소득세

및 법인세 6 퍼센트 인상을 제안했다. 하지만 존슨이 의심했던 대로, 하원 세입위원회(Ways and Means Committee) 위원장 윌버 밀즈(Wilbur Mills)는 국내 지출을 삭감하지 않고 전쟁 자금 조달을 위해 세금을 인상하는 것을 거부했다. 자신의 리더십 프로젝트가 조금이라도 손상되는 것을 막겠다는 결의에 찬 존슨은 이러한 국내 지출 삭감에 끝까지 반대했으며, 인플레이션에 대한 대응은 1968년 중반까지 지지부진한 상태가 지속되었다. 이때가 되어서야 국제적인 금 위기와 만연된 투기 속에서 존슨 행정부는 밀즈의 조건에 굴복해서 10 퍼센트 증세가 입법화되었다.[67]

1967년은 표출의 정치가 해체되고 있다는 전형적인 신호들을 보여주었다. 민주당 윌버 밀즈는 위대한 사회를 표적으로 삼았고, 민주당 상원의원 윌리엄 풀브라이트(J. William Fulbright)는 봉쇄의 정통을 표적으로 삼았으며, 전 법무장관 로버트 케네디는 당시 뉴욕주 상원의원으로서 이런 결과들에 대한 자신의 평가를 발표하려고 준비했다. 레짐의 기약을 관리하는 데 있어서 존슨이 포크보다 더 성공적이지는 않음이 판명되고 있었다. 다만 차이는, 정통의 존슨이 위선자 존슨(Johnson-the-Mendacious)으로 변형되면서 전례 없을 정도로 미국 정치가 흔들리게 되었다는 점이다.

존슨의 리더십 프로젝트에 미친 현대성의 영향에 대해 생각해 볼 때, 텔레비전이 미친 효과에 특히 주목해야 한다. 텔레비전이 존슨의 독자성을 증대시켜 주었다는 점은 부인할 수 없다. 국민들과 직접 소통할 수 있게 해주었고, 당 조직들을 불필요한 것으로 만들어 주었던 것이다. 하지만 텔레비전은 다른 모든 사람들의 독자성도 증대시켜 주었으며, 대통령에게 덜 의존적이 될 수 있게 해주었다. 1965년 초 셀마(Selma)에서 민권 운동이 텔레비전을 활용한 것이 아마 이익들을 관리하는 과제에 텔레비전이 어떻게 새로운 압력을 가져왔는지를 보여주는 좋은 예일 것이다. 민권 운동은 다른 이익집단처럼 취급받거나 1964년 민권법을 충분한 것으로 받아들이기를 거부했다. 첫 승리 이후에 민권 운동 지도자들은 민권 이슈가 정치적 관심의 전면에 남아있게 하기 위해 소요를 확산시켰으며, 평화스러운 시위자들에 대한 셀마 경찰의 잔혹한 진압을 텔레비전 카메

라들이 폭로하게 되면서 투표권법이 정책 최우선 순위가 되었다. 이처럼 존슨행정부가 공언했던 기약들을 추진할 수 있게 해 준 효과뿐 아니라, 텔레비전은 대통령의 기약과 실제 벌어진 사태들 간의 불협화음을 증폭시키는 효과도 가져 왔다. 텔레비전은 도시 재생을 약속한 대통령을 선택했던 유권자들의 안방으로 도시 빈민가 폭동을 가져왔고, 청소년 교육을 약속한 대통령을 선택했던 유권자들의 안방으로 학생 시위를 가져왔으며, 남베트남을 "구하겠다고" 약속한 대통령을 선택했던 유권자들의 안방으로 참혹한 전쟁의 파괴를 가져왔던 것이다.[68]

그렇지만 존슨의 정치적 관리를 어렵게 한 것은 현대적 기술만이 아니었다.[69] 아무리 조종하고 겁박하려 해도 존슨은 돌아보는 곳 어디에나 존재하는 독자적인 대변인들이나 권위 있는 지도자들과 경합해야 했다. 민권운동을 지원하는 것부터 문화를 고양시키는 것에 이르기까지 존슨은 자신이 개인적으로 통제할 수 없는 사람들의 권위를 키워주고 있음을 깨달았다.[70] 시인 로버트 로웰(Robert Lowell)이 시작이었다. 그는 1965년 6월에 백악관에서 열린 문화 페스티발에서 존슨 행정부의 외교정책을 공개적으로 항의하며 초청을 거절했다.[71] 1967년 10월에는 뉴욕리뷰(New York Review)에 "부당한 권위에 대한 저항을 호소함"이라는 글이 121명의 진보적 지식인들의 이름과 함께 게재되었다.[72] 이 해 초에 민권 운동 지도자 마틴 루터 킹(Martin Luther King, Jr.)은 존슨의 프로그램들을 독자적으로 평가하면서, 베트남 전쟁에 대해 공개적으로 반대하기도 했다.[73]

그리고 나자 대학에 안전하게 자리잡고 있던 독립적인 전문가들이 등장했다. 전문성의 권위 덕분에 공정할 수 있었고 정책적 책임이 없어서 객관적일 수 있었던 이들은 존슨 행정부의 전문가들이 지닌 전제를 따졌다. 경제학자 밀턴 프리드만(Milton Friedman)은 자기 학문의 근본적인 이론적 전제에 대해 정면으로 공격을 감행했다. 존슨 행정부의 정통 경제학자들을 공격하며 프리드만은 존슨이 의지해 온 전문가들의 지혜에 대한 논쟁에 불을 붙였다.[74] 언론계의 전문가적 공정성도 또 하나의 독자적인 정치적 권위를 세우게 되었는데, 이를 공격적으로 관리하려던 존슨의 시도는 큰 낭패를 당하게 되었다. 백악관과 언론 간의 적대감은 악화되어 가던 정치 상황과 유사했다. 1963년 11월에 월터 리프만(Walter Lippman)은 존슨을 "이어질 수 없는 골짜기를 이어주는 사람"(bridger of unbridgeable chasms)이라고 칭송했었는데, 1967년 3월이 되면 존슨을 "잘못된 역사적 비유와… 전능하다는 위험한 환상"으로 국가를 잘못 이끌고 있다고 비난하게 되었다.[75] 존슨 자신은 언론의 전반적인 논조가 바뀌고 "신빙성이 결여되어 있다는" 비난이 쏟아지게 된 것이 리프만이 바뀐 이후라고 생각했다.[76] 언론의 결정타는 1968년 초에 월터 크롱카이트(Walter Cronkite)가 날렸는데, 그는 베트남전에 대한 특별 방송에서 구정 공세(Tet Offensive)에 대한 스스로의 해석을 제시하며, 터널 끝에 빛이 보인다던 존슨 행정부의 주장을 허물어뜨려 버렸다.[77]

존슨은 이런 공격들에 특히 취약했다. 그의 정치적 권위가 수많은 기약들 주위에 너무나 얇게 펼쳐져 있었기 때문이다. 문제는 상황이 악화되었다는 것이(우리가 보았듯이 이는 예외가 아니라 정상적인 것이다) 아니다. 존슨이 세운 합의라는 것이 상충하는 이익들 사이에서 너무나 위태롭게 자리 잡고 있어서 어떤 것이라도 잘못 되는 것을 존슨으로서는 감당할 수 없었다는 것이 문제였다. 존슨은 링컨이 남북전쟁을 치르면서 겪었던 모든 난관들에 대해 읽었었다.[78] 존슨은 자신이 링컨처럼 두 가지 극단 사이의 중간 노선을 선택했다고 믿었으며, 링컨의 예가 보여주듯이 곤경에 처하여 인내하면 보상받으리라고 믿었다. 베트남 때문에 위대한 사회를 희생시키는 것을 거부하지 않았던가? 위대한 사회를 위해 베트남을 희생시키는 것을 거부하지 않았던가? 그러나 사실 링컨의 절제는 두 극단 사이의 중간 노선에 있었던 것이 아니었다. 물려받은 통치 질서에 대한 완전한 반대와 기존 질서에서 인정받지 못하던 가치에 대한 확인에 근거를 두고 있었던 것이다. 상황이 악화되었을 때 링컨은 변화의 물결을 거세게 했고 완전한 재편으로부터의 후퇴를 미연에 막았다. 상황이 악화되자 존슨은 모든 측면에서 똑같이 취약해지게 되었다. 자신이 모든 사람들에게 모든 것이 된다는 전제가 없어지고 나자, 존슨은 그냥 물러났다. 결국, 사라지게 된 길은 그의 경로였다. 자신이 끌어들인 기약들 각각이 더 많은 것을 달라고 요구하는 십자포화 속에 갇혀버렸던 것이다.

> 모든 방향에서 엄청난 떼가 나에게 몰려드는 것 같았습니다… 폭동을 일으키는 흑인들, 시위하는 학생들, 가두행진하는 사회복지 수령자들, 투덜대는 교수들, 신경질적인 기자들, 이 모두에 의해 나는 절벽 끝에 몰려버렸습니다. 그리고 나서 최후의 결정타. 내가 임기 첫날부터 두려워하던 일이 실제로 벌어졌습니다. 로버트 케네디가 자기 형을 추모하며 왕좌를 되찾겠다고 공개적으로 선언한 것입니다. 그 이름의 마법에 휘둘린 미국인들은 거리에서 춤을 추고 있었습니다. 이 상황들 전체를 나는 감당할 수 없었습니다.79)

신념의 마지막 확인

1968년 재선에 출마하지 않겠다는 존슨의 결정에 모든 미국인들이 놀라워했으나, 이 결정이야말로 이 시점에 그가 가장 필요로 하던 것, 레짐의 충직한 추종자로서 자신에게 맡겨진 의무를 다할 뿐이었다는 신뢰를 회복하게 해주었다. 이익 관리의 딜레마에 직면한 정통-개혁가들에게 퇴임은 항상 마지막 한 수였다. 포크는 후보지명 전날 밤에 이런 선언을 해서 다크호스로서 자신의 선거 유세에 당 조직이 제대로 작동하도록 만들었다. 씨어도어 루즈벨트는 선거에서 압승하자마자 이런 선언을 해서, 다가올 개혁 추진에 있어서 자신이 악의가 없음을 당에 확신시키려 했다. 존슨에게도 처음부터 이런 선택지가 있었다. 존슨은 이런 선언을 줄곧 마음속에 지니고 있으면서, 아마도 이것 없이도 자신이 세운 합의를 유지할 수 있고 기약의 진정성을 강조하기 위해 자신을 희생시킬 필요가 없게 되기를 바랐을 것이다.[80] 재선을 위한 선거가 벌어질 해의 3월이 되어 자기 당이 공개적으로 반란을 일으키고 로버트 케네디가 존슨에 대항하여 선거에 뛰어들자, 존슨은 마침내 자신의 명예로운 의도에 대한 확실한 증거로 이 선언을 하게 되었다. 이처럼 늦은 시점에 한 이 행동은 비참한 사퇴같은 분위기를 띠었으나, 이후 여론에서 지지율이 상승한 것을 보면 그 이상의 효과가 있었다. 백악관을 둘러싼 포위로부터 풀려났고, 일시적으로 원래의 리더십 자세를 되찾았으며, 상황에 대해 마지막으로 통제할 수 있는 기회가 생겼던 것이다.[81]

이 시점까지의 상황이 존슨의 관리 능력을 한참 벗어나 있었다는 것은 그의 사퇴로 이어지는 두 가지 중대한 사태에 대한 정치적 반응 속에 드러나 있었다. 1968년 1월 31일의 구정 공세는 연합군의 군사적 승리로 귀결되었다. 남베트남 도시들에 대한 적군의 공격이 확실하게 격퇴되었을 뿐 아니라 베트콩의 정예부대가 큰 손실을 입었다. 남베트남군이 그렇게 잘 싸운 적도 없었고, 군사적으로 압도하겠다던 적군의 희망이 그토록 무산되었던 적도 없었다. 그러나 이 뉴스는 존슨 행정부의 관리상의 참사로 인해 무의미해져 버렸다.[82] "제한전"을 정치적으로 다루려면 오랫동안 겉모습의 세계를 만들어내야 했었다. 적군의 군사적 능력은 체계적으로 과소평가되어 왔었고, "터널 끝의 빛"과 "진척"이라는 입증할 수 없는 낙관적 전망이 일상이 되어 왔었다. 적군의 공격 자체가 얼마나 크고 광범위했는지를 인정할 수 없었기 때문에 존슨은 1968년의 군사적 승리를 내세울 수 없었던 것이다. 적군의 공세는 전쟁에 대해 존슨이 신중하게 관리하고 철저히 냉정하게 접근했다는 것을 폭로했으며, 미국이 무엇을 하고 있는지에 대한 존슨의 주장 전체를 엉망으로 만들어버렸다. 1월 말에 베트콩보다도 더 신뢰를 잃은 유일한 사람은 린든 존슨 자신이었다.[83]

한 달 뒤에 존슨이 또 하나의 명목적인 승리의 문턱에서 패배를 낚아채면서 똑같은 메시지가 재확인되었다. 1968년 3월 12일의 민주당 뉴햄프셔 예비선거에서 반전 후보 유진 맥카시(Eugene McCarthy)가 42 퍼센트를 득표한 데 비해, 존슨 자신은 이 어려운 기명투표(write-in vote)에서 49 퍼센트를 획득했다. 존슨은 공식 후보도 아니었고 선거 운동을 하지 않았지만, 이런 규모의 항의 투표는 존슨이 무적이라는 생각을 바로 날려버렸다. 맥카시가 얻은 표는 존슨의 권력 행사가 얼마나 그의 권위를 허물어왔는지, 그의 리더십이 얼마나 취약해졌는지를 보여주는 수치스러운 징표였다. 더욱 충격적이었던 것은 뉴햄프셔의 존슨 반대자들은 실제 문제에 대해서는 반반씩 나뉘어 있었다는 사실이었다. 실제로 전쟁 반대파보다 매파들이 존슨에 반대해서 맥카시를 지지했다. 문제는 전쟁과 평화가 아니라, 자신의 기약을 존슨이 다룬 방식이었던 것이다.[84)]

3월 31일에 미국의 전쟁 목적 변화를 선언한 텔레비전 방송 말미에 존슨은 사퇴한다고 선언했다.[85)] 이 방송의 본론 부분에서 존슨은 또 한 번 대규모 병력 증강을 하자는 장군들의 요청을 거절했으며 대신에 협상 타결을 추진하고 있다고 국민들에게 알렸다. 뒤이어 열린 기자회견에서 존슨은 재선에 나가지 않겠다는 결정에 대해 설명했다. 존슨은 자신이 만일 이 새로운 정책을 가지고 위스콘신과 이후의 예비선거에 나서서 케네디나 매카시와 직접 선거전을 벌이게 되면 자신의 동기가 의문시될 수 있고 베트남전 정책 변화가 가져올 수 있는 이득이 위험해질 수 있다고 주장했다. 반면에 개인적인 사퇴로 순탄한 길을 택하게 되면 국가에 대한 자신의 사심 없는 봉사가 부각될 것이고 이 목적을 추구해온 것이 항상 진정성이 있었다는 점이 확인될 것이었다. 이렇게 해서 존슨은 자신의 행동을 돌이켜보고 이해해 줄 수 있다는 희망과 만일 베트남과의 외교적 협상에 돌파구가 마련될 경우 이로부터 거둘 수 있는 막대한 정치적 보상에 대한 희망까지도 남겨둘 수 있었다. 그는 한 기자에게 단언했다. “나는 어떤 것도 희생시키고 있는 것이 아닙니다. 내 주변에 선거 유세 분위기가 없으면 아마 내 노력이 보다 결실을 거둘 수 있을 것이라고 생각합니다.” 그리고 나서 존슨은 기자들에게 자신의 원래 목표를 상기시켰다. “여러분들은 내 행동을 합의(consensus)라고 부를 수 있습니다. 지금이야말로… 어떤 이기적인 행동도 멀리해야 하는 때라고 진심으로 생각합니다.”[86)]

존슨의 사퇴 메시지는 분파화 되어가던 정치를 막지는 못했다. 이전의 합의를 이룬 근간들－공산주의 봉쇄, 복지국가의 점진적 확대, 안정적 성장을 확보하기 위한 연방정부의 경제 관리－모두가 존슨의 행동에 의해 의문의 대상이 되었으며, 이 의문들은 뒤따른 선거 유세의 격동 속에서 점점 강력하게 제기되었다. 그렇지만 자유주의 레짐을 존슨이 균열시켰다고 해서 결과적으로 이 경로를 뒤집자는 결의를 불러온 것은 아니라는 점이 중요하다. 존슨 행정부의 전개과정은, 이로부터 나온 유일한 합의가 대통령이 레짐의 기약들을 효과적으로 관리하는 데 실패했다는 것뿐이라는 점에서 전형적으로 표출의 정치였다. 존슨에 대한 분노는 유사한 일을 보다 효과적으로 하겠다고 약속하는 후보들에게로 결국 분산되었다. 존슨 자신도 3월 31일의 결정을 이전의 목적을 철회하거나 응징하려는 것이 아니라 동남아시아에서의 기약을 지속시키는 한 가지 방도로 제시했다. 더욱이 민주당이든, 공화당이든, 어떤 후보도 이 기약을 직접적으로 거부하지 않았다.[87] 이 점은 전쟁 정책을 넘어서도 적용될 수 있다. 이 선거해의 격동 속에서 자신이 내세웠던 국내적, 국제적 기약들보다는 린든 존슨이 훨씬 더 취약했던 것이다.

1968년 대통령 선거 유세에서 자유주의의 성취에 대해 정면 공격을 피하고 공화당 깃발아래 "우리 모두를 다시 하나로 만들겠다는" 약속만을 했던 "새로운", 보다 온건한 리처드 닉슨의 모습에서 이 점이 드러나게 되었다. 텔레비전 방송을 통해 존슨의 합의가 무너졌다는 것을 전국적으로 알렸던 민주당 전당대회에서* 휴버트 험프리에 의해 이 점은 더욱 극적으로 확인되었다. 전당대회 당시 험프리는 존슨이 여전히 통제력을 행사할 수 있는 유일한 정치인이었다. 9월 내내 이 충직한 민주당 후보는 존슨 행정부 정책들과의 연관성이라는 무거운 짐을 지고 있었으며, 그 대

* 역주: 1968년 민주당 대통령 후보 지명 전당대회는 시카고에서 열렸는데, 베트남전에 대한 반전 운동과 기성 질서와 권위에 저항하는 반문화(counter culture) 운동 세력들이 결집하여 대규모 소요사태가 발생함. 이에 대해 일리노이 민주당 머신을 장악하고 있던 시카고 시장 리차드 데일리가 난폭하게 진압했고, 이 상황이 전국에 텔레비전으로 생중계됨. 민주당의 선거 패배의 한 원인으로 평가되며, 이후 예비선거제가 확대되는 정당 개혁의 단초가 됨.

가는 파멸적이었다. 험프리의 선거 유세는 완전한 재난에 가까워지고 있었다. 민주당 당료조직들은 파산상태에다가 조직적으로 괴멸되었고, 자유주의 연합은 분열되었으며, 조지 월리스(George Wallace)*의 출마가 남부 인종주의에 기름을 끼얹어 자유주의에 대한 역공이 전국적으로 벌어지고 있었다. 마침내 험프리는 불신임당한 대통령과 공식적으로 거리를 두어도 잃을 것이 없다고 결정했다. 9월 30일에 험프리는 텔레비전을 통해 베트남전 정책을 발표했다. 그는 당선되면 "평화를 위해 감당할 수 있는 위험"으로 간주하고 북베트남 폭격을 중단하겠으며, 북베트남 정부가 "악의적으로" 나올 경우 "폭격을 재개할 권리를 보유할" 것이라고 말했다.[88] 이 메시지에 근본적인 기약에 대한 변화는 아무것도 없었다. 실제로 중대한 정책 변화가 이 발표에 담겨있는지에 대해 즉각 의문들이 제기되었다.[89] 이 메시지의 중요한 의미는 물려받은 기약을 해석하는 데 있어서 험프리가 존슨으로부터의 독립을 공개적으로 주장한 데 있었다. 베트남전에 대한 기약 자체를 거부할 필요는 없고 린든 존슨에 대한 믿음을 거부하기만 하면 된다는 쪽에 험프리는 내기를 걸었던 것이다.

이렇게 거리를 두고 나자 험프리의 지지율은 나락으로부터 상승하기 시작했다. 기약들에 대해 그 자신의 목소리로 말하겠다는 결심을 내세우자마자, 유권자들이 반응하게 되었던 것이다. 자유주의 연합은 다시 한 번 결집하기 시작했고, 월리스의 인기도 가라앉기 시작했다. 투표일 직전 주말까지도 지지율이 올라가고 있었던 것을 감안해 보면, 험프리의 간발의 패배는 그의 자유주의적 기약들이 취약했던 탓이 아니라, 닉슨에게 그토록 뒤처지게 만들었던 존슨과의 관계 때문이었을 것이다. 1968년 자유주의가 분파 간 갈등의 분출로 허물어진 것에 대해 책임이 있었던 것은 민주당이나 민주당이 세운 레짐이 아니라 바로 정통과 개혁의 불운한 관리자 존슨이었다. "나와 케네디 암살 간의 유일한 차이는 나는 살아있다는 것이고, 이것이 더 고통스러웠다."라고 존슨은 개탄했다.[90]

---

* 역주: 1968년 선거에서 민주당을 탈당하고 중립당(American Independent Party) 후보로 나선 남부 정치인.

제3부 지미 카터의 해체

왜 끔찍하고 오만하고 혼란스럽고 중복되고 낭비적이고 비효율적이고 효과도 없고 무감각하고 다룰 수도 없는 관료주의 난맥이 워싱턴에 있어야만 하는지 아무런 이유가 없습니다.

린든 존슨은 정치학계에서 "이익집단 자유주의"(interest group liberalism)라고 진단하는 분파주의 정치를 남겼다.[1] 정통으로서 자유주의는 수세에 몰려 있었으나, 자유주의 하에서 조직화하려는 시도들은 약화되지 않았고, 거의 모든 곳에서 분출되던 이슈 중심의 로비들을 다루는 데 있어서 정부 제도들은 편의주의를 따랐다. 민주당 의회는 이익집단 고객들을 만족시키고 대통령의 주도권에 저항하기 위해 권력을 분산시켰다.[2] 공화당 대통령들은 자유주의 질서의 약점을 파악해 갔으나, 그 기약들을 받아들였고 심지어 일시적으로는 구체화시키기도 했다.[3]

레짐의 운명이 이익집단 고객들에 대한 편의 제공에 달려 있는 상황에서 1976년에 민주당이 연방정부를 다시 장악했으나, 자유주의가 당면 문제들에 대한 해법이 될 수 있는지에 대한 의심을 없애지는 못했다. 지켜야 할 기약들은 더 많아지고 이를 위해 모을 수 있는 국민적 결의는 더 적어진 상황에서 민주당의 승리는 단지 베트남전과 민권과 위대한 사회 이후의 시대에 민주당이 정확히 무엇을 의도하고 있는지에 대한 의문을 전면에 대두되게 만들었을 뿐이었다. 민주당 핵심 지지층은 또 한 번의 사회개혁을 요구하고 있었지만, 인플레이션에 고통받고 유가에 충격받은 1970년대 경제에서는 과거의 과업을 추진하겠다는 계획은 이미 손상된 민주당 연합에 더 큰 충격이 될 것이 틀림없었다. 그러는 동안 공화당 내에서는 강경파 보수주의가 다시 득세했고 공화당을 보다 거부적인 자세로 몰고 갔다. 골드워터 공화당원들의 잃어버린 정치적 목적이 1970년대 중반에 로널드 레이건(Ronald Reagan) 아래에서 다시 살아나면서, 1964년에는 없었던 기존질서에 대한 불만에 편승하게 되었다. 무너져 가는 자유주의 질서를 비난하는 가운데, 이제 세계무대에서 미국의 우위를 복구하고 국내에서 관료주의적 마비상태를 깨부수며 과도한 세금과 규제로부터 해방시키겠다는 약속이 제시되었다.

민주당 부활의 리더였던 지미 카터는 1970년대 자유주의 정부를 위해 무엇이 중요한지 정확히 이해하고 있었다. 그는 자유주의 레짐으로 하여금 변화된 상황이 제기한 시험을 치르도록 요구했고, 낡은 해법들이 이제 문제의 일부분이 되었음을 솔직하게 인정했다. 카터는 경제적, 국제적 구도의 변화가 자유주의 정치 리더십의 과제를 완전히 바꾸어 놓았으며, 물려받은 근거들의 단순한 표출은 더 이상 작동하지 않는다고 주장했다. 카터는 사면초가 상태에 있는 통치 체계를 재활시키는 과업에 초점을 맞추고, 루즈벨트와 존슨의 정당의 부서진 조각들을 모아 재조립했다. 자신이 이끌려고 하는 기득권으로부터 의도적으로 거리를 두면서 카터는 낡은 레짐을 다시 작동하도록 만들겠다는 약속과 함께 권력에 대해 초당적이고 문제해결식의, 할 수 있다(can-do) 식의 접근을 하려는 듯했다.[4] 카터는 취약한 레짐에 명목적으로 소속된 대통령으로서, 자유주의가 그 근거들을 단호하게 재조정하여 활력을 되찾게 만들 역사 속 위치를 기획했다.

반복적 패턴: 1970년대 중반에 자유주의 정부가 직면했던 도전은 독특한 것이었으나, 지미 카터의 리더십 정치는 대단히 익숙한 것이었다. 대통령직에 오르면서 카터는 어느 대통령도 통과할 수 없었던 리더십의 시험, 곧 레짐 말기 소속당 대통령의 리더십 시험을 준비했으며, 그의 대통령직 수행은 이 패턴을 그대로 따랐다. 실제로 초기에 카터가 요구했던 대통령 권력은 미국 정치사에서 이 대통령들이 했던 주장을 그대로 반영했다. 정치 행동을 위한 새로운 권한을－구질서에 소속되어 있으면서도 역사 속의 이 지점에서 구질서의 기약들에 대해 커가는 회의를 해소할 수도 있을 권한을－내세우게 되었을 때, 카터는 행정과 절차의 문제에 초점을 맞추었다.[5] 존 퀸시 애덤스, 프랭클린 피어스, 허버트 후버와 마찬가지로 카터도 자신의 특별한 권위를 기술의 본질화에서 찾았던 것이다.

존 퀸시 애덤스는 "재능과 덕성만으로"라는 기준을 내세웠었다. 카터는 이런 질문들을 했다. "우리 정부가 유능할 수 있습니까?" "우리 정부가 정직하고 나쁘지 않고 열려 있을 수 있습니까?"[6] 그의 선거 유세 구호는 "왜 최고가 안됩니까?"였다. 국민들에 대한 카터의 가장 엄숙한 선서는 결코 알면서도 거짓말 하지 않겠다는 것이었다.[7]

프랭클린 피어스는 과거에 레짐을 위해 일하던 정치 조직들을 고치기만 하면 레짐의 아젠다들을 되살릴 수 있을지 모른다고 생각했었다. 피어스의 정치조직들이 정당에 기반을 둔 것이고 지역적으로 통제되는 것이었던 반면에 카터의 경우에는 국가 수준에서 통제되고 관료적인 것이기는 했으나, 과거의 프로그램들에 대한 최선책은 우선 조직들 자체를 고치는데 있다는 피어스의 전제를 카터도 공유하고 있었다. 또한 피어스의 리더십 프로젝트가 잭슨주의 레짐을 제임스 포크처럼 모든 이익과 정책을 만족시키는 것으로부터 한 걸음 물러서게 했던 것과 마찬가지로, 카터의 프로젝트 역시 자유주의 아젠다에 대한 린든 존슨의 무제한적 실행으로부터 한 걸음 물러서게 했다. 카터가 보여주려 했던 것은 "신중한 계획, 엄격한 관리, 상시적인 재평가를 하는 것과 궁핍하고 고통받는 사람들에 대해 배려하는 것 사이에는 아무런 본질적 갈등이 없다."라는 것이었다.[8] 고조되고 있던 보수주의의 비난에 대해 카터는 다음을 강조했다. "문제는 프로그램의 목적이 가치가 없다는 것이 아닙니다. 우리의 공직자들이 부적합하다는 것이 아닙니다. 통제할 수 없는 정부 구조와 빈번하게 비효율적인 작동이 잘못된 것입니다. 행정의 많은 단계들, 수많은 기구들, 엄청난 서류 작업들 말입니다. 우리가 실제 정책 내용들에서 성공하려면 정부가 우리 노력들에 대한 장애가 되지 말아야 합니다."[9]

허버트 후버는 공화당의 통상적인 정치를 대신하기 위해 과학적 관리와 전문성을 내세웠었다. 구 레짐이 직면했던 복잡한 문제들에 대한 그의 해결책은 기술적 능력이었고, 이를 통해 미국을 공화당 하에서 번영을 구가하는 "새 시대"로 이끌겠다고 약속했다. 카터도 이런 주장을 새롭게 가다듬었다. 후버처럼 카터의 배경도 공학이었고, 후버처럼 카터도 구시대적인 정당 정치를 혐오했다. 데이비드 록펠러(David Rockefeller)가 주최하여 일본과 유럽, 미국의 엘리트들이 새롭게 대두되는 세계질서를 함께 논의했던 삼각위원회(Trilateral Commission)에 참여하면서, 당면한 관리상의 문제들에 대한 카터의 인식은 더 강화되었다.[10] 카터의 정책은 국가 간 경쟁의 변화와 세계 경제의 상호의존 증가, 그리고 세계적인 자원 제약이 가져오는 국내적 함의에 잘 맞추어져 있었다. 카터는 당면한 과제에 대해 대단히 이해하기 어렵게 설명을 하며 이 메시지를 국민들에게 전했다.

> 이렇게 불가피한 방식으로, 또 복잡하게 얽힌 방식으로, 정치 지도자들이 한편으로는 어떤 일이 필연적으로 일어날 것인지를, 다른 한편으로는 우리에게 아직 열려있는 선택지들이 무엇인지를 이해할 필요가 있다고 미래는 우리를 압박하고 있습니다. 전산 자료 처리와 컴퓨터 모델들을 사용하는 복잡한 절차에 의한 분석들이 필요하며, 이를 통해 대외 무역과 대양 수질, 환경 파괴, 에너지 소비, 자원 낭비, 식량 부족… 간의 상호관계를 파악할 수 있습니다.[11]

미국 정부가 이런 방식으로 문제들을 처리할 준비가 되어 있지 않다고 카터는 주장했다. 새로운 정치, 곧 정당 간의 지긋지긋한 싸움과 특수 이익집단들의 압력을 없애고 현명한 사람들에게 국가이익을 위한 공공 정책을 만들도록 포괄적으로 위임하는 정치가 요청되었다. 카터가 전국야생동물 보호연합(National Wildlife Federation)에서 말했듯이, "지금은 여러분들과 같은 전문가들과 나와 같은 과학자들이 우리 정부의 가장 중요한 자리에 있을 필요가 있는 때입니다."[12]

카터와 허버트 후버를 비교하는 것은 1970년대 말의 정치 평론계에서 상투적인 것이 되었다. 정치인들이나 정치 평론가들은 대통령을 "지미 후버"(Jimmy Hoover)라고 부르며 조롱했다.[13] 이들은 카터를 이름만 민주당원인 사람, 정부의 잠재력에 대한 루즈벨트적 신념을 "자기 행정부의 조직들과 모든 세부 사항을 점검하는 것"으로 대체하고 있는 사람이라고 비난했다.[14] 이들은 또 카터가 위대한 비전이 아니라 "문제를 해결하는 공학자"처럼 국가를 이끌고 있으며, 능력이 있다는 카터의 약속은 미국의 "능력의 위기"를 심화시키기만 했다고 공격했다.[15] 마지막에 카터는 공화당에게 그들 스스로 할 수 없었던 것을－"대공황이 엄습할 때 꾸물거리며 자신의 이름을 관리부실과 동의어로 만들었던 허버트 후버의 기억을 사라지게 만드는 것을"－해 주었다고 비난받게 된다. "이제부터 많은 공화당 후보들이 지미 카터의 이름을 공격하며 선거에 나설 것이다."라고 예견되었다.[16]

종종 이런 평가들은 카터를 또 하나의 정치적 무능력자로 묘사하며, 그가 했던 기술의 본질화를 실책일 뿐이라고 단정해 버리곤 한다. 그렇지만 이것이 다는 아니다. 카터와 후버의 리더십이 암울한 결과를 가져온 것이 이들의 정치적 재능을 드러낸 것이라고 간주하는 것은, 더 나은 결과를 가져왔던 대통령들이 같은 정치적 권위의 마당에서 행동했다고 가정하는 것이다. 카터와 후버 간의 모든 공통점에도 불구하고, 이런 가정은 크게 빗나간 것이다. 일단 리더십을 행사하는 운동장이 평평하지 않다는 것을 인정하고 후버와 카터가 다른 어떤 대통령들과도 다른 리더십 상황을 공유했다는 점을 관찰하고 나면, 이들의 경험은 구조와 행위자 간의 보다 근본적인 동적 변화를 제시해 준다. 이런 시각에서 보면, 이들 간의 유사성은 리더십 권위 추구에 대한 정치적 시간의 강력한 영향을 반영한 것이며, 긴 역사를 관통하여 반복적으로 일어나는 패턴들로 리더십 정치를 추려낼 수 있게 해 준다.

이 두 전직 엔지니어들은 분열된 자기 당을 무시했다. 이들은 기득권 내에서 쌓이고 있는 긴장들 속에서 기술중심적 해법을 약속하면서 미국을 이끌었다. 레짐 자체에 대한 전면적 도전을 할 수 없었기 때문에 국가적 문제를 해결하기 위해서는 상황에 대한 기술적 해결만이 최선의 희망이었기 때문이었다. 다른 리더십 자세들에 비해 약점을 지녔음에도 불구하고 기술의 본질화는 레짐 말기 소속당 대통령들 사이에서 뚜렷하게 나타나곤 하는데, 오래 지속된 레짐의 기약들 사이에서 축적되어 온 어려운 이슈들을 가리거나 깨어진 연합을 다시 한 번 권력을 장악하게 만드는 데 있어서 다른 어느 것도 그리 효과적이지 못하기 때문이다. 이념과 이익의 보다 근본적인 기약들이 이미 의문시된 상태이며 물려받은 해법들이 조건을 달지 않고서는 인정될 수 없고 그렇다고 단호하게 거부될 수도 없기 때문에, 이 대통령들은 기술적인 것을 본질로 만드는 것이다. 시대에 뒤처진 레짐들이 제도적으로는 지속될 수 있는 힘이 남아있기 때문에, 그리고 기술중심적 접근이 일시적으로는 호응을 얻을 수 있기 때문에, 이 리더십 자세는 대통령사에서 반복되곤 한다.

카터와 후버의 비교는 구조 문제를 특별한 방식으로 조명해 준다. 실패의 근원으로 카터 개인을 표적으로 삼지 않는 경우에 평론가들은 대개 현대 미국 정부의 조직과 작동을 지적하곤 한다.[17] 따라서 카터의 시도와 시련은 "현대 대통령직이 지닌 모순들과 문제들을" 반영한 것이 된다.[18] 하지만 이런 평가도 상당히 핵심을 벗어난 듯하다. 현대 대통령직이 개인적인 리더십 능력을 일관되게 시험하지도 않았을 뿐 아니라, 카터가 권좌에 오를 당시의 불가능한 리더십 상황은 존 애덤스 이래 되풀이되었던 것이다. 이렇게 보면 카터가 실패한 것은 특별한 것이 아니며, 이에 대한 설명은 현대라는 조건과는 별개로 주어진다.

카터의 리더십은 시작할 때의 근거들과 외양에 있어서는 물론, 전개된 과정 역시 레짐 말기 소속당 대통령들의 리더십과 매우 닮아 있다. 레짐 구원의 과제를 행정부 조직에 맡김으로써 카터는 자신의 리더십 프로젝트를 지지층의 견고한 지지 속에 뿌리 내릴 수 없었다. 긴급한 당면 과제로부터 동떨어져 있는 듯한 통치 세력들에 미약하게 연계된 채 워싱턴에 입성했던 카터는 유사한 정치적 시간에 처해 있었던 전임자들과 마찬가지로 국가 지도자로서의 신뢰를 확보하기 위해 이 곤혹스러운 위치에서 분투했다. 신뢰의 부재란 의미에서 지미 카터는 린든 존슨이 떠난 곳에서 시작했다고 할 수 있다. 자유주의의 부흥가로서 존슨이 자신의 업적과 정면으로 충돌했었던 데 비해, 자유주의의 문제 해결자로서 카터는 신뢰를 전혀 확보하지 못한 채 문제들 안에 갇혀버렸던 것이다.

마지막으로 가장 중요한 것은 불운했던 카터의 신뢰 확보를 위한 분투의 정치적 영향 역시 이전의 패턴을 그대로 따랐다는 점이다. 자유주의 행정부 조직을 재활시킨다는 자신의 해법을 실행하면서 카터는 레짐의 기약들에 대한 대립들의 한복판에 서게 되었다. 물려받은 국내 아젠다들에 도전했을 때는 당내로부터 맹렬한 저항에 부딪히게 되었고, 이 아젠다들을 구체화하려 했을 때는 반대 세력들로부터 똑같이 맹렬한 공격을 받게 되었다. 이전의 대외적 아젠다들에 도전했을 때는 반대 세력들로부터 강력한 저항에 부딪히게 되었고, 이를 구체화하려 했을 때는 당내로부터 마찬가지로 강력한 저항에 맞닥뜨리게 되었다. 자유주의적 지지층의 기대와 보수적 반대 세력의 비판 사이에 사로잡혀서, 자유주의 정부가 다시 기능할 수 있게 만들겠다고 약속했던 이 대통령은 자유주의 정부 붕괴의 상징과도 같이 되었다. 구질서의 재활을 기대했던 구상들은 구질서의 미래에 대한 희망이 완전히 없는 것이라는 점을 부각시켰으며, 신뢰를 확보하려던 카터의 노력은 그의 의도의 정반대를 가져왔다. 그 자신의 기준으로 볼 때도, 카터의 리더십은 과거와의 더 확실한 단절을 보여주는 사례였다. 카터는 구 레짐의 정치적 파산을 드러내준 상징이자, 국가의 모든 문제들의 진정한 근원인 자유주의 자체를 거부해야 한다는 것을 제대로 부각시켜준 존재였던 것이다.

새로운 패턴: 현대적인 정치 형태와 통치 형태들이 카터 당시의 해체의 정치를 중대한 방식으로 재형성했다는 것은 부인할 수 없으나, 어떻게 그렇게 되었는지를 이해하려면 관련된 사례들과의 비교와 대조를 통해 좀 더 분류해 보아야 한다. 현대 대통령들을 유사한 정치적 시간 속의 전임자들과 비교하면 전반적으로 다음 세 가지를 관찰하게 된다. 첫째, 현대의 권력관계는 리더십 정치에 미묘한 방식으로 영향을 미친다. 둘째, 이 영향 자체는 반복적 패턴을 상쇄하는 요소이다. 셋째, 현대적인 형태와 절차의 영향은 동일한 것이 아니라, 상이한 정치적 권위 구조마다 다르다. 독자적 행동을 위한 가장 확장된 권위를 지니고 대통령직에 올랐던 프랭클린 루즈벨트에게 현대성은 일종의 제약이었다. 우리가 보아 왔듯

이, 정치체계 전반에 독자적인 행위자들이 급증한 것, 그리고 거부의 권위에 직면해서도 이들이 생존력을 유지했던 것은 루즈벨트가 의도했던 리더십 자세에 온갖 문제들과 장애들을 가져 왔다. 반면에 카터는 가장 위축된 권위를 지니고 대통령직에 올랐다. 그에게 현대성은 정반대의 영향을 가져 와서, 그의 행동 범위를 넓혀 주었다. 앞으로 보게 되듯이, 대통령직 자체의 향상된 제도적 자원들을 활용하고 통치권의 정치적 분열을 이용해서 카터는 기술적 능력을 주장하며 거의 자신만의 재편 주장에까지 갈 수 있었다.

달리 말하자면, 카터의 해체를 특히 현대적인 것으로 만드는 것은 소속당 대통령이라는 지위의 제약 효과가 비교적 약하다는 점이다. 역사를 추상화시키게 되면, 민주당 주류와 카터의 고통스러운 관계를 "책임" 정당 정부(responsible party government)라는 이상을 통해 파악하려 들 수 있다. 그러나 이런 이상은 미국에 존재한 적이 없다. 오히려 이와 연관하여 되돌아 볼 사례는, 적절성이라는 공허한 규범에 고집스럽게 집착했던 존 퀸시 애덤스나, 당 지도부의 재앙 같은 구상에 굴복했던 프랭클린 피어스나, 이념적 일관성이라는 허깨비를 쫓아 다녔던 허버트 후버이다. 이런 관점에서 소속당 대통령이라는 지위가 가져오는 암울한 영향에서 탈출하려 했던 카터의 노력을 살펴보자.

임기 중 책임을 지게 될 기득권에 대해 이 레짐 말기 소속당 대통령들 각각이 약한 정치적 관계를 지니고 시작했다는 점에 주목할 필요가 있다. 애덤스와 후버는 최소한 당내 강성 지지자들이 인식하기로는 정통에 대한 신봉이 의심스러운 후보였다. 피어스는 정치권의 핵심으로부터 한참 떨어져 있던 무명의 인물이었다. 카터는 명성에 있어서는 피어스만큼이나 무명에 가까웠고, 정치 스타일에 있어서는 애덤스나 후버만큼이나 독불장군식이었다. 또한 이 대통령들 각각이 후보 시절에는 레짐을 압박하게 된 심각한 문제들에 대해 고민했고, 일단 취임한 후에는 레짐 소속 대통령이라는 것의 의미를 두고 고심할 수밖에 없었다는 점도 주목해야 한다. 이 점에 있어서 이들 사이에서 파악될 새로운 패턴은 이제 명확하다. 해체의 정치가 반복되어 오면서 점점 더 과거의 정치에 대해 존중을 덜하게 되었고, 기존 해법으로부터의 이탈을 더욱 강력히 하게 되었던 것이다. 대통령의 자원들이 점점 증대되어 왔고 제도적 기반이 점점 독립적이 되어 왔기 때문에, 레짐 말기 소속당 대통령들은 이 정체성이 지녀야 하는 조건들에 대해 점점 더 강력한 공격을 감행할 수 있었다. 이들 중 가장 자원이 많았던 카터는 바로 이러한 제도적 독립성을 그 한계 끝까지 밀어붙였기 때문에 우리가 주목하게 된다.

존 퀸시 애덤스가 구질서에 대한 소속 문제를 두고 어떻게 마비 상태에 빠져들었는지 상기해 보라. 표면상 애덤스는 "호감의 시대"의 정치적 혼란과 단절할 수 있는 모든 요소들을 끌어 모았다. 이전까지의 대통령 후보 선출 절차를 제치고 후보가 되었었고, 먼로에 대해 가장 비판적이었던 헨리 클레이와 동맹을 맺었으며, 연방파와 국민공화파 간의 새로운 연합을 결성했고, 호소력 있는 정치적 강령으로 이 연합을 강화했었다. 하지만 완전히 새로운 정치적 대형을 구축하고 있다는 모든 증거들에도 불구하고 막상 이를 계속 추진하기 위해 권력을 행사해야 할 때가 되자 애덤스는 어찌할 바를 몰랐다. 클레이의 조언에 따라 자기 행정부에서 적을 내쫓거나 확실하게 당파적인 싸움을 벌이기를 거부했다. 자신이 권력을 추구해 나가면서 신뢰를 크게 떨어뜨렸던 적절한 행동이라는 기준 속에 자신의 권력 행사를 묶어버려야 한다고 생각했던 것이다. 자신의 행정부를 정치적 지속성이라는 전통적 주장과 적절한 행정이라는 공허한 규범으로 덮어버림으로써 애덤스는 애초에 자신이 촉발했던 극적인 변화들을 무산시켰다. 이와 동시에 통제력을 확보하기 위해 했던 행동들은 행정적 적절성과 정치적 지속성을 지니고 있다는 애덤스의 주장 자체를 훼손시켰다.

구질서에 소속된 것의 의미를 두고 벌인 프랭클린 피어스의 분투는 조금 다른 모습을 보였다. 처음에 피어스는 전임자들의 업적을 지키겠다고 약속했고 노예제 문제에 대해 물려받은 해법을 최종적인 것으로 받아들였다. 노예제 문제를 방치하면서 잭슨주의 연합의 정치 조직을 바로잡고 이전의 아젠다들을 이어받으려던 노력은 불행히도 바로 무산되고 말았다. 취임 후 몇 달이 채 안 되어서, 이 두려운 이슈를 덮어두려는 피어스의 노력은 민주당 지도부에게 그가 고립되고 무능력하게 될 것임을 예고했던 것이다. 이런 운명을 받아들이려 하지 않았던 피어스는 당 지도부가 제공한 두 번째 기회를 움켜잡았다. 피어스는 스티븐 더글라스와 연합을 결성하고 잭슨 시대 대통령이 지닌 자원들을 퍼부어, 물려받은 레짐 정통성의 기반을 근본적으로 변경시키는 조치를 취했다. 피어스는 이 새 프로그램을 확보했고, 이에 대한 지지자들로 연방정부를 채워 넣었으며, "헌법의 친구들"이 자신의 이 새로운 기준을 지지하고, 자신에 대항하여 일어서고 있는 혁명 세력을 물리쳐야 한다고 호소했다. 피어스는 원래 수호하려던 해법들과 완전히 결별하도록 만드는 행동일지라도 주저하지 않았다. 19세기 중반이 되면 정치적 소속의 기준으로서 당에 대한 충성이 전임자에 대한 충성을 대체하게 되었으며, 정당 기준을 내세우려던 피어스의 시도는 미국 정치사에 있어서 가장 중대하고 논쟁적인 정책적 결별을 이루기 위해 대통령의 자원을 퍼부었던 것이다.

신뢰를 위한 후버의 투쟁은 과거 정치에 대한 소속이 가져오는 제약을 더 뚫고 나갔다. 후버는 자신의 행동을 전임자들의 기준이나 정당 지도부의 기준에 결부시키지 않았다. 그는 국가 경제 관리에 있어서의 전문성 자체를 기준으로 제시했으며, 이 기준에 호응하는 지역 "후버 클럽"들을 육성하여 공화당 후보 지명을 위한 독자적인 정치적 기반을 구축했다. 후버의 초기 정책들은 그가 내세웠던 관리 능력을 비웃기라도 하듯이 당내에서 폭발적인 분파 간 갈등을 조장했지만, 대공황의 엄습이 중대한 기회를 제공해 주었다. 이제 대통령직은 정책 리더십의 선두에 있게 되었으며, 위기 시의 정책 리더로서 후버는 과거의 해법들에 대한 변화의 범위를 스스로 설정했다. 실제로, 과거로부터의 이탈이 점점 더 중대해져감에 따라 공화당 소속이라는 의미는 후버 자신의 생각과 믿음에 따라 규정되었다. 긴급사태에 대응해 취해진 놀라운 조치들에 대해 인정받고 싶어 했지만, 이런 조치들을 하면 할수록 후버는 이 조치들이 원래 자신이 약속했던 "미국적 방식"으로부터 어떤 식으로든 근본적으로 이탈하는 것은 아니라고 고집했다. 그는 자신의 긴급한 조치들이 이미 시험된 진정한 방식과의 영원하고 근본적인 단절을 오히려 막아 줄 것이라고 주장했다. 그러나 이런 근본적인 것들은 후버 자신의 마음속에서 만들어진 것이었음이 진실이다. 레짐 소속의 의미가 후버식 방식의 보존을 위한 것이 되어버렸던 것이다.

레짐 말기에 정치적 소속이 지니는 의미가 희박해지는 미묘한 현상은 카터에 이르러 정점에 도달했다. 실제로 카터는 정치적 정체성에 대한 가장 기본적인 문제에 있어서—대통령은 기존 질서의 소속당인가 반대당인가 하는 문제에 있어서—분류하기가 어려울 정도로 정치적 소속이 가져오는 제약에 도전했다.[19] 후버보다 대담했던 카터는 자신의 기술중심주의적 접근에 훨씬 비판적인 색채를 입혔다. 카터는 자신이 본 그대로 미국의 당면 문제를 파악했으며, 역사나 이념적 일관성이나 당의 책임에 대해서는 거의 신경쓰지 않는 듯 보였다.[20] 당시 상황에 대한 카터의 초기 진단은 자신이 대표하기로 되어 있는 정당이 구축해 놓은 기존 질서에 대해 심각한 의문을 제기했다. 중간선거 이후의 재평가에서 카터는 기존 질서에 대한 영구적이고 근본적인 변화를 요구하여, 정부 내에서 자유주의를 대변하는 인사들과의 충돌 경로를 만들게 되었다. 로널드 레이건에게 패배하기 전에 사실 카터는 자유주의적 아젠다들의 우선순위를 뒤집어버렸었다. 결국, 재선을 위해 민주당이 후보 지명을 하기 바로 직전까지 자신이 소속한 레짐에 도전했던 "지미 잭슨"의 뻔뻔함을 "지미 후버"의 고생이 가리고 있는 셈이다.

이와 같은 반복적 패턴과 새로운 패턴을 겹치게 되면 두 가지 결론이 남게 된다. 첫째, 프랭클린 루즈벨트와 린든 존슨과 카터의 경험들에서 공통된 교훈이 발견된다. 이 집단을 보면, 현대 대통령직이 대통령들에게 리더십이 펼쳐지는 운동장이 평평하다는 강력한 자신감을 불어 넣었다는 것을 부정할 수 없으며, 이에 대한 어떠한 반증을 들이댄다 하더라도 이 자신감 자체가 강력한 부식제라는 것 역시 부정할 수 없다. 레짐 소속 여부에 대한 카터의 도전, 기존 레짐의 표출과 재편 간의 구분에 대한 린든 존슨의 도전, 재편의 자세 자체가 지니는 논리적 한계에 대한 프랭클린 루즈벨트의 기술중심적 도전, 이 모두가 한 가지 현상을 가리킨다. 대통령사의 시작부터 다양한 유형의 리더십 정치를 구분해 왔던 경계들이 모든 방면에서 흐려지고 있다는 것이다.

그렇지만 이보다 더 중요한 것은 이 경계들이 아직 사라지지는 않았다는 점이다. 이 현대 대통령들 사이에서 보이는 현저한 차이점들과, 역사적으로 다른 시기의 각 대통령들을 독특한 유형으로 묶어 주는 유사성들을 함께 고려해 보면, 대통령 권력의 제도적 기반이 점진적으로 변화했음에도 불구하고 리더십 태세의 전형적인 차이들은 여전히 확연해 보인다. 카터의 독자성 주장을 지지했던 시대적 추세에도 불구하고 소속당 대통령과 반대당 대통령의 차이를 없애려 했던 카터의 시도에는 중대한 한계가 있었으며, 보수파 반대 세력들은 이 한계를 이용하여 카터를 자유주의자로 낙인찍고 레짐을 통째로 거부해 버렸다. 카터는 거부의 언어를 구사하기는 했으나, 앞으로 보게 되듯이 그 권위는 결코 그의 것이 아니었던 것이다.

마지막으로, 재편 주장을 너무 끝까지 밀어붙여서 결국 스스로 기술의 본질화에 빠져 들었던 현대 대통령 프랭클린 루즈벨트와, 기술 중심주의적 접근을 스스로 재편을 주장하기 직전까지 밀어붙였던 지미 카터 사이의 결정적인 차이를 생각해 보게 된다. 루즈벨트가 기술중심적 접근의 충격적인 실패에 굴복하지 않고 새 정치 질서에 정통성을 부여하는 역할을 했던 것이 확실하듯이, 카터가 레짐 소속당 대통령이라는 짐에서 해방되지 못하고 무력해진 레짐의 곤경에 대한 책임을 지게 되었음도 확실하다. 이 두 대통령의 리더십 시도가 가져온 변혁적인 정치적 효과가 의미하는 바는, 현대성이라는 것이 아직 보조적인 변수이며 대통령이 만드는 정치야말로 처음부터 확실하게 존재했던 기본적인 패턴들과 이 패턴들의 순서를 말해주고 있다는 점이다.

나팔 소리

카터가 스스로 설정했던 정치 지도자의 자질 테스트 중 그의 강점과 약점을 가장 분명히 보여주는 것은 명확성에 대한 약속이었다. 이 문제에 대해 카터는 고린도 전서를 인용했다. “만일 나팔이 분명하지 못한 소리를 내면 누가 전투를 준비하겠습니까?”[21] 카터의 행동들은 그의 신념을 입증했다. 자신이 누구이고 자신의 선거 운동이 무엇에 관한 것인가를 국민들 앞에서 설명할 때가 되면, 카터는 지칠 줄 모르는 듯 보였다. 생각할 수 있는 모든 주제에 대해 입장이 있었으며, 각각의 공약에 대해 세심하게 그의 상징같이 되어 버린 말, “믿어도 됩니다”(You can depend on it)로 끝을 맺었다.

그러나 그 결과는 상반된 것이었다. 카터가 스스로 치른 다른 테스트들과 마찬가지로 명확성에 대한 테스트는 곧바로 그에게 어려움을 초래했다. 국민들에게 직접 호소할 수 있는 능력과 최대한 분명히 그렇게 하겠다는 결의는 카터의 리더십 태세에서 잡음을 증폭시키기만 했다. 다른 레짐 말기 소속당 대통령들처럼 카터는 자신이 정치적으로 무엇을 대표하는지에 대해 대단히 미묘한 입장이었으며, 무엇을 할지에 대해서 복잡한 설명을 제시했다. 공개적으로 자신의 입장을 구체화하고 명확히 하려고 하면 할수록 국민들은 더 많은 소음을 듣게 되었으며, 1976년 예비선거 때가 되면 이미 카터는 “모호하다”는 치명적인 평판을 받게 되었다. 명확성이 로널드 레이건이 지닌 리더십 자질 중에 가장 높이 평가받게 된 것은 놀랄 일이 아니다.[22] 1980년대의 이 “위대한 전달자”(Great Communicator)는 바로 자신을 이해시키려고 애썼던 카터의 산물이었던 것이다.

대중들에게 설명하면서 명확성을 확보하는 데는 실패했으나 그래도 카터는 무언가 놀라운 성취를 이루기도 했다. 심지어 레짐 말기 소속당 대통령의 리더십 자세에 본질적으로 내재된 여러 가지 긴장들에 대해 말하면서도 카터는 이 리더십 자세의 경계를 넘어서서 정치적 범위를 넓히려 했다. 한 기자가 표현했듯이, “모든 정치인들은 각기 다른 청중들에게 서로 다른 것들을 강조합니다… 그런데 당신의 경우에는 얼굴이 여러 개인 것 같습니다.”[23] 실제로, 대통령이 되는 과정에서 카터는 극명하게 다른, 심지어 상반되기까지 한 다양한 정체성을—보수적/진보적, 대중적/관료적, 레짐 반대 지도자/레짐 소속 지도자—일구었으며, 최소한 일시적으로는 이로부터 “사람들이 자신을 해석하는 데 영향을 미치는 불가사의한 능력”을 얻게 되었다.[24] 모호하다는 애초의 비난이 확실해졌기 때문에, 이런 상반된 정체성이 어느 한 쪽으로 해소되지는 않았다. 그렇지만, 확고한 주장과 단순한 설명이 불가능한 정치 상황 속에서 카터는 현대의 선거 유세가 대단히 이질적인 메시지들을 어떻게 다루어야 하는지를 보여 주었다. 이 과정에서 그가 얻은 것은 다른 사람들과는 달리 각 메시지들의 의미로부터 정치적으로 독립적이 될 수 있었다는 점이었다.

모호함에도 불구하고 카터에게는 1976년 대통령 선거에서 누구보다도 자신의 메시지가 명확히 전달될 것이라고 믿을만한 충분한 이유가 있었다. 우선, 카터는 이 해에 민주당에게 유리하게 작용하고 있던 것들을 가장 잘 활용할 수 있는 위치에 있었다. 사면초가 상태였던 루즈벨트의 정당은 공화당을 침몰시킨 추악한 스캔들과 폭로들로 인해 이 해 선거에서 전망이 상당히 밝았다. 부통령 스피로 애그뉴(Spirow Agnew)의 사임, 장기간 계속된 워터게이트 범죄의 폭로, 닉슨 대통령의 사임, 닉슨 자신이 임명한 후계자에 의한 닉슨의 사면을 통해 민주당은 국가적 수치에 대한 대안이 되어 있었다. 그리고 민주당 경쟁자들 중에서도 카터는 당시 상황에 대해 가장 뚜렷하게 대비되는 대안이 되었다. 카터는 청렴하고, 소박하며, 독실한 기독교인이자 대중주의자이고, 워싱턴의 당시 상황에 어떤 연관도 없는 “외부인”(outsider)이었던 것이다. 도덕적 재활과 가치의 복구를 내세운 카터 행정부는 잭슨과 같은 결의로 민주당의 부활을 예고했다.

나아가 최남부(deep South) 출신의 후보로서 카터의 후보 지명은 민주당 지도부가 무시할 수 없는 강력한 도구적 논리를 담고 있었다. 프랭클린 피어스처럼 카터는 당의 지지가 가장 크게 무너진 지역으로부터 환호를 받고 있었다. 이때까지 공화당은 민주당의 남부 지지층에 깊이 침투해 왔었는데, 전 조지아 주지사였던 카터는 민주당의 필수적 지지층이 된 민권 이슈 지지자들을 소외시키지 않고도 남부를 돌아오게 만들겠다고 제안했다. 불만에 찬 자유토지당 지지자들을 잭슨과 포크의 당으로 다시 데려올 수 있을 것이라는 희망으로 1852년의 민주당 전당대회가 뉴햄프셔 출신의 무명의 전 상원의원을 선택한 이래 전례를 찾아볼 수 없지만, 이처럼 남부를 다시 장악하게 된다는 전망이 당 지도부 사이에서 열정보다는 수단을 선택하도록 만들었던 것이다.

마지막으로 가장 중요한 것은, 카터가 대단히 개인적인 방식으로 자신의 메시지를 만들 수 있었던 데에는 민주당 조직의 내적 약점이 도움이 되었다는 점이다. 전당대회 대의원 선출에 대한 예비선거제가 대폭 확대되지 않았다면, 카터는 청렴한 삶이라는 자신의 고고한 기준을 국민들 앞에 제시할 기회를 갖지도 못했었을 것이다. 1968년 시카고 민주당 전당대회의 재난으로 인해 후보 지명에 대해 전통적으로 당 간부들이 행사하던 영향력을 약화시키려는 움직임이 거세졌는데, 1976년이 되면 당내 통제력을 새로운 대중동원형 절차로 대체하는 작업이 거의 마무리되었다. 결과적으로 민주당 전당대회는 대중적 지지를 동원할 수 있다면 어느 후보에게나 개방되었으며, 이는 다크호스 중의 다크호스라도 자신의 메시지를 마음대로 할 수 있음을 의미했다. 프랭클린 피어스 이래 가장 무명의 후보였지만 카터는 목소리를 내기 위해 당 지도부에 의존할 필요가 없었고, 후보 선출을 위해 이들에게 신세를 질 필요도 없었다. 독립적이고 독자적으로 행동하면서 카터는 당 지도부를 제쳐 두었다. 국민들에게 직접 호소하면서, 여러 차례 벌어진 민주당 기득권 선두 주자들과의 공개적 대결에서 잭슨과 같은 결의를 가다듬었던 것이다.

카터의 선거 유세는 유권자들 앞에 자신을 제시하는 정치 기술을 혁명적으로 바꾸어 놓았으며, 우리 시대 대중동원 정치(plebiscitary politics)의 틀을 세웠다. 그의 선거 유세는 물려받은 민주당의 이미지를 희미하게 하면서 완전히 유별난 정치적 정체성을 투사하는 "자서전" 같은 것이었다.[25] 카터는 "외톨이"(loner)였고, 남부 출신이었으며, 농부이자 과학자이고 엔지니어였다. 그는 주지사였고, 거듭난 기독교도였으며, 기업인이자 삼각위원회 소속 기술관료였고, 대중주의자였다. 카터는 베트남전이 끝난 시대에 인권 존중을 외교 정책 수행의 우선적인 원칙으로 삼은 이상주의자이자, 정부에는 한계가 있으며 정부가 모든 문제들을 해결할 수는 없다고 결론 내린 현실주의자였다. 그는 자유 시장의 장점과 정부 규제의 부담을 인정하는 예산 균형론자였으나, 또한 환경운동가이자 소비자 보호 운동가였고 복지 개혁론자이며, 전 국민 건강 보험을 지지했다. 당시의 국가적 상황에 연루되지도 않았고 얽매여 있지도 않았으나, 민주당 기치 아래 다시 한 번 대통령과 의회를 단합시켜줄 수 있는 정직과 신뢰와 협력의 정신을 예고하고 있었다.[26]

무언가 다르지 않았다면 카터는 아무것도 아니었다. 예비선거 기간 내내 카터는 민주당과 권력의 제도적 중심으로부터 자신이 떨어져 있다는 점을 활용했고, 이를 가장 특별한 정치적 자산으로 만들었다. 워터게이트 범죄에 대한 대중들의 전반적인 혐오감을 깊이 있게 파악했기 때문에 카터는 민주당 대안들을 둘러싸고 있는 불확실성에 대해 거론할 수 있었다. 행정부의 도덕적 타락은 시작에 불과하다고 본 카터는 정부 전체를 뒤덮고 있는 "부실 관리"(mismanagement)라는 보다 전반적인 문제들에 주의를 돌렸다. 이러한 전반적인 문제를 제기함으로써 카터는 이 기득권을 만들어냈던 당으로 하여금 이에 대항하는 성전을 벌이도록 만들었다.

카터는 워싱턴의 연방정부가 "끔찍하고 오만하고 혼란스러운… 관료주의 난맥"이 되었다고 조목조목 비난했다. 조세 체계는 "인류에 대한 수치"이며, 복지 체계는 "철저한 점검을 긴급히 필요로 하는 실패작"이라고 카터는 비판했다.[27] 미국 국민들이 "새로운 목소리와 새로운 생각과 새로운 지도자"를 필요로 하기 때문에 자신이 대통령에 출마하고 있는 것이었다. 그는 "비밀을 벗어 던지고" "로비스트들의 부당한 압력이" 폭로되기를 원했다. 당시는 "대대적인" 개혁과 "철저한" 대청소를 해야 할 때였다.[28] 다른 사람들에게 자신을 이해시키는데 그토록 어려움을 겪던 대통령이었음에도 불구하고, 카터의 비판은 통렬하고 단순했다. "쓰라린 경험을 통해서, 단순히 워싱턴 기득권의 똑같은 인물들로 교체한다고 해서 변화를 얻을 수 없다는 것을 우리는 알고 있습니다." "한 가지 중요하고 근본적인 이슈가 있습니다. 그것은 기득권 대 외부자라는 이슈입니다."[29] 카터가 명확성을 자신의 이슈로 삼은 것은 놀랄 일이 아닌 것이다.

민주당 전당대회 개최까지 카터의 선거 유세는 계획했던 대로 진행되었다. 카터가 기득권과 특수이익집단들에 대한 대중의 환멸을 끌어내고 있는 동안 민주당 열성 지지층들은 한 후보에게로 지지를 결집시키지 못하고 있었다. 이들이 주저하면 할수록 이제 자유주의 세력이 자기 의도대로 정치적 공세를 벌일 수 없다는 것이 확실해졌다. 카터는 3월에 플로리다 예비선거에서 결정타를 날렸다. 이곳에서 민주당은 조지 월리스(George Wallace)라는 카터보다도 더 우려되는 이단아를 상대하게 되었는데, 남부 출신 온건파 후보가 월리스를 예비선거에서 완전히 퇴출시키기를 원했던 민주당 진보파들이 카터를 지지하게 되었다. 그렇지만 월리스를 퇴출시키고 나자 이제 카터를 가로막는 것은 어느 후보들에게나 더 어려운 일이 되었다. 플로리다에서의 승리는 카터를 당 지도부가 존중하도록 해 주었으며, 마지막에 시도되었던 "카터말고 아무나"(anyone but Carter) 운동은 이로 인해 무산되었다. 초반의 아이오와와 뉴햄프셔 승리에 이 핵심 남부주 승리를 추가하면서 카터는 미국 전역에서 호응을 받는 유일한 민주당 후보로 우뚝 서게 되었다.[30]

플로리다 이후에 카터는 몇 개 주에서는 승리했고 몇 개 주에서는 패배했지만, 다른 대안적 후보는 떠오르지 않았다. 천천히, 그러나 지속적으로 민주당은 카터의 세밀하게 계획된 포위작전에 굴복하게 되었다. 독자적이고 대중적인 비판을 퍼부으면서 카터는 자신을 "진보파에게는 진보주의자로, 온건파에게는 온건한 후보로, 보수파에게는 보수주의자로" 만드는 데 성공했다.[31] 마침내 시카고 민주당 머신을 장악한 시장 리차드 데일리(Richard Daley)와 자동차노조(United Automobile Workers)의 진보적 위원장 레너드 우드코크(Leonard Woodcock) 둘 다 카터야말로 시대에 맞는 완벽한 후보라고 믿게 되었다.[32]

그러나 바로 여기에 카터의 잭슨 같은 나팔소리를 뒤죽박죽으로 만들게 될 불협화음이 있었다. 물론 데일리와 우드코크 같은 사람들의 지지가 누구에게나 성공에 결정적인 것이기는 했으나, 이런 지지를 많이 받게 될수록 카터의 정치적 입장은 알 수 없는 것이 되어 갔다. 타락한 기득권으로부터 떨어져 있다는 높은 도덕적 입장을 주장했지만, 11월에 승리하려면 카터는 강력한 기득권 이익들을 포섭해야만 했다. 대중주의적 분노를 내세웠으나, 카터는 낡은 통치 연합, 의회와 관료는 물론 전국적으로 강력한 지지 세력들을 포괄하고 있는 통치 연합의 리더가 되겠다고 도전해온 것이었다. 명확성의 중요성을 깨우치고 있었음에도 불구하고－무명의 약점을 극복하고 강력한 후보들 중에서 가장 특별한 후보로 부상한 엄청난 성공을 거두었음에도 불구하고－승리의 순간에 카터는 자신이 가장 기본적인 정치적 정체성 문제에 있어서 양다리를 걸치고 있음을 깨닫게 되었다. 후일에 카터는 자포자기한 듯 말했다. "어느 순간, 내가 원하든 아니든, 내가 물려받은 것은 민주당이었습니다."[33]

그토록 힘들게 싸워서 얻은 승리에 대해 카터가 관심없는 척 했던 것은 이해할 만하다. 민주당의 리더십을 장악한 것이 그에게 "끔찍한 문제들"을 초래했기 때문이다.

> 그것이 가장 큰 문제였습니다. 민주당의 대표 명의를 갖게 되고, 민주당의 대통령 후보가 되고, 지역과 주의 의원 후보들과 함께 선거 유세를 해야만 하는 상황은 오직 유권자들에게만 의지하는 독립적이고 고독한 후보의 이미지를 사라지게 했을 뿐 아니라 예비선거 당시 내 모습의 정반대이기도 했습니다. 내가 알 수 없는 사람이고 모호하며 입장을 바꿨다는 주장에 힘을 실어 주었습니다. 이 문제를 결코 해결할 수 없었습니다.[34]

레짐에 대한 자신의 반대 입장을 억제하고 레짐 소속 후보의 노선을 따르려는 카터의 노력은 선거 유세 내내 여기저기서 보인다. 오하이오 예비선거 당시 노조원들 집회에서 한 카터의 발언을 예로 들 수 있다. 카터 말고 아무나 운동 세력들에 시달리던 카터는 다음과 같이 공격했다.

> 나를 비판하는 사람들은 이 나라 국민들이 정부를 다시 통제하는 것을 막고 싶어 합니다. 이들은 현상 유지를 하고, 통상적인 정치를 보존하고, 어떤 대가를 치르더라도 자기들의 뿌리박힌 정치권력, 반응하지 않고, 파탄 났으며, 무책임한 권력을 보존하기를 원합니다.[35)]

이 전면적인 공격이 의미가 깊은 것은 카터의 리더십 자세가 지닌 거부의 함의를 제대로 드러냈다는 것 때문만이 아니라, 카터가 바로 물러섰었기 때문이다. 이 연설 후 언론이 이 공격의 의미를 따지고 들자 카터 선거 운동 캠프에는 경종이 울렸다. 카터의 대변인은 얼버무리면서 카터가 민주당과 당 지도부를 존중한다고 말했다. 파탄 났다는 비난은 이후 모든 연설에서 삭제되었다.[36)]

이처럼 상이한 정체성들이 서로 충돌하는 것을 막는 일은 본 선거 유세에서는 더 어려워졌다. 『플레이보이』지(*Playboy*)와 한 충격적인 인터뷰 말미에서 카터가 린든 존슨을 리처드 닉슨과 같은 존재로 합쳐서 말하자 무슨 일이 벌어졌는지를 보라. "닉슨과 존슨이 그랬듯이 거짓말하고 속이고 진실을 왜곡하는 식의 마음가짐을 내가 가질 것이라고는 생각하지 않습니다."[37)] 텍사스 주 공화당은 이 말을 이용하기 시작했고, 텍사스 출신의 민주당 전국위원회 위원장 로버트 스트라우스(Robert Strauss)는 민주당 지도부 내에서 분노의 불길이 타오르고 있으며 텍사스 주 내에서 선거가 위험에 처했다고 경고했다. 카터가 자신에 대한 지지의 조직적 기반에 무관심하다는 인상이 다시 한 번 확산되었으며, 카터는 다시 한 번 급히 거부의 공세를 거둬들였다. 실제로 실수를 만회하고 텍사스를 구하기를 너무나 원했던 카터는 그 자신이 진실을 왜곡하기까지 했다. 자신이 존슨에 대한 진술을 실제로 한 적이 없다는 듯이 말했다가, 기자들이 기록을 요청하겠다고 위협하고 여론의 법정에서 진실만을 말한다는 자신의 주장이 무너져 내릴 수 있게 되자, 이를 철회했다.[38]

이런 식의 실수들이 미친 상당한 영향을 고려할 때, 카터가 자신의 리더십 자세에 내재된 기본적인 긴장들에 어떻게 대응했는지를 이해하는 것이 더욱 중요해진다. 정당 리더로서 직면했던 어려움들과 나중에 이 역할에 대해 가졌던 우려에도 불구하고, 카터는 처음부터 정당을 이끄는 과제에 대해 준비해 왔었으며, 자신이 원했던 바를 거의 이루었다. "실수들" 자체가 카터의 목적을, 곧 당내 기득권에 대한 독자성을 주장하면서도 이를 포용하는 이중적 메시지를 구사하려는 목적을 말해 준다. 문제는 바로, 자유주의 레짐이 철저히 파괴되도록 위협하지 않으면서 포위 공격해서, 마침내 굴복했을 때 이 레짐을 이끄는 권한을 보유하는 것이었다.

민주당 후보로 지명되었다고 카터의 자세가 바뀌지는 않았으며, 오히려 이런 미묘함이 계속되었다. 카터는 확고한 진보로 인정받는 부통령 후보를 선택했지만, 민주당 전당대회에서 "정부에는 한계가 있으며, 우리의 모든 문제를 해결해 줄 수 없다."라고 경고했다. 자신이 "항상 민주당원이었음"을 동료 민주당원들에게 상기시켜 놓고는, "민주당 대통령을 한 번도 만난 적이 없다."라고 말했다.[39] 선거 유세에서 이 이중적 정체성을 가장 효과적으로 활용했던 때는 아마 선거 운동을 공식적으로 개시했던 노동절이었을 것이다. 카터는 노조의 중심지이자 전통적으로 민주당 후보들이 선거 유세를 시작하던 디트로이트에 가지 않기로 결정했다. 대신에 그는 프랭클린 루즈벨트의 하계 휴양지였던 조지아 주 웜스프링스(Warm Springs)를 선택했다. 결국 카터식의 전통과의 단절은 전통으로의 복귀였던 셈이다. 당을 과거의 연합으로 다시 단합시키는 동시에 가장 강력한 지지 집단들로부터 거리를 두려던 후보에게 웜스프링스는 완벽한 상징성이 있었다.

포위 공격의 압박을 계속하면서 포용의 노선을 열어두기 위해 카터는 무엇이 잘못 되었는지에 대한 자신의 너무나 단순한 평가가 무엇이 이루어져야 하는지에 대한 마찬가지로 단순한 평가로 연결되지 않도록 애를 썼다. 실제로, 무엇을 해야 할지에 대한 질문에 대해 카터가 대답했던 가장 중요한 점은 "쉬운 답이 없다."라는 것이었다. "복잡한 문제에 대해 단순한 답을 하는 것은 이를 피하는 것만큼이나 사람들을 오도하는 것입니다." 또는, "내 해답이 복잡할 수도 있고, 문제의 양 측면을 모두 제시하는 것일 수도 있습니다… [그러나] 내 해답은 완전한 것입니다." 또는 "나는 이념가가 아니고, 내 입장은 예측할 수 없습니다… 나는 각 문제들을 개별적으로 분석하려고 노력해 왔습니다. 나는 내가 생각하기에 공평하고 합리적인 입장을 취해 왔고, 종종 내 대답은 복잡합니다." 또는 "나는 복잡한 문제들에 대해 여전히 답을 찾고 있습니다. 정치적 편의 때문에 단순한 답을 하는 것을 나는 항상 피해 왔습니다."[40]

이런 대답들은 신랄하고 분명한 비판을 받았고, 카터가 "모호하다"는 평판을 굳혀버렸다. 그렇지만 카터는 "쉬운 답이 없다."라는 식의 대답을 고수했으며, 재임 4년에 걸쳐 반복했다.[41] 왜 그랬는지 이해하기란 어렵지 않다. "쉬운 답이 없다."라는 것은 카터의 리더십 자세 전체의 이념적 근간이었던 것이다. 이 대답은 카터가 지녔던 서로 다른 정체성 모두를 하나로 묶어 주었다. 국민들에게 당에 대한 환호가 없고, 자신에 대한 당의 환호가 없는 가운데, 이 답변은 당과 국민들 모두가 신뢰할 만한 입장을 마련해 주었다. "쉬운 답이 없다"를 통해 카터는 낡은 민주당 연합으로부터 거리를 유지하면서 이와 동시에 이 연합이 구축해 놓은 기득권에 대한 정면 공격을 피할 수 있었다. "쉬운 답이 없다"를 통해 또한 카터는 자신이 제기한 비판을 기술의 본질화와 결합시켰다.

언론이 카터에게 이처럼 상반되는 메시지에 대해 설명해 달라고 끈질기게 요구하게 되면서 이 점이 드러나게 되었다. 기자들이 정치적 모순을 이야기하자 대통령 후보 카터는 미세 조정(fine tuning)에 대해 이야기했다. 한 기자의 관찰에 따르면, 전반적인 논조는 "반-워싱턴, 반-거대정부, 반-과다지출"이었지만, 구체적인 정책들은 "교육에 더 투자하고, 교통망에 더 투자하고, 도시에 더 투자하고, 복지에 더 지출하고, 건강보험과 일자리 늘리기와 사회보장에 더 지출하는 것이" 필요했다. 이에 대해 카터는 이렇게 답변했다. "나는 반-워싱턴이 아닙니다. 워싱턴에 갔을 때 어느 것도 어지럽히지 않을 것입니다… 나는 작은 정부를 원한다고 말한 적이 한 번도 없습니다. 내가 원하는 정부는 어떤 기능을 수행할 때 잘 수행하고, 과거에 합당하게 목소리를 내지 못했던 사람들의 문제를 해소해 주는 방식으로 기능을 수행하는 정부입니다."[42] 또 다른 예를 들어 보자. 카터는 자신이 "지출에 대해서는 보수주의자이며 복지에 대해서는 진보적"이라고 말했었다. 이 두 가지 상이한 요구를 과연 어떻게 조화시킬 것인가? "통상 막대한 지출이 필요한 복지에 대해 진보적이면서 어떻게 지출에 대해 보수적일 수 있는지" 질문을 받고 카터는 다음과 같이 대답했다.

> 나는 정부 운영에 대해 주지사 때와 마찬가지 태도로 계속할 것입니다… 우리는 균형 예산을 유지했고, 엄격한 예산 책정 규칙이 있었습니다… 내 생각에 모든 정부들 중 처음으로 [우리는] 제로 베이스 예산을 만들었는데, 과거의 낡은 프로그램들을 자동적으로 추려냈습니다. 우리는 특정 년도에 가장 필요한 일들에 자금과 자원들이 쓰이도록 하기 위해 매년 우선순위를 새롭게 정했습니다. 우리는 정부 구조를 단순하고 관리 가능하도록 만들기 위해 재조직했습니다. 우리는 주정부 자금을 경쟁 입찰 기반으로 투자했습니다. 나는 내가 이 나라의 어떤 기업들만큼이나 조지아 주정부를 잘 운영했다고 생각합니다.[43]

이런 식의 진술에서 카터는 기득권에 대한 자신의 대중주의적 반대와 기득권에 자신이 제도적으로 연결되어 있는 사실 사이의 모순을, 자유주의 정부의 운영상 효율성을 향상시켜줄 수 있는 기술적 고안들에 대해 말하면서 해소했다. 카터가 한 기술의 본질화는 연방정부의 숨 막히는 무게감과 도덕적 타락을 신랄하게 비난하면서, 별다른 제도적 대응 없이 능력 있는 엔지니어가 해결할 수 있는 행정 관리의 문제로 만들어버렸다. 공화당이 하듯이 관료를 공격하는 것과 그가 계획한대로 "관료제의 혼돈에서 이들을 해방시키는 것"은 다르다고 카터는 주장했다. 이 행정

조직의 완벽성에 대한 희망을 가지고 카터는 낡은 레짐을 자멸적인 충동으로부터 구해내고 이 레짐이 지니고 있던 기약들 중에서 굳이 선택을 해야 할 필요성을 최대한 없애겠다고 제안했다. 기존 레짐이 직면하고 있는 도전에 대해 "쉬운 답이 없기" 때문에, 복잡한 취사선택의 문제를 기술적 전문성을 가지고 다룰 수 있는 현명한 대통령을 미국이 필요로 한다는 것이다.

권력의 엔진을 보다 효율적으로 만들겠다는 약속은 카터의 선거운동 여정을 험한 길로 이끌었다. 카터에 대한 양면적 평가가 모든 세력들에서 고조되었고, 카터의 나팔소리 속에 있던 불협화음이 결국 피해를 가져 왔다.[44] 여론조사상 엄청난 우위는 선거일이 되자 사라졌고, 카터의 신승은 자기 당의 효과적인 관리자로서 카터의 신뢰에 일찍부터 암울한 그림자를 드리웠다.[45] 그렇지만 "쉬운 답이 없다"는 노선은 경이롭게 작동했다. 이 노선은 이 외부자의 비판을 훼손시키지 않으면서도 민주당 연합이 따르도록 했고, 앞으로 손을 볼 수 있는 수많은 정체성을 지닌 채 카터가 대통령이 되도록 만들었다. 자유주의 정부가 희망이 없는 실패작이라고 아직 말하고 싶지 않은 사람들에게나, 혹은 과거의 기약들 중 어느 하나라도 여전히 바라던 사람들에게 카터 메시지의 불협화음은 "최선"의 희망이었다.

동요

하원의장 토머스 오닐(Thomas P. O' Neill)은 카터의 첫 100일을 그가 기억하기로 프랭클린 루즈벨트 이래 가장 생산적이었다고 평가했다.[46] 카터 취임 후 95대 의회가 개회된 가운데 상원 다수당 원내대표 로버트 버드(Robert Byrd)는 지난 27년간 "이처럼 엄청난 입법 성과를 본 적이 없다."라고 주장했다.[47] 민주당의 대통령 후보로 재지명을 받기 전날 밤에 카터는

"프랭클린 루즈벨트와 린든 존슨을 포함하여 현대의 어느 대통령도 나만큼 민주당 의원들의 지지를 받지 못했다."라고 자랑했다.[48] 이와 상반되는 암울한 묘사를 반박하기 위해 과장되기는 했으나, 레짐의 활력에 대한 이러한 항변에는 상당한 진실이 담겨 있다. 워싱턴이 작동하는 방식에 대한 경험 부족과 무능력한 정부 운영에 대해 많은 비난들이 쏟아졌으나, 사실 카터는 많은 것을 이루었다. 카터는 다른 현대 대통령들의 입법 성과에 못 미치지 않았으며, 주목할 만한 성과를 거두었다. 에너지부(Department of Energy)의 창설, 행정부 재조직, 파나마 운하 조약, 중국과의 국교 정상화, 교육부(Department of Education) 창설, 관료체계 정비, 두 가지 에너지 보존 프로그램, 전략무기 제한 협상, 교통과 은행의 탈규제, 노천 채굴과 해저 굴착에 대한 규제 강화, 이집트-이스라엘 조약, 국가 안보 태세 재강화 등이 카터의 성과들이다.[49]

그렇다면, 임기 첫 해부터 카터 행정부를 사로잡고 끝까지 놓아주지 않았던 절망감은 어떻게 설명할 수 있을까? 카터의 능력과 경험 부족에 대한 주장들이 매력 있는 까닭은, 적합한 사람이 대통령직에 있으면 무엇이나 가능하다는 우리의 믿음을 지킬 수 있게 해준다는 데 있다. 그러나 우리가 카터의 리더십에 주목하게 되는 것은 그가 가능성에 대한 특정한 관념을 지니고 전력을 다해 이를 추구했으나 결국 크게 실패했다는 점 때문이다. 첫 해에 벌어진 일들은 능력에 관한 것이 아니라 카터 리더십의 근거에 관한 것이었다. 즉, 기존 레짐에 대한 카터의 도전에 관한 것이었으며, 무엇보다도 대통령직을 장악하기 위해 기존 레짐에 대해 주장한 정통성에 관한 것이었다.[50] 워싱턴이 작동하는 방식에 대해 보다 익숙한 사람이라면 카터가 했던 것을 시도하려 들지 않았을 수 있으나, 우리가 주목해야 하는 문제는 여전히 카터가 대통령직에 오르면서 실행하려고 했던 리더십 프로젝트의 성격에 있는 것이다.

신뢰 확보를 위한 카터의 분투는 곧바로 대통령으로서 그의 권위를 거의 체계적이라고 할 정도로 흔들어 버렸다. 그가 내세운 정치적 자세가 대통령 권력 행사의 질서 교란적 효과를 견뎌낼 수 없었기 때문이다. 카터가 인정하겠다고 제안한 것과 변화시키겠다고 한 것 간의 관계를 고려하기만 하면 이를 이해할 수 있다. 카터는 레짐이 대단히 곤란한 상황에 처해 있어서 당면한 문제에 대응하기 위해서는 작동 방식을 근본적으로 바꾸어야 한다고 진단했다. 그렇지만 그는 이 레짐을 거부하는 것이 아니라 재생시키려고, 파괴하는 것이 아니라 구원하겠다고 대통령직에 올랐다. 이 리더십 프로젝트의 질서-확인적 차원과 질서-파괴적 차원의 대상이 거의 동일했기 때문에 카터는 이길 수 없는 정치를 불러들이게 되었다. 자신의 비판을 믿을만한 것으로 만들기 위해서는 정부 작동 방식을 변화시킬 강력한 처방을 해야만 할 것이었다. 그러나 처방이 강력하면 할수록 이를 확보하기 위해서는 표면상의 우군들과 더 격렬하게 싸워야만 할 것이었다. 자신의 해법을 관리하기 위해 더 강력히 싸우면 싸울수록, 레짐의 활력에 대한 카터의 주장은 더 설득력을 잃을 것이었다. 자신의 목적을 추구하면서 카터는 어쩔 수 없을 정도로 레짐과 국가 간의 분리를 이끌 수밖에 없었다. 카터가 이끌어 가려던 기득권과의 관계 자체가 워싱턴에 입성하면서 카터가 해결하고자 했던 문제들을 더 증폭시켰던 것이다.

선거가 끝나고 대략 한 달이 흐른 뒤에 카터의 여론 조사 책임자였던 패트릭 캐들(Patrick Caddell)은 카터에게 정치적 지지를 공고히 하라고 조언했다. 당락의 표차가 적었었고 위험할 정도로 카터에 대한 지지가 "강한 것이 아니었던" 것이다. 캐들은 카터의 리더십을 지탱해 줄 "닻이 없음"을 명확히 파악했다.[51] "이 나라를 이끌기 전에, 이끌기 위한 신뢰를 확보해야 합니다."라고 캐들은 조언했다.[52] 이 논리는 원칙적으로 부인할 수 없는 것이지만, 카터에게 이는 문제를 더 확실하게 할 뿐이었다. 정치적 정체성이라는 근본 문제가 이처럼 의도적으로 얼버무려진 상황에서는 리더십에 대한 신뢰는 본질적으로 찾기 힘들게 된다. 상반된 메시지들 간에 미묘한 균형을 이루고 있던 카터의 입장을 공고히 하라고 캐들이 주문했던 것이다. 카터는 기존 레짐 소속이지만 그 안에 있는 것이 아닌 자세를 지녀왔었고, 이런 정체성을 공고히 하려는 시도는 그 안의 긴장을 더 키울 것임이 확실했다.

캐들의 조언을 받아들인 카터는 그다운 방식으로 대응했다. 그는 반대 진영들 모두에게로 동시에 움직여서, 레짐 소속이라는 신뢰와 레짐 외부인이라는 신뢰를 함께 확보하려 했다. 한편으로 카터는 대통령 당선인이 되자마자 활용 가능해진 방대한 규모의 인재들을 민주당으로부터 끌어들였다. 카터는 워싱턴 기득권과 긴밀한 관계를 맺고 있는 일단의 부서장들을 배치했을 뿐만 아니라, 행정부 일을 백악관이 직접 통제하는 이전의 관행을 거부했다. 그는 내각 중심의 정부와 집단적 의사결정의 원칙으로 돌아가겠다고 선언했으며, 능력과 개인적 진정성이라는 자신의 기준에 동료들이 부합해 줄 것만을 요구했다. 카터는 존슨 행정부에서 2인자 급에 있던 인사들을 주로 선택했는데, 이들 중 상당수는 1970년대에 데이비드 록펠러(David Rockefeller)가 주최했던 통치문제 세미나에서 만났던 사람들이었다. 존슨 행정부의 국무부 부장관이었던 싸이러스 밴스(Cyrus Vance)가 국무장관이 되었고, 존슨의 공군장관 해롤드 브라운(Harold Brown)이 국방장관이 되었으며, 존슨의 예산처장 찰스 슐츠(Charles Schultz)가 경제자문위원회 위원장이, 존슨의 국내문제 보좌관 조세프 칼리파노(Joseph Califano)가 보건 복지 교육부 장관이, 존슨의 국무부 통상협상담당이던 마이클 블루멘탈(Michael Blumenthal)이 재무장관이 되었다.[53]

카터의 내각 인선은 너무나 철저하게 관례적이었고 워싱턴 기득권과 긴밀하게 연관되어 있어서, 카터와 그가 백악관에 데려온 조지아 사단이 이방인처럼 보일 정도였다. 이 명단을 보고 휴 시디(Hugh Sidey)는 "이 행정부의 머리를 몸통에다 접붙이기 하는 것이 금세기에 가장 경이로운 정치적 수술이 될 것이다."라고 예측하기도 했다.[54] 다르다고 주장했던 후보, 자신의 행정부는 예전과 똑같지 않을 것이라고 주장했던 후보, 국민들에게 자신이 약속을 지킬 것을 믿으라고 거듭 말했었던 후보에게 무슨 일이 벌어진 것인지 모두들 궁금해 했다. 카터는 "새로운 인물들"과 "새로운 생각들"을 약속했었다. 카터의 선거 유세 책임자는 이 약속을 강조하면서, 만일 카터가 싸이러스 밴스나 쯔비그뉴 브레진스키(Zbigniew Brzezinsky)를 외교정책 고위직에 앉힐 경우 그만두겠다고 단호하게 말했었다.[55] (록펠러의 삼각위원회 조직을 도왔던 컬럼비아대학 교수 브레진스키는 카터의 국가안보 보좌관으로 임명되었다.) 몇몇 사람들에게는, 첫 일 년 간 이 행정부를 지배하게 될 정체성 위기가 이미 내다 보였다. 윌리엄 그라이더(William Greider)는 다음처럼 평했다. "마지막에 웃음거리가 된 것은 카터에게 과거와 분명하게 단절할 수 있는 용기나 정치적 비전이 있을 수도 있다고 생각했던 사람들이다. 대신에 카터는 과거를 되살려 놓았다." [56]

그러나 그라이더는 절반만 옳았다. 이 초기 몇 주간에 보여진 상징성을 본질만큼이나 의미있다고 간주했던 사람들은, 카터가 민주당 기득세력에게 다가서려고 하고 있음에도 불구하고 이에 대한 자신의 방어 역시 강화하고 있었음을 알 수 있었다. 캐들은 카터에게 "국민들에게 무슨 일이 벌어지고 있는지 이해할 수 있도록 눈에 보이는 신호를 주라"고 조언했고, 카터는 정부 내에서 자신이 벌이고 있는 극적인 변화들에 대한 언론 플레이로 답했다.[57] 취임식 후 백악관까지 도보 행진, 백악관 서재에서 카디건 스웨터를 입고 노변정담하기, 한파와 가스 부족사태로 희생된 사람들을 위로하기 위한 피츠버그 방문, 보통 사람들의 걱정거리를 듣기 위한 일련의 타운 미팅들, 첫 일주일간의 이 모든 행사들과 결정들은 관례적인 정치에 사로잡히지 않고 변화시키겠다는 카터의 의도에 대한 대중들의 신뢰를 키우려고 의도되었다. 이 "상징의 전략"은 워싱턴을 우회하여, 국민들 자체와 대통령 간의 개인적 관계의 연장선상 위에서 정부에 대한 대통령의 권위를 주장한 것이었다.[58]

그에 대한 신뢰가 안팎에서 강화되면서 카터는 대통령의 권력을 행사할 준비가 되어 있었다. 이전과 똑같은 관리자들을 기꺼이 기용했으나 카터는 이들이 이전과 똑같은 정책들을 관리하도록 놔두지는 않을 것임을 처음부터 명확히 했다. 경제 상황에 대한 우려가 깊어지면서 이전과 같은 고비용의 사회 정책들에 대한 카터의 지지가 약화되었고, 민주당의 전통적인 정책 요구들에 대해 카터가 예산 제약을 고집하며 반대하면서 긴장이 고조되기 시작했다.[59]

복지 개혁안이 논의되기 시작하면서 문제는 더 커졌다. 카터는 복지 체계가 실패작이라고 수시로 말해 왔었고, 신속하고 전면적인 개혁을 하겠다는 카터의 약속은 자유주의가 이전의 프로그램들을 개선하여 스스로를 구할 수 있는지에 대한 첫 번째 시험이었다. 위대한 사회의 추종자이자 카터가 개혁안 수립 책임을 맡긴 조셉 칼리파노는 불행하게도 비용 증가가 없어야 한다는 카터의 주문에 맞게 복지체계를 재활성화할 방도를 찾기 어려웠다. 카터에게는 실망스럽게도, 칼리파노는 기존 체계를 재조직하는 것만으로는 건설적인 개혁이 이루어질 수 없다는 점을 강조했다. 칼리파노는 대통령의 주문에 맞는 개혁은 카터와 민주당이 지원하려는 집단들에 피해를 줄 것이며 또한 이런 개혁안은 정치적으로 애초에 가망이 없는 것이라고 주장했다. 대통령과의 열띤 공방에서 칼리파노는 다음과 같이 말했다. "비용 증가 없이는 너무도 많은 불공평한 것들을 담고 있어서, 우리는 물 밖으로 던져질 겁니다."[60]

카터의 리더십 자세에서 위태롭게 균형을 취하고 있던 이율배반적인 것들은 이와 같은 대립들 속에서 서로 충돌하게 되었다. 카터가 과거와 분명하게 단절할 것이라고 생각했던 사람들이 칼리파노와 같은 인물을 임명한 것에 실망했다면, 이런 사람들을 임명한 것에 안도했던 사람들은 자기들이 추천하는 정책을 카터가 고집스럽게 거부하는 것을 보고 곧바로 실망하게 되었다. 양쪽 모두 웃을 여유는 없었다. 1977년 여름이 되어 칼리파노는 대부분의 비용 증가를 감춘 기만적인 타협안을 만들어냈다. 그러나 카터는 이 안에 별 관심을 보이지 않았으며, 의회도 곧바로 알아차렸다. 오랫동안 예고되었던 "나은 일자리와 소득 증대를 위한 프로그램"(Program for Better Jobs and Income)은 본회의에 상정되지 않았고, 칼리파노와 백악관과의 관계는 상호 불신의 악순환 속에서 악화되어 갔다.[61]

정치적으로 받아들여질 수 있는 복지 개혁안을 놓고 칼리파노가 백악관과 옥신각신하고 있는 동안, 카터의 리더십이 의회에서 무엇을 이룰 수 있을지에 대한 시험이 이미 진행되고 있었다. 취임 후 4주차에 카터는 각 지역의 수자원 관련 사업들에 대한 연방정부의 지원에 대해 "납세자의 돈을 신중하고 책임감 있게 사용하고 있는지, 환경을 보호하고 있는지" 검토하겠다고 발표했다.[62] 이 점검의 결과, 1978년 예산에서 이 사업들 중 19개의 삭감이 결정되었다. 표면상 이 문제는 대통령의 리더십과 연관하여 특별한 일은 아니지만, 카터는 메리스빌 도로에 거부권을 행사했던 앤드류 잭슨을 연상시키는 정확성으로 이 조치의 영향을 계산했었다. 그는 통상적인 정치의 중추신경을 공격하려 했던 것이고, 실제 그렇게 되었다.

사실, 과다 지출에 대한 이 잭슨식 전쟁 선포는 카터에 대한 국민들의 호응과 정부 내의 지지가 분리되어 있음을 극명하게 드러내 주었다. 후일 회고록에서 카터는 다음과 같이 회상했다. “수자원 공사 이슈는 나와 민주당 지도부 사이에 가장 심각한 균열을 초래했다.”[63] 카터에게 이 사업들은 과거 정부 운영 방식에 존재했던 낭비적이고 불필요한 지출의 전형적인 사례였다. 지출 삭감은 카터에게 자신이 말해온 것들을 임기 초에 보여줄 수 있는 기회, 근거가 확실하고 너무나 필요한 기회를 제공해 주었다. 기득권의 이익과 관례들에 결부되지 않은 외부인이 정말 중대한 어떤 것도 위협하지 않으면서 정부에 절약 정신을 가져올 수 있다는 것을 보여주려는 것이었다. 카터는 처음부터 자신의 결의를 “대단히 명확하게” 알리고 특수이익으로부터 국가 이익을 구해내겠다는 약속을 지키고 싶었기 때문에, 가장 악명 높고 깊이 뿌리박힌 나눠먹기 체제(pork barrel system) 중 하나, 한 세기가 넘도록 의회의 호감을 사기 위해 육군 공병단(Army Corps of Engineers)을 유지해 왔던 체제를 목표로 삼았던 것이다.[64]

당연히 의회는 이 문제를 전혀 다르게 보았다. 카터의 조치는 의회에서 의원 경력의 양식과도 같은 것에 대한 정치적으로 오만한 공격이자 무지하고 무책임한 것으로 받아들여졌다. 이 조치의 명백한 목적은 외부인이자 개혁가라는 대통령의 대중적 정체성을 돋보이게 하려는 것이었으나, 그 최대의 희생자는 대통령이 정부 내의 지지를 위해 가장 직접적으로 의존해야 하는 존재였다. 불행스러운 사실은 워싱턴 내의 어떤 주요 세력도 정부 운영 방식을 바꾸겠다는 카터의 생각에 관심을 두지 않았다는 것이다. 우선, 카터가 의회에서 자기 당보다는 공화당을 더 “편하게” 느낀 적이 있기는 하지만, 레짐의 활력을 되살리겠다는 카터를 공화당이 도울 일은 당연히 없었다.[65] 또한 양원에서 민주당이 압도적 다수를 차지하고는 있었지만, 보다 절제된 정부 조직을 만들겠다는 카터의 약속은 민주당의 지지를 받지 못했다. 민주당의 핵심 지지층인 노조와 민권운동 세력의 경우, 대통령의 관심사가 자기들과 무관하다고 보았다. 설상가상으로 정부 조직을 재활성화시키려는 카터의 처방은 그간 의원들의 재선을 보장해 주었던 통치 장치를 위협했다. 민주당 의원들은 백악관의 이 이상한 민주당 대통령보다 훨씬 더 큰 폭의 선거 승리를 거두어 왔었으며, 카터가 절제된 운영의 표적으로 삼은 관료주의적 선물들이야말로 이들이 새롭게 확보한 재선 안전성의 귀한 도구였던 것이다.

상원 지도부가 이 도전을 받아들여 대결을 벌이게 되었다. 3월 10일에 상원 지도부는 백악관에 모여서 행정부의 수자원 사업 계획을 확실하게 비난했다. 그리고 나서 65대 24의 표결로 대통령이 제안한 공공사업 법안 내에 대부분의 사업들을 되살려놓았다. 위협했던 거부권 행사를 유효하게 할 수 있는 표를 카터가 확보하게는 되었으나, 35명의 민주당 상원의원들이 언제라도 대통령에게 도전하려 하고 있었다. 하원에서는 좀 더 지지가 많았으나, 과반 이상의 하원의원들이 삭감된 사업들을 복원시키는 데 찬성했다. 통상적인 정치를 끝내려는 카터의 결의 때문에 행정부의 주요 입법 목표들이 위험에 빠지게 되었다는 말들이 의회로부터 흘러나오게 되자, 하원의장 오닐은 타협점을 찾기 시작했다. 대통령의 계획에 대해 누구 못지않게 분개했으나 오닐은 의회와 백악관 간에 그토록 큰 균열이 그토록 일찍 생기게 되었다는 사실에 경각심을 갖게 되었다. 양쪽의 차이를 공평하게 나누어 사업의 절반은 지속하고 나머지는 삭감하는 타협안을 오닐이 카터에게 알렸다.[66]

린든 존슨처럼 경험 많은 의회 지도자의 방식으로 협상하기를 꺼려 한 것보다 더 카터가 정치적으로 무능력하다는 평판을 갖게 만든 것은 없었지만, 그러나 수자원 사업에 대한 오닐과의 타협은 협상이란 것이 카터의 목적에 얼마나 부적합한지 드러내 준다. 카터는 오닐로부터 원칙에 있어서는 승리를 거두었다고 생각했고, 민주당 지도부와의 관계에 피해를 최소화하려고 했다. 하지만 8월 8일에 삭감하려고 했던 사업들 10가지에 자금을 지원하는 공공사업 지출법안에 서명하게 되자, 카터는 이 피해를 더 키우게 되었다.[67] 이 타협은 아무 것도 해결하지 못했다. 카터의 공격으로 시작된 상처를 거의 치유하지 못했을 뿐 아니라, 자신이 이미 쓸모없고 정당하지 않다고 선언했던 사업들을 받아들임으로써 카터는 자신이 변화시키겠다던 기득권을 진정시키기 위해 그 자신이 마련한 리더십 시험에서 물러서고 있는 듯 보였다. “그것은 [타협은] 내 약점의 징표라고 정확히 해석되었다.”라고 카터는 회고록에서 인정했다. 1년 반 뒤에 카터는 똑같은 수자원 사업들 상당수가 포함된 공공사업 법안에 거부권을 행사했는데, 이때쯤이 되면 전투에서 이겨도 전쟁에서 지는 패턴이 이미 자리 잡고 있었다. “거의 모든 민주당 지도부가 내게 반대해도 이긴 보람이 있었다. 하지만 그 전투는 깊은 상처를 남겼다.”[68]

복지 개혁 사태가 내각의 진보주의자들과 백악관 사이에 적대감의 씨를 뿌렸고 수자원 사업 논란이 카터와 의회 간의 밀월관계를 갑자기 중단시켰듯이, 버트 랜스(Bert Lance) 사건은 대통령과 국민 간의 특별한 관계를 흐트러뜨리기 시작했다. 수자원 사업에 대한 대립과 마찬가지로 랜스 사건은 본질적으로 대단치 않은 문제들이 파괴적인 상징적 충격을 가져 왔다는 점에서 경이로운 것이었다. 이 추문은 행정예산처장(director of the Office of Management and Budget) 랜스가 임명 전에 저지른 재무적 실책들에 대한 조사에 불과했다. 그러나 카터 리더십의 근본 전제가 이 사건에 얽혀들게 되자, 그저 곤혹스러웠을 정도의 문제가 중대한 신뢰성 위기를 촉발시켰다. 이전과 무언가 다르지 않다면 카터 행정부는 아무 것도 아니었고, 카터의 선거 유세는 어떤 인간적 약점이라도 용납하지 않을 정도로 엄격한 행동 기준을 서약했었다. 랜스가 사임한 날 카터가 말했듯이, “많은 문제들이 나 때문에 버트 랜스에게 벌어졌습니다. 왜냐하면, 내 선거 운동 기간에 형성된 국민들의 기대와 우리가 정부 내에 세운 기준들이 너무 높았기 때문입니다.”[69] 카터 행정부 내의 한 측근에 따르면, 랜스 사건에서 카터 행정부가 스스로 내세웠던 기준을 비판하게 된 것은 “카터 임기 중 가

장 큰 전환점이” 되었다.[70)]

버트 랜스는 정계에서 카터가 가장 믿을만한 친구였으며, 카터가 잘 알고 있듯이 행정예산처는 “예산 책정과 행정부 재조직화 전 과정에서 핵심”이었다.[71)] 자유주의적 아젠다들을 재고하고 자유주의 정부 조직을 활성화하려는 모든 희망이 걸려 있는 이 자리를 채울 때가 되자 카터는 조금도 주저하지 않았다.[72)] 카터의 리더십 프로젝트에서 랜스는 다른 누구보다도 불가결한 존재였으며, 카터는 정부 조직을 정리하고 아젠다들을 재조정한다는 생각 자체를 싫어하는 사람들 때문에 랜스가 쫓겨나게 되는 것을 방관하지 않았다. 그렇지만 이 문제에 대한 커터의 결의는 대단히 불운한 결과를 가져왔다. 관료 조직의 책임자가 저지른 은행 관리의 허점들이 폭로되자, 특별한 능력과 뚜렷한 개혁 목적을 주장했던 이 영역에서 카터 자신이 세운 고도의 기준에 대해서 비난이 퍼부어졌다. 다른 어떤 것도 카터 행정부의 동력을 그토록 완전히 멈춰버리게 하지는 못했으며, 일단 의혹들이 퍼져나가게 되자 이를 막기는 쉽지 않았다.

랜스에 대한 폭로 사건은 워싱턴 기득권에서의 자신의 위치에 대한 카터 행정부의 생각 전체를 거꾸로 바꿔놓았다. 이 사건에서는 가득권자들이 외부자들의 가면을 벗기고 있었으며, 이에 대해 해명하려 들면서 백악관은 수세에 몰려 기득권/외부자 구분 자체를 절망적으로 혼란스럽게 만들었다.[73)] 사건에 대한 누설과 언론의 조명을 백악관 내 조지아 사단에 대해 기득권의 뿌리 깊은 적대감이 존재한다는 증거로 해석하면서, 카터의 측근들은 자신들이 원래 근절시키겠다고 했던 식의 정치를 그대로 상기시키는 궁정 근위대식 대응을 하게 되었다. 랜스의 은행 관리 행태에 대한 특별 감사 보고서를 범죄 여부에 대한 법적 해석으로 간주한 카터는 랜스의 해임을 정당화할 어떤 근거도 찾지 못했다고 말했다. 8월 18일에 카터는 자신의 친구가 완전히 혐의를 벗었다고 선언했으며, 랜스가 자랑스럽다고 국민들에게 말했다.[74)]

언론은 물론 상원도 이 문제를 여기서 매듭지어 주지 않았다. 언론은 카터 자신이 표명했던 기준을 수시로 상기시키면서 대통령의 고결한 도덕성 주장을 공격했다. "왜 최고가 안 됩니까?"라고 했을 때, 카터는 범죄 행위의 기술적 무죄 이상을 약속한 것이 아니었던가? 부적절하게 보이는 것조차 용납하지 않겠다고 임기 초에 수하들에게 경고하지 않았던가? 이전까지 지속된 정실 인사와 덮어두기 전술이 국가에 돌이킬 수 없는 피해를 입혔다고 국민들에게 말하지 않았던가?[75] 한편, 상원은 랜스 임명 인준 과정에 대한 특별 조사 보고 내용에 당혹스러워 했고, 대통령이 이 보고서를 무죄의 근거로 간주한 데 대해 경악했다. 이에 따라 상원 자체의 조사를 벌이기 시작했다. 랜스에 대해 상원이 더 많은 문제들을 파고들고 카터의 처리 방식에 대해 언론이 지칠 줄 모르고 덤벼들면서, 카터가 그토록 조심스럽게 이루려고 했던 국민들의 호감은 무너져 내리기 시작했다. 8월 중순에서 9월 중순 사이에 대통령에 대한 지지도는 66 퍼센트에서 54 퍼센트로 떨어졌다. 9월 말에 랜스가 사임했을 때 대통령에게 "강한" 지지를 보낸 대중은 24 퍼센트로, 봄에 비해 절반에 불과했다. 이 사건에 대한 기억은 곧 흐려질 것이었으나, 되돌아보면서 여론조사 전문가들은 영구적인 피해가 있다고 보았다. 조지아 주 갤럽의 연말 평가에 따르면, "카터 행정부와 대중 사이의 신뢰의 유대에" "중대한 파열"이 일어났음이 명백했다.[76]

카터 행정부에 대한 상징 차원의 지지가 허물어지자, 카터의 차별성을 좋게 보이도록 하는 일이 점점 더 어려워졌다. 문제를 해결하고 정부를 작동하게 만들겠다는 기술 중심적 약속을 실현하는데 외부자가 무능력하다는 것에 이제 주의를 기울이게 되었던 것이다. 공교롭게도 랜스가 사임한 시점은, 카터가 가장 급박한 현안이라고 했던 해외 원유 의존도를 놓고 상원에서 벌어진 치열한 논쟁이 절정에 달했을 때였다.

4월에 의회에 송부된 카터의 에너지 프로그램은 첫 해 아젠다 중의 핵심이었다. 카터는 에너지 안보를 "우리 일생 동안 직면할 최대의 도전"이라고 선포했었으며, 이 목적이 "전쟁과 같은 도덕성"을 지닌 것이라고 선언했다. 다루기 힘든 문제였던 에너지 안보의 추구를 카터는 자신의 새로운 정치를 보여주는 진열장으로 만들었다.[77] 이 이슈는 카터가 선거 유세 중 밝혔던 정책 리더십 원칙들 모두의 핵심 대상이었다. 국가 자원 관리는 복합적인 문제였으며, 수많은 복잡하고 서로 얽힌 이슈들에 대한 포괄적인 검토를 필요로 했다. 또한 의회 내 가장 강력한 이익 세력들 간의 갈등이 얽혀 있었다. ("의회는 이 특정한 문제에 있어서 혐오스럽다."라고 카터는 일기에서 토로한 바 있다.[78]) 따라서 다른 무엇들보다도 국가 이익이 우선하게 만들 수 있는 지도자가 필요했다. 다른 많은 이슈들과 마찬가지로 이 이슈에 있어서, 앞으로 해야 할 일에 대해 누구도 좋아하지 않을 것이라는 점을 카터는 알고 있었다. 그는 자신이 제시하는 방향을 지지하고 워싱턴 로비를 극복하도록 도와달라고 요청하면서, 누구나 이 무거운 짐을 나눠 갖도록 했다.[79]

카터의 제안은 약속한 것을 거의 담고 있었다. 이 제안은 복합적이고 총체적인 프로그램이었으며, 정치인들이나 특수 이익집단들의 일상적인 개입 없이 만들어진 강력하고 포괄적인 계획이었다. 카터는 행정부 내에서 비밀리에 제안을 수립함으로써 이 정책 영역에서 효과적인 행동을 무력화시켜 왔던 강력한 반대 압력들을 피해가려 했다. 일거에 프로그램 전체를 의회에 던져 주고 대중적 지지로 채찍질하여 저항 세력을 압도하고 결정적 행동을 위한 협조체제를 추진하려 했던 것이다. 카터는 이 도전을 분명하게 밝히면서, 에너지 계획이 "국민들이 어떤 존재인지, 그리고 대통령과 의회가 이 나라를 통치할 능력이 있는지에 대한 시험"이라고 선언했다.[80]

항상 그랬듯이 카터의 신뢰성이 훼손될 것을 우려했던 오닐은 기적처럼 카터가 원했던 것을 이루어주었다. 8월에 오닐은 하원에서 이 법안을 통과시켜서 카터에게 일단 승리를 가져다 주었다. 그러나 이때쯤 되면 민주당 상원의원들은 전혀 협조할 기세가 아니었다. 대통령이 제안을 만들 당시에 관련 의원들과 상의하지 않았다는 사실이 이미 곪아가고 있던 상처에 소금을 뿌린 격이었다. 상원의원들은 이 문제에 대해 깊이 분열되어 있는 견해들 모두에 대해 장시간 청문회를 열었고, 10월에 개최된 협의위원회(conference committee)에 행정부안을 거의 닮지 않은 법안을 송부했다.

"금년 내에 효과적인 에너지 계획을 수립해야 할 최우선의 중요성"을 여전히 확신하고 있던 카터는 협의위원회의 논의를 지켜보기 위해 예정된 해외 순방을 취소했다.[81] 이 시점에 카터는 화해 분위기를 띄우려 했고, 협의위원회를 자신과 의회 간의 "기싸움"으로 만들 의도가 없다고 공개적으로 부인했다.[82] 그러나 의견 일치를 이루려는 노력은 교착상태에 빠졌으며, 8개월간의 노력과 국민들에 대한 대통령의 4번의 호소 끝에 백악관은 받아들일만한 에너지 계획에 합의를 이루는 데 실패했음을 인정해야 했다.[83]

이렇게 당혹스러운 교착상태는 1978년까지 지속되었으며, 카터 행정부는 "대통령과 의회가 이 나라를 통치할 능력"에 대해 싸늘한 판단을 받고 있었다. "전쟁과 같은 도덕성"은 의심과 지연과 장기간의 교착을 만나게 되었다. 정부에 대한 믿음을 복구하겠다던 새로운 정치에 대한 약속은 좌절되었고, 낡은 이익의 정치가 기술중심적 관리라는 새로운 정치를 궁지에 몰아넣으면서 카터 행정부는 또 한 번 승리 없는 전투를 하고 있음을 깨달았다. 오직 버티기를 계속한 결과, 마침내 1978년 10월에 교착상태가 깨어졌으며, 여전히 이 문제를 중요하게 여기는 사람들에게는 원래의 계획에서 살아남은 것들만 해도 꽤 놀라운 것이었다. 제95대 의회 둘째 회기가 끝나면서, 천연가스 가격의 단계적 탈규제, 새로운 자동차 규제, 새로운 전기·가스업의 규제, 새로운 주택 건축 기준, 새로운 가전제품 규제, 새로운 환경 규제, 대체 에너지원 개발과 활용 장려책들이 마련되었다. 이 분야에서 카터의 업적은 여기서 끝나지 않았다. 일 년 뒤, 이란 혁명에서 유발된 오일 쇼크에 대응하기 위해 만들어진 두 번째 에너지 계획은 더 인상적인 결과를 낳았다.[84] 모든 것을 종합해 볼 때, 에너지 보존 영역에서 카터의 업적은, 그가 1980년 선거에서 자신의 긴 투쟁이 무위로 끝나지 않았으며 미국 정치경제에 대한 "새로운 기반"이 실제로 마련되었다는 것을 국민들에게 보여주려 할 때 핵심적인 증거가 되었다.[85] 그렇지만 이때가 되면, 기반을 재편하는 목적은 분명히 공화당의 영역이 되었고, 카터는 동료 민주당원들에게 자신의 새로운 기반

전략 때문에 민주당의 과거 아젠다를 실제로 희생시키지 않았음을 설득시키려고 애쓰고 있었다.

다시 첫 해의 동요로 되돌아가 보자. 1978년에 들어서면서 카터에게는 아직 시험에 부쳐지지 않은 원래의 리더십 자세가 하나 남아 있었고, 이 자세를 최대한 잘 드러내 줄 한 가지 아젠다가 남아 있었다. 선거 유세에서 소비자 이슈들을 내세웠고 첫 해 동안 소비자 입법을 위해 노력했던 카터는 둘째 해에는 소비자 보호국을 설립하려는 막바지 노력을 했다. 자유주의 개혁가로서의 신임을 내세우면서 카터는 민주당의 고귀한 전통을 따라 훌륭하게 싸울 준비가 되어 있었다.

소비자 보호는 민주당 지지층이 자유주의 개혁을 생각할 때 꼭 떠올리는 이슈는 아니었다. 이 이슈에는 노동이나 도시부문에 연관된 것이 거의 없었다. 그렇지만 모든 야심찬 대통령들과 마찬가지로 카터는 자기 정당의 근거를 활성화시키기 위해 새로운 지지층을 찾고 있었다.[86] 환경운동에 대한 지지와 함께 소비자 보호에 대한 카터의 열정은 민주당에 대한 중산층의 신뢰를 회복시키려는 목적이 있었다. 사실, 소비자보호국 구상은 사회적 약자들을 배려하는 과거의 자유주의와 삶의 질에 대한 중산층의 관심에 귀를 기울이는 새로운 자유주의를 완벽하게 연결시켜 주는 듯 보였다. 어쨌든, 뉴딜 후기에 기업에 대한 규제가 소비자 문제 쪽으로 재설정되었었고 존슨 시기에 소비자 운동 자체가 시작되었던 것이다. 카터가 취임할 당시 소비자 보호를 위한 별개의 기구에 대한 지지가 광범위하게 이루어져 있었다. 새로운 "공익"(public interest) 로비가 지지를 동원했고, 국민들이 대체로 동조적이었으며, 민주당 의회 지도부도 견고하게 지지하고 있었다. 이 모든 것들이 충분하지 않다고 해도, 소비자 보호는 또한 카터에게 자유주의와 절제된 정부를 연결시킬 기회를 제공해 주었다. 자신이 자유주의 개혁가임을 입증하는 동시에 낭비와 중복과 새로운 지출에 대한 반대를 강조할 수 있는 기회가 된 것이었다. 선거 유세 당시 카터는 다음과 같이 말했었다. "새로운 기구들이 확산되는 것에 나는 강력히 반대합니다. 이미 혼란스러운 연방 관료 구조를 더 혼란스럽게 만들기 때문입니다.

그렇지만 이 기구는 [소비자 보호국은] 다릅니다." 카터는 소비자보호국이 현재 연방정부 전체에 흩어져 있는 수많은 규제들을 한 지붕 아래 정리하는 데 목적을 둔 비용절감형 재조직화라고 극찬했다.[87]

요컨대 소비자보호국을 위한 싸움은 첫 해의 좋지 않은 기억들을 없애주고 자유주의 개혁에 대한 카터 자신의 입장을 확고히 해 줄 수 있는 큰 승리가 될 수 있었다. 그러나 이 법안은 하원을 벗어나지 못했다. 휘청대는 실적을 60년대와 70년대 초의 정부 규제 탓으로 돌리려고 새로 정치적으로 동원된 기업들에 의해 맹렬한 반대가 쏟아졌기 때문이었다. 소비자 보호는 양쪽 모두에게 중대한 시험이 되었다. 카터에게는 새 시대에도 자유주의가 여전히 활력이 있다는 것을 보여주기 위해 꼭 필요한 기회였고, 기업들에게는 자유주의의 취약성을 폭로하기 위해 꼭 필요한 기회였다. 그러나 상대가 되지 않았다. 민간 기업에 대한 관료적 규제의 심각한 피해를 내세우면서 기업들의 정치활동집단들은 이 이슈를 통해 카터 행정부에 대해 치명적인 공격을 가했다. 소비자 보호국 제안을 더 많은 요식행위와 관료적 무능력을 불러오는 처방이라고 부르면서 이들은 카터의 새로운 자유주의가 자유주의 레짐이 초래해 온 문제들에 대한 해결책이 아니라 그 증상으로 보이도록 만들었다.[88] 한순간에, 정부의 무절제한 팽창과 불필요한 시장 개입에 대한 카터 자신의 비판을 그에 대한 가장 맹렬한 비판가들이 장악했고, 자신과 자유주의 기득권 간에 카터가 애써 그어 놓은 구분선이 지워져 버렸다. 전형적인 민주당에서 가장 멀리 떨어져 있던 이 대통령은 당의 전통적인 아젠다들을 무시함으로써 자유주의 기득권을 소외시켰지만, 이 기득권이 만들어 놓은 모든 것들에 대한 보수주의자들의 줄기찬 공격으로 인해 자신이 자유주의 기득권에 긴밀하게 연결되어 있다는 것을 깨닫게 되었던 것이다. 결국, 카터의 차이나는 자유주의(liberalism-with-difference)는 1970년대 미국 정치가 빠져들었던 분파간 대결 속에서 버텨 낼 근거가 없었다. 무언가 다르다는 것 때문에 자유주의자들에게 취약했던 것과 마찬가지로, 대충 유사하다는 것이 보수주의자들에게 취약해지도록 만들었던 것이다.

현대 대통령의 버티기

자유주의 정부에 대한 신뢰를 복구하는 것과는 거리가 멀게도 카터는 스스로가 자유주의 정부에 대한 회의론의 주원인이 되었다.[89] 백악관 측근들은 눈에 보이는 것보다 첫 해에 이룬 것이 많다고 항변했으나, 눈에 보이는 것들이야말로 카터가 정치 지도자로서 자신의 권위를 내걸었었던 크고 작은 이슈들이었다. 첫 해 내내 카터가 취임하면서 내걸었던 거의 모든 주장들이 검증되고 불신되었다. 복지 체계 개편, 의회의 나눠먹기에 대한 거부, 정부의 새로운 도덕성, 새로운 에너지 관리 정치, 심지어 자유주의적 개혁의 부활에서까지도 카터는 자신의 기준 속에서 허둥댔다. 무능력이란 비판이 크고 분명하게 울려 퍼지기 시작했던 것이 놀랄 일은 아니다.

그러나 반드시 기억해야 하는 것은 이것이 바로 레짐 말기 소속당 대통령의 기본적인 운명이라는 점이다. 신뢰를 정부 조직에 둔 채, 레짐 근본의 정치적 해체를 가속화시키는 것이다. 대통령 권력의 행사보다 더 빨리 공허한 합의를 노출시키는 것은 없으며, 기술의 본질화 위에 구축된 합의 보다 더 공허한 합의는 없다. 해체가 임박한 시기의 이 반복적 패턴 속에서 무능력하다는 비판을 고려할 때, 카터의 리더십 시도가 이해될 수 있다.

프랭클린 피어스가 상원의 당 지도부에 마침내 굴복했던 때가 바로 이러한 교착상태였음을 상기해 보라. 첫 해에 이전의 정당 조직을 정비하고 아젠다들을 복구하는 데 실패하고 나서 피어스는 자신을 권좌에 앉혀주었던 선거 당시의 서약을 포기하고 스티븐 더글라스가 제시한 두 번째 기회를 움켜잡았으며, 민주당 조직의 품에 돌아가려고 최선을 다했다. 지미 카터는 그러지 않았다. 구 레짐의 대변인 역할에 있어서 스티븐 더글라스와 별로 다르지 않았던 매사추세츠 주 출신 상원의원 에드워드 케네디는 한 손에는 새로운 자유주의적 열망을, 다른 한 손에는 포위당한 대통령이 실패작이라는 비난을 하겠다는 위협을 품고 카터 행정부 2년차의 백악관으로 진군했다. 그러나 피어스-더글라스 연합의 재난을 다시 보여줄 카터-케네디 연합은 없었다. 피어스와 같은 상황에 직면해서 카터는 저항을 선택했다. 카터는 자유주의 기득권의 비난에 반항했고, 원래의 비판을 더 예리하게 했으며, 국민들 전체로부터 기회를 찾으려 했다. 원래의 리더십 자세가 불가능한 상황에서 카터는 대신에 민주당의 자유주의적 지지기반은 "허상"이며 민주당의 전통적 지지기반과 멀어져서도 자신이 견뎌낼 수 있다는 자부심에 빠져들었다.[90)]

원래의 리더십 프로젝트를 복원하기 위한 카터의 세 가지 시도 중 첫 번째에서 이미 카터와 케네디의 결별은 예고되었다. 이 세 가지 "재탄생" 각각은, 정치적 대가가 무엇이든 간에 당면한 어려운 현실을 기꺼이 마주하는 책임 있는 관리자로서의 카터의 정치적 정체성을 다시 내세우려는 것이었다.[91)] 각 시도에서 카터는 소속당 대통령의 짐을 조금 더 벗어버리고 백악관 자체의 제도적 자원을 지니고 홀로 서기하는 결의를 다지려 했다. 카터가 피어스의 선택을 거부할 수 있었던 것은 바로 피어스 당시에는 존재하지 않았던 제도적 대안이 있었기 때문이다. 카터의 판단은 정치적 가능성에 대한 순전히 현대적인 판단이었으며, 마지막 순간에 정당은 대통령이 원하는 바대로 되리라는 계산이었다.

카터의 "재탄생"은 1978년 봄에 처음으로 선언되었다. 백악관 고문 해밀턴 조단(Hamilton Jordan)은 대통령의 메시지를 알리고 업적을 인정받으려는 당시까지의 노력이 무산되었음을 솔직하게 인정했다. "첫 해에 우리는 많은 것을 했습니다. 그러나 우리 스스로 세운 비현실적인 목표들로 평가받고 있기 때문에… 부족한 것처럼 보입니다."라고 그는 항변했다. 카터 행정부에 대해 이미 자리 잡기 시작한 부정적 인식들 중에서도 가장 불쾌했던 것은 "지미 카터는 강하지 못하며 무능력하다."라는 믿음이었다. 이런 인식을 바꾸기 위해서 카터는 "대통령의 적합한 정치적 자원들"을 재배치하기로 결정했다. 백악관 참모진은 재조직화되고 강화될 것이고, 내각은 더 엄격히 통제될 것이며, 대통령의 노선으로부터 이탈을 막기 위해 의회와의 공조(liaison)가 강화되고, 백악관의 조정을 통해 이익 집단들의 지지가 보다 효과적으로 동원될 것이며, 대통령 자신은 자주 백악관을 벗어나 국민들과 접촉하게 될 것이었다. 의회 내 민주당이 너무나 분열되어 있어서 원내 지도부가 대통령에게 필요한 정치적 지지를 가져오지 못한다는 사실을 어렵게 배웠다고 조단은 보고했다. 집단적 책임이라는 환상이 이제 깨어졌으므로 대통령에게 정치적 독자성과 개인적인 통제력을 더 주기 위해 행정부 전체가 재구성되고 있었다. 대통령 권력의 수단들이 재조직화되면 국민들이 마침내 "진정한" 지미 카터를 보게 될 것이라고 조단은 생각했다. "그는 매우 강하고, 대단히 능력이 있습니다."[92]

전국민 건강 보험 계획에 대한 민주당 정강을 어떻게 실현하는가에 관해 케네디와의 개인적 협상이 가열되어 가면서 카터의 강인함은 공개적으로 예고되고 있었다. 카터는 어떤 식의 포괄적인 건강 보험도 국가 경제 상태가 허락하는 한에서 점진적이고 단계적으로 이루어져야 한다고 고집했으며, 건강 보험 계획 전체의 실행을 위해 정부가 전면적으로 나서기를 원하는 케네디의 바람을 완강하게 거부했다. 실제로 1978년 전반기 내내 카터는 자신의 포괄적인 에너지 안보 프로그램을 상원이 해체시키는 것을 막으려 했을 때만큼이나 케네디의 포괄적 건강 보험 프로그램을 해체시키는데 단호하게 임했다. 두 사례 모두에서 카터 행정부는 보다 전통적인 형태로 당과 이익을 대표하라고 조르는 표면상의 정치적 우군에 대항하여 책임 있는 관리라는 새로운 정치를 위해 강인하게 버티고 있었다.

물론 카터가 민주당의 전통적인 아젠다를 인정하면서도 실제로는 이를 위해 별다른 노력을 하지 않은 것이 이번이 처음은 아니었다. 칼리파노의 복지 개혁 구상에 대해 그랬듯이, 카터는 건강 보험에 대해서도 자유주의 동지들의 기대를 만족시키면서 동시에 국민들에게는 자신의 보수적인 재정 운용을 보여주려고 했다. 케네디는 이 이슈에서 관건이 되는 것을 알았고 자유주의 신념의 수호자로서 자신의 책임을 받아들였다. 7월에 케네디는 백악관에 가서 노조의 막강한 지지를 과시하면서 자신의 건강보험 계획을 대통령이 지원한다면 이 핵심 지지층이 다음 회기 의회에서의 행동을 확고하게 해 줄 충분한 표를 중간선거에서 몰아줄 것이라고 약속했다. 카터는 이에 솔깃해지지 않았다. 의회에서의 호의적인 표결을 기대하지 않았고, 원내 민주당을 위해 애쓸 의향이 없었으며, 조세 저항의 분노가 다가오는데 노조가 중간선거에서 충분한 표를 몰아줄 가능성도 작아 보였다.[93] 무언가 해야 한다는 것을 카터는 알고 있었지만, 이는 단지 예비선거 당시 자동차노조와 그 막강한 정치운동 조직의 지지를 얻는데 전국민 건강 보험 공약이 결정적이었었기 때문이었다. 하지만 케네디가 자신의 프로그램 뒤에 노조의 지지를 구축하고 있음에도 불구하고 카터는 케네디의 프로그램에 얽매이려 하지 않았다. 카터가 경제 상황에 결부된 단계적 접근 지침을 국민들에게 공개하겠다는 의향을 케네디에게 밝히자, 케네디는 즉흥적인 기자회견을 열고 카터의 계획이 엉터리라고 비난했다. AFL－CIO 의장 조지 미니(George Meany)를 옆에 앉혀두고 케네디는 대통령이 여론을 잘못 읽고 있고 리더십 역할에 실패하고 있으며 민주당의 약속들을 무산시키고 있다고 비난했다.[94]

케네디와 카터 모두 여론이 보수적으로 변하고 있음을 느끼고 있었다. 그러나 "역풍을 뚫고 항해하자."라는 케네디의 초청을 카터는 거부했고, 케네디는 민주당 행정부가 자유주의 아젠다를 포기하도록 용납하기를 거부했다. 이 싸움은 건강 보험에 대한 이견에만 그치지 않게 된다. 카터 행정부의 1979년 예산안이 이를 여실히 보여준다. 세 번의 "긴축 예산" 중 첫 번째였던 이 예산안에서 카터는 의회에게 (소련의 군비 증강에 대응하기 위해) 국방비를 증액하고 이를 위해 사회 정책 지출을 삭감할 것을 요청했다. 이는 자유주의적 정책 기조에서 사실상 이중의 이탈을 시작한 것으로, 하나는 여전히 자유주의가 자부하는 정통의 국내 아젠다에서 멀어진 것이었고, 다른 하나는 베트남전 이후 대부분의 자유주의자들이 포기했던 외교정책상 냉전의 정통으로 돌아간 것이었다.[95] 1978년 12월의 임기 중간 전당대회에서 케네디는 이에 대해 다음과 같이 반응했다.

노인들과 가난한 사람들, 흑인들, 병든 이들, 도시지역들과 실업자들을

> 희생시키면서 연방정부 예산을 대폭 삭감하는 것보다 미국인들과 우리 당에 더 분열적인 이슈는 거의 없습니다. 일자리나 의료와 같은 영역에서 지출을 최대한 줄이면서 국방에 대한 부풀려진 지출을 통해 수십억 달러의 낭비를 허용하는 정책을 우리는 받아들일 수 없습니다.[96]

백악관은 임기 중간 전당대회를 확실하게 준비해 두었으나, 케네디는 자신이 누구에게 말하는지 잘 알고 있었으며, 민주당 엘리트들이 케네디의 저항에 환호하고 도전을 격려하는 것을 카터 행정부는 막을 수 없었다. 이 직전에 모든 실질적인 정책 효과가 의도적으로 철저하게 삭제된 험프리-호킨스 완전고용법(Humphrey-Hawkins Full Employment Act)이라는 자유주의 정통을 재확인하는 법을 의회가 제정했었다는 점을 주목할 필요가 있다. 민주당 엘리트들은 오래된 지지층들에게 줄만한 다른 것이 별로 없었기 때문에 이런 낡은 상징을 동원했던 것이다. 케네디는 이 상징들을 장악했고, 그 결과 카터는 지지층의 뺨을 때렸다는 비난을 받게 되었다. 권력은 대통령이 지녔으나, 권위의 목소리로 말한 것은 케네디였다.

민주당의 리더십을 위한 대결은 카터가 이길 수 없는 싸움을 한 또 다른 경우이다. 여러 차례의 카터의 재탄생을 뛰어 넘기 위해 케네디는 대통령 후보지명 전당대회 직전까지 도전을 계속하게 되며, 훨씬 전에 이미 카터가 표를 확보하고 있었음에도 불구하고 케네디의 연설이 다시 한 번 대의원들을 사로잡게 된다. 그 사이에, 무능력하고 실패작이며 배신자라고 케네디가 대통령을 비난하는 동안 카터는 어떻게든 나쁜 상황에 잘 대처하려고 했으며, 케네디의 도전을 자신의 강인함을 보여줄 기회로 삼았다. 전당대회의 마지막 연사는 부통령 월터 먼데일(Walter Mondale)이었는데, 그는 "가장 중요한 사회 정책 프로그램"은 인플레이션 억제 프로그램이며 이것이 없으면 모든 사회 정책 프로그램들이 실패할 것이라는 행정부 입장을 반복했다.[97] 6개월 후에 민주당원들이 백악관에 있는 책임 있는 관리자보다 상원에 있는 민주당 신념의 수호자를 2대 1의 비율로 더 선호한다는 여론조사 결과가 나왔을 때에도 카터는 여전히 케네디의 정치적 기반이 허상이라고 확신했으며, "그의 볼기를 때려주겠다."(I'll whip his ass)라는 말로 케네디의 도전을 무시해 버렸다.[98] 1980년 중반에 경제가 불황 국면에 접어들어 가고 있을 때 케네디의 선거 운동이 도시 지역 실업 문제에 대한 긴급 구호로 120억 달러를 공약한데 반해 카터는 무관심했다. 강경 노선을 취하면서 카터는 "예기치 못한 문제들을 해소하는데 인플레이션 없는 재정 지원을 하고 긴축재정을 유지한다는 틀 내에서 전국의 시장들과 협력하겠다."고만 말했다.[99] 이처럼 케네디의 도전에 직면하여 "강인함"의 이미지를 보여줌으로써 카터는 "비열하다"는 비난의 씨앗을 뿌렸으며, 그 결실을 본 선거 운동과정에서 레이건 진영이 수확하게 된다.

그렇지만, 이때쯤 되면 카터는 여러 차례 재탄생했다. 가장 고통스러웠던 두 번째 재탄생은 1979년 여름에 이란 혁명의 여진으로 심각한 휘발유 부족사태를 겪게 되었을 때 이루어졌다. 케네디의 도전이 돌이킬 수 없는 위기를 불러오고 있고 대통령직이 계속 흔들리고 있는 가운데 돌연 카터가 전 국민의 주목을 받게 되었다. 이미 일정이 잡혀있던 에너지 위기에 대한 연설을 취소하고 모든 일상 업무를 연기한 채 수수께끼처럼 카터가 캠프 데이비드로 은둔했던 것이다. 여기에서 카터는 국내 정책에 대한 임시 정상회의를 개최한다고 선언했다. 점점 깊어지는 대중들의 불안감 속에서 카터가 자신의 대통령직 수행을 재평가하는 것을 도우러 모든 분야의 지도자들이 이 산간 휴양지에 모여들었다. 그러는 동안 국민들은 긴장감을 높이기 위해 신중하게 기획된 이 드라마에 빠져들어 진단 결과를 기다렸다.[100]

민주당의 대통령 후보 지명을 받은 지 3주년이 되던 7월 15일에 카터는 자신이 발견한 것을 보고했다. 항상 그래왔듯이 카터는 잘못을 솔직히 인정했다. 그는 국민들이 좌절하고 있다는 것을 알고 있었고, 국민들의 우려를 정면으로 다루었다. 따라서 카터의 연설은 이전보다 훨씬 더 깊이 있는 문제들을 꺼냈다. "여전히 수백 개의 돈 많고 강력한 특수 이익들에 의해 온갖 방향으로 끌려 다니고 뒤틀어져 있는" 내각과 의회의 배신에 대해 카터는 말했다. 지금까지 자신은 "마지막 표결에 의해, 거의 한, 두 가지 완강한 집단의 마지막 숨결에 의해 모든 극단적 입장이 어떻게 옹호되는지" 직접 체험해 왔다는 것이다. 그렇지만, 연방정부에 대한 이런 평가가 아무리 암울하다 해도, 카터가 보기에 워싱턴 기득권의 타락한 습성은 단지 더 큰 문제의 한 증상일 뿐이었다. "미국 민주주의에 대한 근본적인 위협"은 사회 자체에, 곧 "방종과 소비를 숭배하게 된" 대중문화 속에 있다."라고 카터는 말했다. 사실상 카터는, 미국 정부를 미국 국민만큼이나 좋게 만들겠다는 원래의 약속을 지키기 전에, 국민들 자체가 선한 길로 되돌아가도록 이끌겠다고 결론지은 것이다. 카터는 에너지 보존을 위한 강력한 새 대책을 발표할 것이라고 국민들에게 말했으며, 이 도전을 기회로 받아들여 달라고 요청했다. 진정한 자신이 누구인지를 잘 살펴볼 기회, 방향을 바꾸고 올바른 자세를 잡을 수 있는 기회, 미국을 위대하게 만들어 왔던 근면과 금욕과 공동선을 위한 희생이라는 가치를 되찾을 수 있는 기회를 국민들에게 제시했던 것이다.[101)]

이 메시지에서 카터는 현 상태와 자신과의 관계에 대해 언급하지 않았다. 이때가 되면 카터는 피어스의 선택은 물론 후버의 선택도 거부했다. 물려받은 레짐의 이미 시도되었던 원칙를 보존하겠다거나 일시적인 긴급대책으로 여기서 이탈하겠다고 말하지 않았던 것이다. 대신에 카터는 단호하게 전체 체계의 파산에 대해 말했다. 기존의 정책 우선순위들을 영구적이고 근본적으로 재조정하기 위해 카터는 상상 속의 과거로 돌아가서 현 체계의 방종 속에서 잃어버린 가치들을 끌어냈다. 이 연설은 대통령의 독자성을 선언한 것이었으며, 이 연설이 꼭 재편 운동을 일구어낸 것은 아니지만, 카터로 하여금 온전히 재편을 위한 행동을 하도록 만들었다. 어떤 면에서 카터는 존 애덤스의 선택을 재발견했던 것이다. 가장 큰 위기에 처했던 때의 2대 대통령처럼, 이 가장 극적인 순간에 카터는 경쟁세력들의 장밋빛 꿈을 깨게 만들고 국민들이 상황에 정면 대결하게 만들려고 했던 것이다. 2대 대통령처럼 카터는 자신의 행정부에서 충성하지 않는 민주당 인사들을 몰아내기로 선택했다. 이미 스티븐 더글라스의 배역을 거절당했던 신념의 수호자 케네디는 1800년 당시 알렉산더 해밀턴의 대사를 빌려와서 훼방꾼 배역을 선택하게 되었다.

당연히 이런 전략을 추진하는 데 있어서 모든 면에서 현대성이 영향을 미쳤다. 카터는 단지 가장 반항적인 내각 인사들만 몰아낸 것이 아니라 백악관 참모진도 재조직했는데, 위계적 통제를 강화하기 위해 한때 경원시했던 비서실장 자리를 다시 도입했다. 또한 통제를 강화하는 한편, 다른 면에서는 통제를 완화하기도 했다. 이러한 재조직 중 가장 중요했던 것은 강력하지만 공식적으로 독립적인 연방준비위원회(Federal Reserve Board) 의장에 새로운 인사를 임명한 것이었다. 카터 행정부가 팀 플레이어라고 극찬했으나 월스트리트에서는 인플레이션 유발자라고 비난받던 윌리엄 밀러(William Miller)가 연준에서 재무부로 옮겨서, 백악관이 내각에서 최악의 존재로 간주하던 마이클 블루멘탈(Michael Blumenthal)을 대체하게 되었다. 그리고 나서 카터는 "월스트리트의 선택" 폴 볼커(Paul Volcker)를 금융 체계를 책임지는 자리에 앉혔다. 볼커는 카터가 얼마 전에 요구했던 국가적인 절제와 희생에 확실히 부응하는 듯 보였으며, 이런 목적에 따라 40여 년간 지속되었던 민주당의 통화 정책을 뒤집으려 했다. 인플레이션의 소용돌이에서 미국 경제를 빠져 나오게 하기 위해 이 새 연준 의장은 전통적인 재정 관리 원칙을 폐기하고, 통화 공급을 조절한다는 이단적 수단으로 케인즈주의 정통을 대체했으며, 사실상 이자율을 시장에 맡겨 두었다.[102]

기득권에 대항하여 국민들에게 강력히 호소하는 가운데 스스로는 기술관료들에게 장악되어 대중주의적이고 잭슨같은 자세를 버린 것은 카터 리더십의 두드러진 역설 중 하나이다. 1979년 가을부터 1980년 가을 사이에 중앙은행이 이 선거 해에 불황을 만들어 가고 있을 때, 백악관의 이 민주당 대통령은 침묵을 지켰다. 카터는 긴축적인 통화 정책을 기대했었으며 (그러나 이런 정도의 혁명적인 것은 확실히 아니었다) 자신이 임명한 볼커가 낭비와 무책임한 소비에 대해 자신이 개시했던 공격을 이끌고 있는데 대해 반대하기가 어려웠다. 선거 유세에서 마지막 몇 주가 남았을 때 표준금리가 14 퍼센트까지 올라가고 전통적인 민주당 지지층을 동원하기 위해 카터 진영이 필사적이 되자, 카터는 새 정책에서 거리를 두면서 그 타당성에 의문을 제기하기 시작했다. 카터가 불었던 잭슨 같았던 나팔 소리는 1980년 10월에는 연준이 (연방 사법부와 마찬가지로) 행정부와 완전히 독립적이라는 무기력한 항변이자, 연준의 정책이 "무분별하다"는 개인적인 견해가 되고 말았다.[103]

국가의 가장 중대한 경제 문제로 완전 고용보다 인플레이션을 우선하는 긴축 프로그램을 도입한 이후, 그리고 행정부에서 자유주의자들을 몰아내고 통화정책에 있어서 보수주의 혁명을 지원하게 된 이후, 카터의 리더십은 완전한 혼란 상태에 빠지게 되었다. 1979년 여름의 개각과 이로 인해 촉발된 거대한 정책 변환은 책임 있는 정책 관리와 정책 우선순위의 전면적인 재편 사이의 경계를 흩트려 놓았다. 그렇지만 이 새로운 독자적인 조치들을 추진하는 데 있어서 카터의 정치적 자원은 막강하기는 했으나 가변적이었다. 캠프 데이비드에서의 극적인 정상회의를 통해 얻은 정치적 지지는 개각을 하겠다는 결정으로 인해 바로 수그러들었다. 사임을 요구하면서 카터는 재능이나 관리 능력을 문제 삼지 않았다. 이 개각은 카터가 원래 행정부를 구성할 때의 조건들이 변화했음을 제대로 보여주었다. 새로운 조건이란 대통령의 의지에 대한 복종을 노골적으로 요구하는 것이었으며, 그 희생자들은 이 강압 전술에 분개했다. 대통령의 처우에 대한 이들의 분노는 민주당 지도부 사이에 퍼져 나갔고, 행정부 내의 혼란이 폭로되면서 카터에 대한 지지도는 기록적으로 하락했다.[104] 현대 대통령직에 홀로 앉아서 이제 카터는 롤러코스터를 타고 있는 상황의 피조물에 불과하게 되었다. 위기들을 이용하여 일시적으로 통제하고 있는 듯 보일 수 있었지만, 그러다가 바닥이 가라앉게 되고 다시 한 번 신뢰를 구축하기 위해 또 다른 기회를 기다려야만 하게 되었다. 결국, 이란에서의 미국인 인질 사태, 예리한 관찰자가 "상황의 선물"이라고 부른 사태가 최고의 기회가 되었다.[105]

1979년 11월 초의 인질 억류 사태는* "진정한" 지미 카터의 세 번째

---

* 역주: 1979년 11월 4일, 이란 혁명 직후 이란의 급진파 학생 운동 세력이 미국 대

재탄생을 불러 왔다. 다시 한 번 카터는 국민들의 좌절에 대해 목소리를 높였다. 그는 보좌관들에게 다음과 같이 고백했다. "국민들의 분노에 대해 표현을 해 주어야 합니다. 국민들의 분노를 표현하는 데 있어서 내가 확고하고 강인하다고 국민들이 인식한다면, 아마 우리가 이 일을 통제할 수 있을 것입니다."[106] 다시 한 번 카터는 일상적인 업무를 중단했다. 예비선거에서 케네디와 토론하려던 계획을 취소하고 정당 정치에서 빠져나왔다. 바로 몇 달 전에 미국 민주주의에 대한 "근본적 위협"이라고 자신이 묘사했던 것들을 제쳐두고, 카터는 미국인 인질들을 구해내는 이 임무에 몰입했다. 다시 한 번 카터는 워싱턴 기득권을 멀리하고 대통령직이 지닌 자원들 속으로 들어갔다. 국무장관 밴스가 외교와 신중함과 자제라는 전통적인 방식을 촉구한 데 비해 국가안보 보좌관 브레진스키는 이 사태의 가능성을 포착하고 백악관의 상상력을 불러 일으켰다. "이 사태는 카터 행정부에 대한 첫 번째 큰 시험입니다. 당연히 위기이지만 기회이기도 합니다. 전 세계에 대통령이 국제적 위기를 다룰 수 있다는 것을 보여줄 수 있는 기회, 미국의 결의를 보여줄 수 있는 기회입니다."[107] 마침내 결정의 순간이 되었을 때 브레진스키의 입장이 압도했고 밴스는 사임했다.[108]

카터는 인질 위기를 자신의 리더십에 대한 큰 시험으로 만드는 데 전혀 시간 낭비를 하지 않았다. 위기 시작 후 12일째 되던 날에 AFL-CIO에서 연설하면서 카터는 노동 문제에 대한 그간의 업적에 대한 논의들을 모두 제쳐 두고, 이제 책임 있는 국정 관리자로서 자신의 정체성을 보다 확고하게 내세울 수 있는 이 이슈에 초점을 맞추었다. 카터는 인질들이 "미국민으로서 우리의 존재에 근본이 되는 기본적인 사실들과 원칙들을 상기시켜주는" 국가적 영웅이라고 말했다. 그는 인질들의 석방을 위해 노력하면서 "확고하고", "인내하며", "끈질기겠다고" 약속했다. 그 뒤 카터는 자신이 이루어 온 업적들을 돌아보았고, 마지막에는 에너지 안보에 대

사관을 점거하고 미국 외교관과 민간인들을 인질로 억류한 사태. 인질들은 444일간 억류되었다가 1981년 1월에 석방됨. 1980년 선거에서 카터가 참패한 원인들 중 하나로 평가됨.

한 3년간의 끈질긴 노력을 인정받으려 했다.[109] 선거 해가 밝아옴에 따라 카터가 인질 사태 이외에 자신이나 국민들의 관심을 받도록 허용한 유일한 이슈는 소련의 아프가니스탄 침공이었다. 카터의 관점에서 이 사태는 "2차대전 이래 세계 평화에 가장 중대한 위협"이었으며,[110] 이에 따라 카터는 냉전의 정통으로 빠르게 되돌아갔다.

1980년 초에 카터는 3년간의 좌절을 털어버리고 이제 미국이 해결해야 주요 과제는 두 가지뿐이라고 선언했다.[111] 둘 다 다루기 힘들어 보이는 국내 문제들과는 별 상관이 없었고, 당분간 카터는 드디어 대통령직을 온전히 통제하게 된 듯 보였다. 정치적 영향은 즉각 나타났다. 민주당 경선에서 실제로 승리할 수 있다는 케네디의 희망은 산산이 부서졌다. 당면한 위기를 해결하기 위해 백악관에 은둔해 있는 대통령은 정치적으로 공격이 불가능했다. 위기 관리 자체가 사실상 일종의 선거 유세가 되었다. 백악관이 독트린과 금수, 동결, 보이콧, 이민 규제, 징병 등록을 발표하는 동안 정치 지도자들은 지지를 표명했고, 카터의 강인함과 압박을 견디는 능력에 대한 증인이 되었다.[112] 보다 중요한 것은, 카터가 이제 국가적 이슈를 장악하게 되면서 케네디의 비판에서 대상이 사라지게 되었다는 점이다. 카터가 국내정치에서 사회 개혁보다 에너지 안보를 우선했던 것이 인질 사태에 의해 정당화되었으며, 마찬가지로 소련의 침공은 냉전의 안보정책으로 카터가 회귀한 것을 정당화시켜 주었다.[113] 정치적 운세의 역전은 경이로웠다. 카터의 지지도는 한 달 만에 20 퍼센트가 넘게 뛰었다. 여름까지 2대 1의 비율로 케네디를 선호했던 민주당원들은 이제 카터를 선호하게 되었으며, 1980년 3월이 되면 그 차이는 2대 1이 되었다.[114]

물론, 좀 더 길게 보면 이 일들은 상당히 달리 보이게 되었다. 이 문제 해결형 대통령은 성공적인 리더십의 기준을 최대한 엄격히 세워 놓았었다. 조만간 문제를 해결해야 했기 때문이다. 이렇게 스스로 부과한 시험의 부담 때문에 카터는 3년간 고초를 겪었었다. 그리고 다른 일들과 마찬가지로 인질 사태라는 시험이 마침내 그에게 닥쳐왔다. 4월 1일 위스콘신 예비선거 때가 되자 카터의 운은 다시 기울기 시작했고, 무언가 해야 한다는 압력이 견딜 수 없을 정도가 되었다. 예비선거일 아침에 인질 사태에 대해 진전이 있다는 의심스러운 발표가 있었으며, 이 날 카터의 승리로 그의 지명은 확실해졌다. 그러나 이 발표가 오도된 희망으로 밝혀지자마자 백악관은 인질 사태를 정치적으로 악용한다는 비난에 시달리게 되었다. 격분한 카터 행정부는 마지막으로 군사적 구출을 선택했으나, 이 역시 무너져 내렸다.*

이렇게 보면, 이 레짐 말기 소속당 대통령의 리더십 정치에 대해 현대성이 미친 영향이 거의 없다고 결론내리기 쉽다. 지미 카터의 다른 "재탄생"과 마찬가지로, 이 마지막 재탄생도 무위로 돌아갔다. 이전 3년간의 좌절로부터 해방시켜 주기는커녕, 인질 위기는 가장 좌절스러운 곤경이 되었으며, 4년 전체를 상징적으로 보여주는 처참한 비유가 되었다. 본 선거 직전 일요일인 11월 2일에 카터가 갑자기 선거 유세를 중단하고 인질 사태의 진전 때문에 백악관으로 급히 돌아간다는 속보가 나오면서 이 비유는 더 강화되었다. 이후 밝혀졌듯이 보도할 만한 뉴스도 없었으며, 사면초가가 된 대통령은 다시 한 번 TV에 나가 미국인 인질들의 자유가 다가온 것이 아니라고 인정해야 했다. 로버트 스트라우스(Robert Strauss)의 견해에 따르면, "모든 것을 일어나게 한 것이 일요일이라는데 의문의 여지가 없다. 레이건 혼자 그렇게 할 능력은 없었다…. 무언가가 더 필요했었는데, 그날 [카터가] TV에 나가면서 바로 그렇게 되었다."[115] 패트릭 카델(Patrick Caddell)도 여론조사 결과를 살펴보면서 이 판단에 동의했다. 중도층 투표자들이 압도적으로 공화당을 지지하게 되면서, 카델이 카터에게 걸고 있던 희박한 희망을 날려버렸던 것이다.[116]

하지만 이렇게 결론을 내는 것은 현대 대통령직이라는 것을 너무 경시하는 것이다. 선거 전 일요일의 카터의 리더십에 대해 의문이 제기되었었다는 사실 자체만으로도 대통령이 만드는 정치에 대한 현대성의 영향을 짐작할 수 있다. 사실, 몇 차례의 재탄생을 통해 카터의 리더십 가능성에

* 역주: 1980년 4월의 구출 작전은 사막의 모래 폭풍과 헬기 고장으로 인해 무위로 돌아갔음.

있어서 중대한 변화들이 생겼었다. 카터는 자유주의 정부로부터 물려받은 기약들을 도려냈었고, 자유주의 기득권의 선두 주자로부터 직접적인 도전을 받으면서도 재지명에 성공했다. 무엇보다 놀라운 것은, 대통령사에서 전례가 없던 내부로부터의 재편의 가능성을 하나의 도박과 같은 것으로 만들어 냈다는 것이다. 1979년 11월에 카터는 인질 구출이라는 대단히 연관성이 적은 도전을 정치 지도자로서 자신의 능력에 대한 모 아니면 도식의 시험으로 삼았다. 이 도전은 지난 3년간 카터 행정부가 겪었던 좌절에 연관된 것이 아니었고, 당시 카터가 시작하고 있던 정책 변화의 내용과도 무관한 것이었다. 경제가 불황으로 빠져들고 있고, 행정부가 경제 관리 실패라는 후버의 이미지를 닮아가고 있으며, 레이건이 승기를 잡아가고 있고, 전통적인 민주당 지지층의 카터에 대한 지지가 미약했음에도 불구하고, 본 선거는 카터가 인질 사태에서 "깜짝 쇼"를 할 수 있는 가능성이 여전히 열려있는 채 결말로 치닫고 있었다. 4월의 구출 작전이 성공했거나 선거 유세 마지막 주에 테헤란이 협조적으로 나왔었다면, 카터가 자신의 리더십과 자신이 이끌려고 했던 민주당 정책 우선순위들의 변화를 인정받았을 수도 있었다는데 현대 대통령직의 리더십이 지니는 진정으로 놀라운 점이 있다. 연관성이 적고 협소한 이 이슈를 통해 카터는 실제로 자신이 국가적 문제들에 대한 빈틈없는 관리자라는 것을 스스로 확인하고, 모든 분야에서 좌절당한다는 이미지를 곤경에 직면해서도 강인하고 끈질긴 덕성의 상징으로 바꿀 수 있었을 수도 있다. 현대 대통령직은 지미 카터에게 이런 기회를, 운명을 거부하고 정치적 시간을 탈출할 수 있는 기회를 부여해 주었던 것이다.

레짐 소속과 거부할 수 있는 권위

레짐의 정책 우선순위들이 내부로부터 재구성될 수 있을까? 정치적 정체성의 전통적 경계들이 너무 멀리 확장되어서 원래 대통령 리더십 유형들을 구분해 왔던 것들이 더 이상 의미가 없게 되었을까? 현대 대통령들은 소속당이든 반대당이든, 기존 레짐의 인정이든 거부이든, 지속이든 재편이든 상관하지 않고 마음대로 자신의 정치를 만들 수 있는가? 지미 카터의 재임기간은 이런 의문들을 가장 뚜렷한 형태로 던져 주었다. 원래의 리더십 프로젝트가 무너지자 카터는 이 전통적인 경계를 전례 없을 정도로 부정해 버렸다. 그렇지만, 소속당 대통령이 지니는 한계를 4년간 밀어붙이다가 카터는 주저앉을 수밖에 없었다. 민주당 후보 지명을 수락하면서 카터는 전날 밤 케네디가 주장한 것을 인정했다. "케네디 상원의원에게 한 말씀 드리고 싶습니다. 이 전당 대회에서 한 당신의 연설은 민주당이 무엇이고 민주당이 국민들에게 무엇을 의미하는지, 그리고 금년에 민주당이 승리하는 것이 왜 그토록 중요한지에 대한 훌륭한 설명이었습니다. 오늘 밤 나는 당신에게 손을 내밉니다. 그리고 당신의 용감하고 열정적인 선거 유세에서 당신을 지지했던 모든 사람들에게도 손을 내밉니다. 테드, 민주당은 [당신을] 필요로 하고 나도 당신이 필요합니다."117)

수시로, 그리고 점점 더 강하게 카터는 케네디가 대표하는 정치를 단호하게 거부할 가능성을 제기했었다. 그러나 케네디를 물리치고 소속당 대통령으로서 독자적일 수 있는 범위를 새로 확장하면서도, 카터는 1976년 오하이오 예비선거에서 1979년 신뢰 위기 연설에 이르기까지 낡은 정치에 대한 자신의 공격을 방해하던 문제를 해결하지 못했다. 매번 공격할 때마다 그의 정치적 정체성에 대한 새로운 혼란이 생겼고 정치적으로 고립될 수 있다는 위협이 새로 생겨났다. 1980년 여름에 카터는 승리를 거두었으나, 그가 책임지게 된 정당은 그의 것이 아니었다. 소속당 대통령 리더십의 경계를 새로운 한계까지 확장시켰지만, 성공적으로 그 경계를 넘어서지는 못했다. 카터에게 탈출이란 없었다. 더 이상의 행동을 위한 새로운 근거가 없었기 때문이고, 케네디의 정당에 대해 자신이 한 일에 대한 단호한 설명이 없었기 때문이며, 당의 우려와 국가의 문제들을 다룰 수 있는 당연한 권한이 없었기 때문이다.

자신의 리더십에 대한 그 자신만의 강력한 규정이 없었기 때문에 카터는 자신이 원하는 대로 민주당을 다시 만들 수도 없고 그렇다고 홀로 서기를 할 수도 없음을 인정할 수밖에 없었다. 본 선거 유세에서 카터의 첫 번째 도전은—가장 어려운 도전으로 판명되기도 했던 도전은—열성 민주당 지지자들에게 자신이 정말 "자랑스러운 민주당원"이라는 것을 설득시키는 것이었다. 그 첫 걸음은 민주당이 허황된 존재가 아니며 민주당을 규정한 것은 케네디라는 점을 인정하는 것이었다. 최소한 공식적으로는 케네디 진영의 정책 우선순위를 카터 진영이 받아들였으며, 자신들의 경제정책 프로그램을 노골적으로 거부하는 정강을 채택했다. 케네디가 완강하게 주장하는 가운데 민주당은 가장 중대한 경제 문제로 인플레이션 보다 실업을 우선하는 과거 정책을 재확인했으며, 카터가 이전에 무책임하다고 비난했던 120억 달러 규모의 긴급 실업 구호를 약속했다. 상처에 소금을 뿌리듯이 케네디는 지지의 대가로 카터가 자신의 선거 비용 부채도 갚아줄 것을 요구했다.[118)]

말할 필요도 없이 "진정한 지미 카터"의 이 마지막 "재탄생"에는 진정한 내용이 없었다. 카터는 민주당 열성당원도 아니었으며, 선거 유세장마다 카터가 루즈벨트와 존슨의 유산을 재확인했지만, 1976년 선거에서 앤드류 잭슨의 거부의 나팔을 불었던 때만큼이나 반향이 없었다. 그러는 동안 "새로운 기반"(new foundation)이란 카터의 발상은 익숙한 방식으로 로널드 레이건이 넘겨 받았다. 레이건이 프랭클린 루즈벨트에 대한 기억을 불러낸 것만큼이나 1980년 선거에서 카터를 분개하게 만든 것은 없었다. 그렇지만 루즈벨트의 말에서 잭슨의 메시지를 발견한 것은 카터가 아니라 레이건이었으며, 재편 리더의 권위를 주장한 것도 카터가 아니라 레이건이었다. 디트로이트에서 열린 전당 대회에서 공화당 후보 지명을 수락하면서 레이건은 카터가 할 수 없는 단호한 조건을 내세우며 새로운 기반을 주장했다. "이 선거에서 가장 중요한 이슈는 백악관과 의회에 있는 민주당 지도부의 직접적이고 정치적이며 개인적이고 도덕적인 책임입니다. 우리를 덮친 전례 없는 재난이기 때문입니다."[119]

카터의 레짐 소속 여부가 민주당 충성파들에게는 의심스러운 것이었을지 모르지만, 카터의 적들은 확신할 필요도 없었다. 레이건은 이를 잘 활용했고 여기에서 위대한 거부자의 카리스마를 구축했다. 이렇게 된 순간, "쉬운 답이 없습니다"가 전혀 답이 없는 것이라고 폭로하는 것은 어려운 일이 아니었다.

제3편

저물어 가는 정치적 시간

제8장

레이건, 부시, 그 이후

다들 레이건 혁명이라고 부르는데, 나도 받아들입니다. 그런데 나에게는 항상 위대한 재발견(Great Rediscovery)처럼 보입니다. 우리 가치와 상식의 재발견 말입니다.

로널드 레이건

전반적인 대세가 있고, 레이건 대통령이 이 대세를 시작했습니다… 우리는 과거의 잘못을 바로 잡으려는 것이 아닙니다. 이미 수립된 자랑스러운 과거 위에 새로 세우려는 것입니다.

조지 부시

로널드 레이건이 그토록 광범위하게 위대한 거부자의 배역을 맡지 않았고 조지 부시가 충직한 후계자의 임무를 그토록 열성적으로 하지 않았다면, 이제 대통령 리더십의 정치가 200년 전에 비해 극적으로 달라졌다는 지배적 관점을 쉽게 인정할 수 있다. 그렇지만 최근의 대통령들은 고전적인 리더십 태세의 고유한 특성들을 그대로 보여주어서, 문제는 정반대로 설정된다. 오늘날 정말 걱정스러운 것은 대통령들이 전통적인 리더십 역할에서 멀어지고 있는 것이 아니라 이들이 여전히 역사 속의 자신의 위치에 대해 예전과 똑같은 방식으로 생각한다는 점이다. 2백 년간의 미국 정치사가 흐른 뒤에도 이들은 여전히 똑같은 정치를 만들려고 하고 있는 것이다.

미국 정치는 건국 초기에는 상상할 수 없는 정도로 진화해 왔고, 현대 대통령들이 지닌 권력 자원은 이전과 비교가 되지 않는다. 그렇지만 이 현대성은 대통령들의 정치적 목적까지 변화시키지는 않았다. 새로운 정치적 근거들이 없기 때문에 최근의 대통령들은 현대성이 무색해지는 리더십 프로젝트와 정치적 자세를 선택하게 된다.

최근의 대통령들이 대단히 다르게 보장된 권력을 중심으로 리더십을 설정해 왔으며 적절한 정치적 행동을 정하는 규칙도 크게 변화해 온 것이 사실이다. 그러나 이런 차이에도 불구하고 정통성에 대한 주장은 과거 방식이 계속 재활용된다. 오늘날 대통령의 권력 행사는 19세기 원형들을 흉내 내는 데 그친다. 지미 카터와 로널드 레이건, 조지 부시는 현대 대통령직을 수행하는 동일한 시험을 치른 것이 아니라 진행 중인 정치 드라마 속에서 각각 특별한 위치를 차지하고 있다고 주장함으로써, 존 퀸시 애덤스와 앤드류 존슨과 마틴 밴뷰렌이 구축했던 정치를 소름끼치게, 거의 초현실적으로 닮은 정치를 구축했다. 대통령 리더십이 순차적인 것으로, 곧 전임자가 재구성해 놓은 역사 속에서 위치를 확보하려는 후임자의 노력으로 이해되면, 현대성의 영향이란 것은 건국 당시부터 존재해 왔던 반복적 패턴을 조금 왜곡시키는 것에 불과한 것이 된다.

이제 역사적 분석이 가장 필요한 것을 다룰 때가 왔다. 바로 미국 정부와 정치의 조직화가 변화한 것이 갖는 중요성이다. 이런 변화들의 영향은 미묘하고 누적적인 것이지만, 그간 우리는 보다 먼 과거와의 비교를 무의미한 것으로 간주하고 최근 대통령들의 리더십 행사 방식 기술들에 대한 일련의 비판에만 매달려 왔다. “탈근대(post-modern) 대통령직”과 “대중동원형(plebiscitary) 대통령직”에 대해 다루면서 현재의 대통령 리더십 정치가 수십 년 전과 어떻게 다른지만을 보여주었던 것이다.[1] 그러나 이 새로 대두된 권력 구도는 일부만을 말해 주며, 대통령 리더십에 작동하는 시계는 계속해서 정치적 시간을 알려왔다. 가장 최근의 대통령들을 이전의 대통령들과 분리해내고 이들의 직무 수행으로부터 새로운 정치가 어떻게 작동하는지 알려고 하면, 과거의 패턴이 얼마나 지속되고 있는지를 놓칠 뿐만 아니라 지금 분석하고 있는 변화 자체에 대한 통찰도 제한된다.

우리가 현대의 비교 사례들만을 고집한다면, 로널드 레이건의 재편의 정치를 이해하기 위해 어떤 방안이 있는가? 하나는 무시하는 것이다. 즉, 레이건 리더십의 독특한 성격과 정치적 영향을 통상적인 현대 정치의 보다 일반적인 패턴으로 가려버리는 것이다. 예컨대 씨어도어 로위(Theodore Lowi)가 "현재 대통령직이 조직화되는 방식"에 내재되어 있는 새로운 행동 규칙을 평가할 때, 레이건은 단지 연관된 또 하나의 사례가 될 뿐이다. 로위에게 레이건은 새로운 "대중동원형" 정치의 모든 문제들을 보여주는 주요 사례이다.[2] 레이건의 경험이 전임자들의 경험으로부터 모을 수 있는 보다 일반적인 교훈들에서 크게 벗어나지 않으므로, 레이건의 차이점은 허상이라고 완전히 무시되지는 않는다 하더라도 이런 식으로 최소화된다.

전체적으로 볼 때, 레이건의 대통령직 수행이 "대중 호소"(going public)라는 새로운 전략의 전형을 보여주는 것이 사실이고, 다른 정부 조직들과 대통령의 관계에 있어서 무언가 근본적인 것이 잘못되었다는 평가를 이란-콘트라게이트(Iran-Contra)가 확인시켜 주는 것도 사실이며, 어려움에 직면해서도 레이건 행정부가 버텨냈다는 것이 대중동원형 정치에 있어서는 정치적 생존을 위해 경제 성장만큼 중요한 것이 없다는 법칙을 입증해 주는 것도 사실이다. 이런 평가들이 기반을 두고 있는 정치적, 제도적 발전과정의 중요성을 부인하는 것은 아니다. 문제는 이런 평가들이 레이건 재임기에 가장 중요했던 것들에 대해, 곧 레이건 재임기가 미국 정부와 정치에 어떤 영향을, 어떻게 미쳤는지에 대해 별다른 통찰력을 주지 않는다는 것이다. 레이건의 리더십이 가져온 특별한 영향을 대중동원형 정치의 설명 논리 내에서 설명하기는 어렵다. 이러한 논리들이 대통령직 자체의 의미를 보다 큰 통치 체계의 성격으로 가려버리고, 대통령직의 질서 교란적 힘을 걸러내 버리기 때문이다. "대중동원형 대통령직"에 대한 설명 논리들은 현대 리더십에 대한 대중의 좌절과 정치적 실패에 대한 포괄적인 단일 설명으로부터 만들어졌다. 그렇기 때문에 우리에게 현대적 조건 자체에 대한 비판을 제시한다. 그렇지만 자세히 들여다보면, 정치적 실패들은 여전히 다양한 성격을 지니고 있으며, 현대 대통령들이 실제로 이룬 것들의 차이에 여전히 상당한 중요성이 있다. 레이건의 재편이 지닌 한계가 무엇이든 간에, 최근의 대통령들 중 누구도 이전의 정부 기약들이 다루어지는 조건들이나 이전에 수립된 이익들을 만족시키는 조건들을 그토록 근본적으로 바꾸지는 않았었다.

현대의 관점에서 레이건을 평가하는 다른 방식은 레이건 리더십의 특출난 성격에 더 주목하는데, 첫 번째 관점과는 상충된다. 레이건이 이룬 성취의 특별한 성격에 주의를 기울이면서 많은 논객들이 레이건에게 환호했고, 레이건 직전까지의 대통령들을 비판했다. 이들은 체계가 변해서 성공이 거의 불가능하게 되었다는 익숙한 통설에 도전했다. 존슨, 닉슨, 포드, 카터의 "실패한 대통령들"과 레이건을 비교하면서, 이들은 대통령직은 "사람에 의해 좌우된다"는 관념을 부활시켰다. 이런 관점에서 레이건은 체계가 작동하도록 만드는 데 필요한 리더의 전형이 되었고, 레이건의 상대적인 성공은 무언가 근본적인 것이 잘못되었다는 비판을 기각하는 산 증거가 되었으며, 레이건의 대통령직 수행은 체계가 여전히 견고하고 문제는 단지 맞는 사람을 대통령직에 앉히는 것이라는 믿음을 확인시켜 주었다.

이런 식의 주장을 처음 한 것은 언론인들이었다. 레이건의 두 번째 취임일에 휴 시드니(Hugh Sidney)가 주장했듯이, "이 일이 한 사람에게는 너무 크다는 생각은 이제 별로 설득력이 없다. 한 사람이 차이를 만들어낼 수 없다는 생각이 몇 년 전까지만 해도 크게 호응을 받았었지만, 이제는 통하지 않는다. 우리는 대통령직이 기능한다는 것을 알면서 다음 4년을 맞이하고 있다."[3] 리차드 리브스(Richard Reeves)는 더 노골적이었다. "집무실(oval office)에 앉아 있던 사람이… 정치적 파산을 선언하고, 집무실 밖의 언론과 학계에서 리더십의 종말을 애도하고 있을 때, 레이건이 집무실에 들어섰다. 그들은 틀렸다. 새 대통령은 체계를 작동시켰다… 이 지도자는 경이로운 사람이다."[4] 카터의 국내정책 보좌관이었던 스튜어트 아이젠스타트(Stuart Eisenstadt)는 1988년에 다음과 같이 고백했다. "이제 신이 아닌 존재도 [대통령의] 이 일을 할 수 있고 성공할 수 있는 듯 보인다."[5] 헌법학의 대가 루이스 피셔(Louis Fisher)는 이런 식으로 말했다. "제대로 위임된 권한과 훌륭한 언변과 초점 있는 아젠다를 가진 사람은 체계가 작동하도록 만들 수 있다는 것을 레이건이 보여주었다."[6] 이런 관점은 정치학계 전반에도 파고들었다. 래리 버만(Larry Berman)은 자신이 편집한 책 서두에 이렇게 썼다. "레이건의 영향이… 그의 리더십 능력을 입증한다. 대통령직이 펜실베이니아가 1600번지 거주자를 집어삼키지 않는다는 것을 레이건이 보여주었다. 특히 레이건은 심리적으로 이 일에 잘 맞았다."[7] 폴 피터슨(Paul Peterson)과 마크 롬(Mark Rom)이 보여 주었듯이, 레이건 시기의 "희소식"은 "전반적으로 미국 정치체계가 작동하고 있는 듯하다."라는 것이었다.[8]

이런 관점들의 문제는 첫 번째 관점보다 더 심각하다. 당연한 점은, 리더로서 레이건의 특별함이라는 것이 측정 기준 자체 때문에 불분명하게 된다는 것이다. 레이건이 체계를 작동하게 만들었다는 평가는, 체계가 어떻게 작동하고 있었고 이 대통령이 일을 어떻게 처리하고 있었는지에 대해 이란-콘트라게이트가 드러낸 바에 의해 허망해지게 된다. 더 곤혹스러운 것은 이 관점들에서 레이건 이전의 교훈들이 어떻게 처리되고 있는가이다. 한때 불가항력적이었던 제도적 문제들이 이 위대한 리더 앞에서 물러나게 된다. 레이건이 전임자들과 똑같은 체계에서 똑같은 과제를 수행한 것으로 비교되고 있기 때문에, 레이건의 리더십과 전임자들의 리더십을 구분하기 위해서 레이건의 리더십에 정치적 수완이라든가 소통 능력, 개인적 카리스마, 이념적 헌신 등 알 수 없는 속성을 부여하게 되며, 이렇게 되면 곧바로 이런 자질의 결여가 다른 대통령들이 실패한 원인이라고 결론짓게 되는 것이다. 이와 연관된 마지막 문제점은 카터의 "실패"를 배경으로 레이건의 "성공"을 주장하는 평론가들이 체계의 작동방식을 제대로 분석하기 보다는 같은 것으로 연장해서 보았다는 점이다. 미국 대통령에 대한 이 예리한 관찰자들이 레이건의 역사 속 위치에 대해 레이건 스스로가 한 해석을 따라가게 되었다는 것이야말로 재편의 권위가 지닌 막강한 힘을 제대로 보여준 것이었다. 이 위대한 거부자의 마지막 승리가 바로 여기에 있다. 우리로 하여금 자신의 리더십이 지닌 의미에 대해 자신이 내린 규정을 받아들이게 한 것이다.

레이건의 리더십은 이전과 대동소이하기도 하고 완전히 예기치 못한 것이기도 하다. 앞의 두 가지 관점들 가운데 하나를 선택할 이유는 없다. 문제는 우리가 이들을 넘어설 수 있는가이다. 현대 대통령으로서 레이건이 무언가 특별한 것을 했다고 인정하는 것이 대통령직의 작동에 있어서 전반적으로 무언가 근본적인 것이 잘못되었었다는 비판을 부정하는 것은 아니다. 그의 대통령직 수행을 보다 큰 역사적 맥락 안에 놓아야만, 곧 리더십 정치의 반복적 패턴과 새로운 패턴에 맞춰보아야만, 레이건의 업적과 문제점 모두가 새롭게 드러나게 된다.

레이건은 역사적으로 미국 정치와 정부의 새로운 질서를 만들어 내곤 했던 리더십의 권위를 추구했다. 그렇지만 그가 마주친 저항은 전례가 없는 것이었다. 이 고전적인 리더십 주장에 대한 보다 강력한 저항은 이전의 재편 과정들에서 우리가 도출했던 일반적 패턴, 즉 이 대통령들의 질서-파괴적 권위에 직면하여 제도들의 생존력이 점점 더 커지고 거부의 힘을 회피할 수 있는 보다 두터워진 정부가 되어 왔던 패턴에 들어맞는다. 이렇게 과거와 비교해 보면, 레이건 혁명은 정치적 시간이 저물어가고 있다는 표지판이 된다. 과거와의 비교는 우리로 하여금 정통성에 대한 이 가장 오래된 주장이 쇠약해지고 있음에 주의를 기울이도록 만든다. 지난 50년간 권좌에 오른 대통령 중 가장 효과적인 이 정치 지도자가 또한 역사적으로 가장 강력했었던 대통령 권위를 행사하는 데 있어서 가장 효과적이지 못했던 정치 지도자이기도 한 것이다.

최근의 문제들과 앞으로의 전망에 대해 이는 중대한 결과를 가져 온다. 오늘날 우리가 레이건의 유산과-핵심 주장들의 공허함이나 약속했던 카타르시스가 제대로 이루어지지 않았다는 점 등-씨름하고 있기 때문에, 리더십 정치에 대한 분석을 오랫동안 이끌어 왔던 축약된 역사를 버리고 과거로부터 도출되는 교훈들을 보다 신중하게 고려하는 것이 특히 중요하다. 1981년에 재편 리더십의 도발적이고 질서 교란적인 힘은 그 어느 때보다도 정치적으로는 매혹적이었고 체계적으로는 파괴적이었으나, 그렇게 확장된 결과를 만들어내지는 못했다. 엄청난 변화를 기대해야 하는 상황을 제외하고 나면, 현대에 있어서 위대한 거부자 역할이 가져올 결과들에 대해 바로 안도하게 된다. 전형적인 재편 리더십을 수행했던 레이건이나 충직한 후계자 역할을 했던 조지 부시에서 우리는 현재의 문제가 현대성 자체가 아님을 알게 된다. 2백년간의 정치적, 제도적 발전 이후에도 대통령 권력 행사의 정통성에 대한 가장 오래된 기준을 뛰어 넘지 못하는 것이 문제인 것이다. 세월이 흐름에 따라 점점 흐려져 가는 권위 주장이 진짜라고 대통령들이 고집하는 것보다 더 문제인 것은 없다.

재편 리더 레이건

레이건 스스로 주장한 권위가 어떤 것이었는지에 대해서는 오판의 여지가 없다. 레이건은 과거의 위대한 재편의 성전들을 연상시키는 상황에서 권좌에 올랐다.[9] 경제 위기가 이전 레짐의 누적된 부담을 조명해 주었고, 그 정치적, 제도적, 이념적 지지 기반을 무너뜨렸다. 공화당은 28년만에 처음으로 상원을 장악했으며, 민주당이 혼란에 빠져있는 상황에서 레이건 행정부는 하원에서도 다수의 지지를 신속히 만들어 냈다. 1980년 선거는 레이건을 이전 질서를 넘어서서 정치적 공백상태로 진입시켰다. 이 선거는 정확히 무엇을 해야 할지에 대한 명확한 메시지를 전달하지는 않았으나, 만연한 불만의 목소리가 터져 나오게 했으며, 무언가 근본적인 것이 잘못 되었다는 새 행정부의 주장에 힘을 실어 주었다.

레이건은 위대한 거부자의 역할을 맡는 데 어떤 자극도 필요 없었다.[10] 그의 행정부는 파산한 과거의 통치 해법들에 대한 전면적인 공격과 함께 시작되었다. “현재의 위기 상황에서 정부는 우리 문제에 대한 해법이 아닙니다. 정부가 바로 문제입니다."[11] 이 메시지는 이후 8년간 끊임없이 울려 퍼졌고, 매번 대통령의 철퇴는 자유주의 레짐의 제도들과 주 고객들을 향해 휘둘러졌다.[12]

자신의 리더십의 질서－파괴적 힘을 더하기 위해 레이건은 마찬가지로 공격적인 방식으로 최우선 원칙들을 재확인했다. 재편 리더십이 통상 그래왔듯이, 레이건은 허구적인 과거의 원래의 진실로 돌아갔고, 아무런 대안이 없이 국민들에게 근본적인 방향 전환만을 제시했다.

> 우리의 선택이 좌나 우가 아니라, 위와 아래 아닙니까? 항상 우리 자신을 위해서라고 하면서, 복지국가를 통해 국가주의로 떨어지고, 더 많은 정부 권력이 항상 뒤따르는 더 많은 정부 보조금들로 떨어지고, 개인적 자유는 더 적어져서 궁극적으로 전체주의까지 떨어집니다. 이에 대한 대안은 우리 건국 시조들이 꿈꾸었던 대로, 개인적 자유와 질서 있는 사회가 조화되는 궁극적 상태로 올라가는 것입니다.[13]

1981년－82년의 불황과 같이 상황이 험해졌을 때, 이 위대한 거부자는 마찬가지로 대응했다.

> 우리는 어렵고 고통스러운 조정 시기를 겪고 있습니다… 그렇지만 대안은 없습니다. 이 계획에 반대하는 사람들은 우리에게 인플레이션과 실업과 고이자율과 감당하기 힘든 빚을 가져온 낭비에 수년간 가담해 왔습니다.[14]

새로운 질서를 수립하는 데 대해 레이건은 "미국을 근본적으로 다른 경로", 논객들이 영원히 잃어버렸다고 말하는 모든 것들을 복구하는 경로에 올려놓겠다고 약속했다. 미래에 대한 악몽같은 전망은 떨쳐버릴 것이었다. 카터의 "쉬운 답이 없다", 언론인들이 예측하는 국가 쇠퇴, 경제학자들이 예언하는 한계와 개인적 희생의 새로운 시대, 이 모든 것들은 단호하게 거부되었다. 민간 부문의 창조력을 정부의 족쇄로부터 해방시킴으로써 시계를 다시 맞추어 다시 한 번 "미국의 아침"이 되게 하겠다고 레이건은 약속했다.[15]

어처구니없이 단순하고 본능적으로 매혹적인 레이건의 이러한 재편의 태세는 바로 그에게 "위대한 전달자"(Great Communicator)이자 프랭클린 루즈벨트 이래 가장 뛰어난 정치인이라는 명성을 가져다주었다.[16] 변화를 위한 막대한 권한을 가진 반대당 대통령들은 전형적으로 상대방이 어쩔 수 없게 정치적 규정들을 장악한다. 레이건의 업적들 중 상당부분이 바로 자유주의 자체를 부당한 것으로 규정해 버리고, 자유주의의 정당으로 하여금 레이건의 규정 위에서 새로운 정체성, 곧 "새로운" 민주당이라는 정체성을 찾을 수밖에 없도록 만드는 것이 된다.[17]

수사의 대가이자 아이디어의 전달자라는 레이건의 명성을 설명하는 것이 어려운 일은 아니다. 그러나 즉흥적인 발언에서 일관성이 없고 사실을 잘못 이야기하고 허상에 빠진다는 그의 다른 명성과 이를 일치시키는 것이 어려운 일이다. 후자를 설명하려면 레이건의 카리스마적 호소력 뒤에 무엇이 있는지를 신중하게 살펴보는 것이 필요하다. 이처럼 극명하게 대조적인 이미지는 "위대한 전달자"라는 특성이 실제로는 전달자가 아니라 메시지에 적용된다는 것을 의미한다.[18] 배우로서 훈련되었던 레이건은 대본에 의지했다. 레이건은 재편의 언술을 다시 한 번 부활시켰으나, 현대 정치학의 용어로 "개인적 대통령"(personal president)은 전혀 아니었다. 정치적 시간에서 대통령 리더십의 핵심인 정치적 정체성이 레이건의 손에서는 연기할 배역으로 변했던 것이다.[19]

우리가 재편의 메시지에 초점을 맞추고 과거의 유사한 맥락까지 그 효과를 추적, 비교했다면, 레이건의 이런 메시지 제시가 그리 충격적이지도 않았을 것이며, 20세기말에 앤드류 잭슨 역을 하려던 것에 좀 더 냉정해질 수 있었을 것이다. 체계가 작동하도록 한 것과는 거리가 멀게, 레이건은 완전히 새로운 체계를 만들려고 했으며, 이와 함께 헌정 정부 자체에 대한 다른 이해를 구축하려 했다. 그는 타락한 질서를 쓸어버리고 전래의 진리를 재확인하는 과업에 대통령의 권력을 투입했으며, 통치 해법의 전면적 변화와 정치적 우선순위의 재구성을 추구했다. 재편의 목적을 완수하는 것이 그 어느 때보다 국가의 경제 구조 깊숙이 침투해야 하고 더 많은 삶을 바꾸어야만 하는 바로 그때 레이건은 전형적인 재편의 정치를 추구했던 것이다.

레이건이 추구했던 고전적인 재편 리더십이 비정상적으로 전개된 이유 중 하나는 대통령과 측근들이 현대 대통령직의 자부심에 사로잡혀 있었던데 있다. 이들은 정부 내에서 대통령이 압도적인 위치에 올라서고 정치적으로 사실상 독립적이 된 것이 대통령직을 정부와 정치의 전면적인 변화를 가져올 수 있는 수단으로 만들었다고 생각했다. 지금까지 보아왔듯이, 재편의 정치는 대통령 정부의 부상과 더불어 변화해 왔지만, 점차 복잡해지고 새로운 문제들이 생겨나는 역설적인 방식으로 진행되어 왔다. 시간이 흐르면서 정치적 재편은 사실상 대통령 중심에서 벗어나기 시작했다. 재편 결과가 점점 더 재편 리더 자체의 개인적 의지에서 벗어나게 되었던 것이다. 가장 덜 방해를 받으면서 재편의 정치를 했던 제퍼슨의 경우, 레짐의 질서를 다시 세우는데 있어서 두 번째 임기의 마지막 주까지도 사실상 도전을 받지 않았었다. 모든 방면에서 도전을 받았던 잭슨은 의회와 법원과 내각과 주들로부터의 끈질긴 공격을 순전한 투지로 제압했지만, 그래도 반대 세력들은 (휘그당이라는) 상존하는 세력으로 조직화되었다. 링컨의 재편은 의회와 대통령 간의 까다로운 역할 분담이 특징이었으며, 새로운 질서의 가장 건설적이고 오래 지속된 요소들을 만들어 낸 것은 의회였다. 뉴딜 재편에서 루즈벨트는 자신의 중대한 재편 구상에 대해 수차례 패배했으며, 새로운 질서는 그의 거대한 구상의 파편들로부터 다른 행위자들에 의해 구축되었다.

재편의 정치와 대통령 간의 탈동조화(decoupling) 현상은 레이건 시기에 가속화되었다. 다른 재편 대통령들과 달리 이 재편 리더는 텔레비전의 공중파로 자신의 의지를 실현하려 했다. 구질서에 대한 레이건의 거부는 공중파로 국민들에게 쏘아졌고, 그 파괴적 힘은 국민들에 의해 다시 워싱턴의 성벽에 퍼부어졌다.[20] 따라서 레이건 리더십의 질서-파괴적 힘은 정치 권력과 제도적 조직이라는 보다 큰 현실로부터 위험스레 분리된 영역에서 작동하게 되었던 것이다. 자유주의의 실패에 대한 레이건의 무참한 공격이 20세기 말의 통치라는 현실에 부딪히게 되자, 복구하겠다는 약속은 실현시키기에는 너무나 부적절한 역겹고 상투적인 말들로 흩어져버렸다.[21] 레이건의 부정이 지닌 거대한 힘 아래서 정부는 그의 통제를 벗어나 구질서를 넘어 기울어 갔던 것이다.

정부와 경제가 1930년대 보다 더 밀접하게 맞물려있는 가운데, 대통령이 이끄는 전면적인 재구성이라는 레이건의 꿈은 단순한 자부심을 넘어서 자기 기만을 향해 줄달음질 쳤다. 1981년에 레이건은 자신의 "새로운 시작"(New Beginning)에 성공적으로 착수하기 위해 정부에 무엇이 필요한지를 청중들에게 수차례 상기시켰다. 예산 삭감과 국방 예산 증대, 감세, 통화량 축소, 기업 규제 완화와 같은 이 프로그램의 주요 요소들에는 모두 강력한 변화가 예기되었다. 더욱이 이 요소들은 서로 연관되어 있기도 했다.[22] 복구의 약속은 이 모든 요소들을 실행하고 조정할 수 있다는 위험한 전제와 이들 간의 상호작용이 촉매 역할을 할 것이란 마구잡이식 추측에 근거를 두고 있었다.

완전히 새로운 질서를 구축한다는 꿈에 젖어 있지 않은 리더였다면 이런 가능성을 계산해보고 아마 주저했을 것이다. 자기 스스로 "장밋빛 시나리오"라고 부른 이 구상을 기획했던 예산국장 데이비드 스탁먼(David Stockman)은 명확히 알고 있었다.[23] 의회 위원회들과 관료 집단들을 연결시키고 다시 이 둘을 주와 지역 경제에 연계시키는 복잡한 네트워크를 상대하면서 스탁먼은 모두가 협력적으로 행동할 수 있는 가능성에 대해 좌절했다. 결국, 선거가 바꾼 것은 거의 없는 듯 했다. 지배 정당이 바뀐 것이 예전처럼 통치 구도를 흔들어 놓지는 못했던 것이다. 공화당이 지배하는 상원은 민주당이 장악한 하원보다 대통령의 구상에 약간은 호의적이었다.[24] 문제는 분점정부(divided party government)가 아니라-민주당의 하원과 공화당의 상원이 대통령의 정책 우선 순위를 놓고 다투는 것이 아니라 –의회의 제도적인 독립성이었다. 상원이든, 하원의든, 의원들은 대통령이 무엇을 제안하던지 간에 자기들의 관심사가 충족되기를 원했던 것이다. 변화의 한도를 설정할 때가 되자 1981년에 가장 적극적으로 움직였던 상원 의원들은 하원 의원들보다 더 큰 책임감, 혹은 자책감을 느끼는 듯했다. 스탁먼은 레이건 행정부의 재편 구상이 환상에 근거를 둔 것임을 일찌감치 깨달았다. 그는 다음과 같이 말했다. "이 프로그램은 충격적일 만큼 급진적인 통치 이론을 요구한다. 입법부의 헌법상 권한이 사실상 정지되어야 할 것이다."[25] "의회는 동등한 정부 제도로서 자기들이 '섞고 고르기'를 할 권리가 있다고 생각한다… 그들이 깨닫지 못하고 있는 것은… 레이건 혁명이 그들에게 한 가지를 요구해 왔다는 것이다. 바로 완전히 굴복하는 것이다."[26]

이 프로그램이 요구하는 정도로 의회가 행정부에 굴복하는 것은 최소한 전시가 아닌 경우에는 현대 대통령직에서 찾아볼 수 없는 것이었다. 1933년의 격동기에도 일시적인 것으로만 여겨졌었다. 레이건의 프로그램이 전제했던 정도로 대통령이 통제력을 행사하는 데 가장 가까웠던 경우는 첫 번째 재편 대통령이었던 토마스 제퍼슨이었다. 그 이후, 의회가 조직적으로 미비하고 정치적으로 허약했었던 적이 없었으며, 이런 경우에도 대통령의 영향력은 의회의 권한을 공식적으로 인정하면서 행사될 수 있었다. 건국 초기 이래 어떤 때보다도 의회가 순종적이라고 전제함으로써 레이건의 재편은 때로는 명확히 드러나기도 하는 숨은 적과 싸우게 되었다. 자유주의 레짐의 파괴를 목표로 삼게 되면서 레이건의 재편은 현대성과의 충돌경로에 들어섰다. 기존에 수립된 이익과 이념의 기약들을 전통적인 방식으로 몰아내기 위해 레이건 행정부는, 사회적 이익들을 대표하고 제도들의 권한을 보호하며 국내적으로 통합되고 국제적으로 상호의존적인 정치체의 관리를 안정화시키기 위해 20세기 내내 수립되어 온 모든 체계들과 과정들을 공격해야만 했다. 제퍼슨의 세계와 레이건의 세계 사이의 차이는 고전적인 재편 리더십이 들어설 수 없게 된 정부의 규범과

제도적 양태가 생겨났다는 점이다. 그래도 기존 질서를 급격히 뒤흔들 수 있는 정치적 권위를 행사했던 레이건이 현대 미국 정부의 구성부분들과 마주치게 되면서 일련의 암울한 역설들이 계속 생겨났다.

(1) 레이건 행정부는 역사가 반복되어 1930년대에 루즈벨트가 맞았던 정치적 기회가 다가왔다는 자부심에 사로잡혀 있었지만, 두 시기의 차이에 따라 다른 방식으로 행동해야만 한다는 것을 처음부터 인식하고 있었다.[27] 이전 재편들의 특성은, 심지어 국가부흥국의 포괄적인 성격을 감안할 때 뉴딜조차도, 재편 리더가 개혁 프로그램을 시작할 때 우선 최대한 넓은 그물을 던지고 이후의 사태에 따라 과거와의 단절을 더 결정적으로 만들 필요성을 키워갔다는 점이다. 실제로 일단 표면에 떠오른 저항은 재편 리더에게 하나의 자원과 같은 것이며 보다 급진적인 변화를 위한 채찍과도 같은 것이었다. 그러나 레이건의 재편에 있어서는 포용적 자세를 보여줄 여유가 거의 없었다. 예상되는 저항이 너무나 커서 얼마나 변화해야 하는지에 대한 논의를 질질 끌 수가 없었다. 스탁먼이 인식했듯이, 성공할 수 있는 유일한 희망은 선거가 초래한 정치적 환멸과 혼란을 최대한 이용하는데 있었다. 재편은 단번에, 즉시 이루어져야만 했다.[28] 스탁먼은 이렇게 고백한 바 있다. "[그토록] 비인간적인 일정을 잡은 내 의도는 거대한 것이었다. 정치경제 질서의 전면적인 변화를 성공적으로 시작하게 해 줄 '기회의 창'이 열리는 것은 극도로 짧을 것이라고 나는 계산했다. 그리고 나면, 현상 유지를 원하는 정치 세력들과 침체하는 경제가 곧바로 새 행정부를 따라잡게 될 것이었다. 이 둘이 합쳐져서 공급 중심(supply-side) 프로그램을 위한 예산안을 날려버리게 될 것이었다."[29] "[1981년 봄의] 전략은 위대한 전달자의 모든 힘을 동원하여 [의회를] 압박해서 우리의 예산 삭감안을 그들의 목구멍 속으로 밀어 넣는 것이었다."[30]

이렇게 해서 이 행정부는 자기들의 재편 프로그램을 현대 미국 정부 작동의 표준적인 템포 속에 밀어 넣으려 했다. 현대 대통령들이 통상 자신들의 경로를 설정하려고 해 왔던 "밀월 기간"(honeymoon period)에 이 행정부는 현대 대통령들이 그때까지 당연시 해 왔던 것들을 하지 않으려 했다.[31] 레이건 행정부의 첫 몇 개월 간이 루즈벨트의 "100일"같은 이미지를 떠오르게는 했지만, 이 재편 프로그램의 수립자들 사이에서는 루즈벨트와는 달리 레이건이 새로운 질서를 수립할 수 있는 기간이 이 100일이 전부일지 모른다는 은밀한 불안감이 퍼져 있었다. 처음부터 레이건 행정부의 야심은 레이건이 공격해 온 정부의 정상적인 작동에 인질로 잡혀 있었다. 앞으로 나아가지 않으면 지게 된다는 것이 모두의 심정이었다. "시간과의 싸움을 하고 있었다."라고 스탁먼은 불평했다. "이런 폭과 깊이의 프로그램을 빨리 처리하려고 하면, 할 수 있는 일은 그 정도뿐이다. 우리는 모든 것을 다 따져 보지 않았다."[32]

심지어 "과거로부터의 단절"을 위해 레이건 행정부가 총공세를 폈던 임기 초반의 몇 달 동안에도 기존 통치 기구들과 스탁먼의 대립은 예산안에 대한 그의 계산에 심각한 영향을 가져 왔다.[33] "장밋빛 시나리오"라는 가정은 이론적으로도 느슨한 것이었으나, 현실적으로도 위태로운 실행 과정을 통과하기에는 너무 빡빡한 것이었다. 감세와 국방 지출 증액이라는 다른 우선순위들을 상쇄하는데 필요한 규모로 국내 지출 예산을 감액하는데 실패했던 것이다. 한편으로, 국내 예산에서 예상되는 감축액이 사회보장과 같은 자동혜택(entitlement) 프로그램을* 삭감하지 않고는 이루어질 수 없다는 것이 점점 더 분명해졌다. 다른 한편, 이런 종류의 자유주의 레짐의 "사회 안전망"은 지난 선거 결과의 영향을 거의 받지 않는다는 것이 의심의 여지없이 확실했다.[34] 1981년 5월에 공화당 지배하의 상원은 머지않아 사회 보장 체계를 개편하겠다는 행정부안을 95대 0으로 부결시켰다.[35] 이로써 거대 구상을 성공시키겠다는 모든 현실적 희망은 사실상 무산되었다. 적과 마찬가지로 우군들도 이전의 해법에 밀착되어 있었으므로, 레이건 행정부는 미국을 온통 붉은 잉크로 넘쳐나는 적자의 바다로 끌고 들어가게 되었다. 행정부 프로그램을 통과시키기 위해 사용된 수치들이 의심스러운 것이었다는 점을 스탁먼이 제일 먼저 인정했다. 행정부

* 역주: 일정한 자격을 갖춘 국민들에게 정부가 자동적으로 지불해야 하는 프로그램. 따라서 프로그램 자체를 변경하지 않는 한 예산 삭감을 할 수 없음.

가 원했던 것과 의회가—공화당 의원과 민주당 의원 모두가—주려고 했던 것 사이에서 이 프로그램은 속임수나 자기기만에 의해서만 현대적인 "수치의 검증"을 통과할 수 있었던 것이다.[36]

레이건 프로그램의 상당수가 수치를 무시하고 급하게 수립되었다는 것이 이 행정부의 독특한 기준을 드러내 준다. 전임자들과는 달리 레이건은 적절성에 대한 현대적 기준에 구애받지 않았다. 레이건의 가장 강력한 정치적 자원은 거부하는 권위였다. 이 권위가 대통령직의 카리스마를 풀어 놓아 주었고, 질서—파괴적, 질서—확인적, 질서—창조적 의도를 합쳐지도록 했다. 앤드류 잭슨의 불가항력적인 호소력을 통해 수치의 권위를 무력화시키면서 레이건은 국민들에게 무조건 믿으라고 촉구했던 것이다.[37]

하원 예산위원회가 제안한 법안 대신에 행정부가 제안한 1981년 예산 법안의 통과를 호소하면서 레이건은 바로 이 권위를 사용하여 대안에 대한 논의를 일축했다. 양원 합동회의에서 텔레비전으로 중계된 연설을 통해 레이건은 "우리에게 두 가지 대안이 있는 것처럼 보일 수 있습니다. 실제로는 남아 있는 대안이 없습니다."라고 말했다.

> [하원 예산위원회의 법안은] 미래를 위한 기준이 아니라 과거를 반영한 것입니다. 높은 세금과 지나친 지출 증대가 오늘날 우리의 경제 혼란을 가져왔습니다. 똑같이 한다면 미국민들이 겪고 있는 고난과 불안과 좌절은 치유되지 않을 것입니다.[38]

20세기 말 국가 예산 책정의 냉엄한 현실에 부딪치자 레이건은 자신의 구상을 필연적인 것으로 만들기 위해 꿈으로서의 민주주의를 끌어들였다.

> 시인 칼 샌버그(Carl Sandberg)는 이렇게 썼습니다. "민주주의는 꿈이다. 먼저 꿈을 꾸지 않으면 아무 일도 일어나지 않는다." 이것이야말로 우리 미국민들을 다르게 만드는 것입니다. 우리는 언제나 새로운

> 정신에 다가 섰고 더 높은 목표를 지향했습니다. 우리 중 누가 우리가 더 이상 이렇지 않다고, 현재의 고난을 가져온 일을 반복하며 우물쭈물해야 한다고 말하고자 합니까.[39]

3개월 뒤에 생산적 투자를 자극할 수단을 지닌 사람들에게 향후 3년간 단계적으로 특혜를 주는 25 퍼센트 감세안이, 전형적인 재편의 비유를 텔레비전으로 중계하면서 똑같은 필요성 하에 의회에 던져졌다.

> 며칠 있으면 의회는 두 가지 갈래 길에 서게 될 것입니다. 하나는 우리에게 너무나 익숙한 길입니다. 이 길은 우리를 높은 세금으로 이끕니다. 이 길은 한 바퀴 돌아서 우리를 경제 문제의 근원으로 돌아가게 해서, 여러분이 번 돈으로 무엇을 해야 할지, 여러분이 어떻게 살아야 할지를 정부가 여러분보다 더 잘 안다고 결정하게 될 겁니다. 다른 길은 미국의 정신을 새롭게 할 것을 약속합니다. 이 길은 희망과 기회의 길입니다. 이 길은 여러분들의 삶의 방향을 여러분의 손에 돌려줄 것입니다.[40]

대통령의 영향력이 정점에 있었던 때 레이건의 프로그램이 의회를 통과하도록 만들었던 흥정과 타협과 속임수들을 감안할 때, 이 구상을 견지하고 장기간에 걸쳐 이 새로운 정책 우선순위들이 제대로 실행될 수 있게 조정해 나가는 것이 더욱 필요해 보였다. 그러나 첫해가 저물기도 전에 이미 재편에 관한 한 레이건 행정부의 힘은 소진되었다. 1935년의 루즈벨트와 같은 두 번째 추진력은 없었으며, 레이건 혁명은 단 한방인 것으로 드러났다. 이 구상이 의회에 다시 보내지고 백악관의 후속 예산안이 고려될 필요조차 없이 거부되자, 레이건 행정부는 이제 참호전에 돌입했음을 깨닫게 되었다. 결국, 자유주의 레짐의 국내정책 우선순위에 대한 성전에서 레이건이 쓸 수 있었던 가장 강력한 무기는, 자신이 만들어낸 눈덩이 같은 예산 적자가 현대 경제에 미칠 장기적인 대혼란의 가능성이었다. 구질서의 기약들을 실제로 떼어내지 못한 채 레이건 행정부는 장래 상당기간 자신들을 억누르게 될 엄청난 통치 문제를 만들어냈던 것이다.

(2) 현대 미국 정부라는 것이 레이건의 야심을 좌절시키기도 했으나 다른 한편으로 그 영향을 증폭시키기도 했다. 레이건이 단 일 년 내에 연방정부 작동의 조건들을 그토록 철저하게 변형시킬 수 있었던 것은 바로 현대 대통령의 수단들을 가지고 있었기 때문이었다. 예컨대 예산을 고려해보자. 현대 대통령이 지니고 있는 일상적인 예산안 책정권은 레이건으로 하여금 정부 전체의 작동 구조에 곧바로 접근할 수 있게 해 주었으며, 그가 재편의 권위를 활용하여 복잡한 예산 과정을 하나씩 도려 나가자 놀라울 정도로 짧은 시간 안에 정부의 일상적 작동 속 깊숙이 들어설 수 있게 되었다.

국가 예산의 존재는 질서를 파괴할 수 있는 가능성을 높여줄 뿐 아니라, 이런 종류의 리더십과 현대성 간의 대립에 대한 함의도 지니고 있다. 현대 미국 정부 전체와 마찬가지로 현대 대통령직의 작동 기준은 역사적으로, 그리고 구조적으로 위로부터 재편을 강제하는 잭슨식 모델과는 배치된다. 현대 대통령직의 제도들은 국정의 정치적 관리를 일상화할 수 있는 도구들로서 신임 대통령들이 물려받게 된다. 1921년에 처음 도입된 국가 예산은 사실상 현대 대통령직이 지닌 최고의 제도이며, 도입 이래 행정 수반인 대통령과 의회가 정부 관리에 있어서 복잡한 관계를 맺도록 만들어 왔다.[41] 현대 대통령직이 처음으로 확실한 형태를 갖추게 했던 1939년의 행정부 재조직법(Reorganization Act)은 예산 책정 과정을 상당히 재조정했지만, 사실 이 법 자체는 재편의 리더가 순전히 자신의 의지대로 새로운 정책 우선순위를 공고히 하고 과거와의 단절을 완수하는 것을 막으려는 세력들과 제도들이 승리한 결과였다. 뉴딜을 통해 대두되었던 현대 대통령직의 본질적 성격은 대통령이 통제하는 정부를 만들려던 루즈벨트의 노력을 무산시켰다. 대통령으로 하여금 새로운 정치 경제 질서의 상호의존적 이익들과 의회에 대해 보다 포용적이 되도록 만들었던 것이다. 이러한 성격은 의회가 "제왕적" 대통령의 위협에 맞서기 위해 의회의

예산 과정을 체계화시켰던 1970년대 중반의 대폭적인 예산 책정 개혁으로 더 강화되었다.[42]

국가 예산 책정의 제도와 과정은 대통령의 의지가 견제 받지 않고 투영되는 것을 막고 숙의와 타협을 강제하기 위해 고안되고 재조정되어 왔다. 이것들은 그 작동이 왜곡되고 그 정당성의 기준이 무시될 때에만 대통령이 주도하는 정치적 재편의 도구가 될 수 있었다. 1981년의 예산 싸움은 두 가지 대단히 다른 행동 기준을－하나는 현대적이자 관리적인 것이고 다른 하나는 역사를 초월하고 파괴적인 것을－대비시켰다. 공식적인 예산 책정 절차에서 조정 과정(reconciliation process)은 "수십 년간 만들어져 온 다양한 종류의 지출 구조 수십 가지를 바꾸는 것이 얼마나 복잡한지를 부각시켰다. 총예산 삭감에서 그 제도적 관리와 실적 관리 업무가 거의 손댈 수 없는 것임을 보여주었다."[43] 의회의 예산 책정 과정을 재편의 도구로 쓰기 위해 레이건 행정부는 이 과정을 변질시켰으며, 이 과정이 수립된 목적을 좋든 나쁘든 왜곡시켜야 했다.[44] 예산 위원회 위원장은 "위원회의 산물이 시내 모처에서 만들어진 대체물을 위해 비웃음 속에 폐기될 수 있다"는 "진실된 우려"를 표명했다.[45] 그러나 이들의 항의는 위대한 거부자의 권위에는 상대가 되지 못했다. 레이건은 의회 예산 과정의 조정 절차를 장악했고, 이를 자신의 의지를 관철하기 위한 동력으로 삼았다. 의회의 관리라는 규범은 폐기되었으며, 의회의 관리 수단들이 대통령의 재편의 권위 하에서 재배치된 채 레이건 행정부는 하원 예산위원회의 작업을 거부하고 자신들의 대안을 밀어붙였다.

현대 미국 정부의 수단들을 이렇게 왜곡시킨 것은 레이건의 두 번째 임기 중에 일어난 이란－콘트라게이트 폭로에서 더욱 확실히 보고되었다. 여기에서도 마찬가지로, 숙의와 조정과 관리를 위해 공식적으로 고안되었던 제도들이 이 대통령의 확대된 정치적 권위가 이끄는 대로 대단히 다른 목적을 위해 재배치되었다. 이번에는 왜곡이 헌법상의 문제로까지 비중이 커져 있었다.

이란－콘트라 작전은 레이건의 세 가지 외교정책적 관심사 실현에 장애가 되는 것을 피해가는 데 목적이 있었다.[46] 레이건은 레바논에 남아 있는 인질들을 석방시키기를 원했으나, 자신이 천명했던 테러리스트와의 협상 금지 때문에 가로막혀 있었다. 그는 또한 니카라과 반군에 대한 군사적 지원을 원했으나, 의회의 금지 때문에 가로막혀 있었다. 또 그는 이란 온건파와 소통하는 통로를 여는데 관심이 있었지만, 스스로 이란에 대한 국제적 무기 금수를 추진했던 "신념 작전"(Operation Staunch) 때문에 가로막혀 있었다. 이 이슈들이 제기하는 어려움을 공식적으로 문제화하지 않고도 대통령의 관심사를 처리하기 위해 대통령실의 또 다른 구성요소인 국가안보회의(National Security Council)의 참모들은 자신들만의 통치조직을 구상하고 결성했다. 이란과의 일련의 비밀스러운 무기 거래를 통해 이들은 적성국과의 관계를 수립하고, 이란의 영향력을 통해 레바논 테러리스트들에게 인질들을 석방하도록 압력을 행사하며, 무기 판매 수익을 반군들에게 전하여 니카라과 반혁명을 지원하려 했다. 이들의 작전은 완전히 법의 테두리를 벗어나 수행되었으며, 의회의 금지뿐 아니라 협력적 관리를 목적으로 고안된 모든 절차적 형식을 넘어선 것이었다. 외교정책에 대해 대통령이 책임을 지도록 하고 외교정책의 실제 집행에 대해 국가안보회의가 개입하는 것을 제한하며 백악관이 국무부 및 국방부와 협의하도록 만들고 의회가 새로운 외교정책 구상에 소외되지 않도록 하기 위한 모든 장치들을 이 참모들은 피해갔다. 현대적 구조와 절차가 정해 놓은 조건 하에서 목적을 실현할 수 없었던 이 재편의 리더가 사실상 자신의 집무실 안에서 독립적으로 작동하는 대안적 정부를 후원했던 것이다.

이런 사실들이 드러난 것이 탄핵 절차로 직접 이어지지 않았다는 것이 레이건 행정부 시기에 서로 충돌했던 두 가지 정통성 기준의 상대적 비중을 말해 준다.[47] 레이건이 지녔던 재편의 권위는 가장 중대한 헌법상 문제에 대한 스캔들에 직면해서도 그를 건드릴 수 없는 존재로 만들어주었다. 복구시키겠다던 근본적 원칙들을 레이건 행정부가 무시했음에도 불구하고 의회는 레이건을 직접 공격하는 데 극도로 주저했다.[48] 이런 묘한 존중을 묘사하려던 논객들은 "테플론 대통령"(Teflon President)*이란 비유를 꺼냈었다.[49] 아무도 헤아릴 수 없는 이유 때문에 아무 것도 레이건에는 들러붙지 못하는 듯했다. 그렇지만 레이건을 보호한 것은 테플론 같은 신비로운 현대 기술이 아니었다. 그것은 가장 오래된 정치적 권위, 곧 재편 권위의 남아 있는 힘에 있었다. 레이건은 효과적으로 자신을, 파산한 과거로부터 구원될 수 있다는 희망의 주도적 상징으로 만들었으며, 현대 미국의 "폭로의 정치"(politics of high exposure)에서도 누구도 이를 문제삼지 않았다.[50] 그는 자신이 만든 정치 덕분에 다른 기준을 적용받았다. 자신이 구축한 정치 세계에서 레이건은 가끔 실수를 저지르지만 흠잡을 수 없는 의도를 지닌 리더였기 때문에, 살아남을 수 있었던 것이다.[51]

(3) 현대성과 재편 리더십 간의 대립에서 비롯된 역설 중의 하나는 관료와 관료적 규범이 지닌 막대한 영향력이 확인되었다는 점이다. 연방정부 기구 관리자들의 행동은 전례가 없을 정도로 이 재편 리더의 운명을 결정했다. 첫 해 승리의 주역이었던 예산국장 스탁먼은 그해가 저물기도 전에 레이건 행정부의 정치적 야심은 훌륭한 정부 운영 원칙에 전혀 근거를 두고 있지 않다고 고백함으로써 전 국민들을 경악하게 만들었다. 인질과 콘트라의 경우에는, 대통령실 내부에서 독자적으로 움직였던 참모들의 행위가 정부 관리 규범과는 너무나 동떨어져서 행정부 전체가 제 기능을 하지 못하게 만들었다.

관료 권력의 행사가 완전히 합법적이고 정부 관리 규범이 준수된 다른 경우들에 있어서는, 재편 정치로 인해 야기된 문제들이 미묘하지만 더욱 중대한 결과를 가져 왔다. 예컨대 화산 폭발처럼 터진 국가 부채 문제에 직면하여 대통령과 의회가 서로 피난처를 찾으려고 급급해 하면서, 레이건 혁명의 운명에 대한 효과적인 통제는 정치인들의 손에서 빠져 나와 국민 경제의 안정을 책임지는 행정 수단인 연방 준비제도 위원회(Federal

* 역주: 테플론은 듀폰사가 개발한 흡착 방지용 합성섬유로 프라이팬 등에 코팅재로 쓰임. 들러붙지 못하는 것을 비유적으로 사용하여, 부정과 실책에도 불구하고 비난받거나 책임지지 않는 정치인을 테플론 정치인이라고 부름.

Reserve Board)의 수중에 장악되었다. 연준은 설립 당시부터 대통령과 의회로부터 상당히 독립적으로 행동하도록 되어 있었으나, 레이건 프로그램들의 강력한 질서-파괴적 충격들을 두 선출직 정부 기구가 해결하지 못하게 되면서 이 독립성 문제는 상당히 중대한 문제가 되었다. 처음부터 끝까지 이 금융 체계의 관리자들은 레이건의 재편 프로그램을 가지고 놀았다. 자기들의 관리 목적을 확실히 의식한 채 레이건 프로그램에 대응하면서 연준은 레이건 프로그램의 우군과 적군 모두를 정신없게 만들었다.

1981년에 레이건 행정부가 사실상 막대한 정부 지출 증가와 상당한 규모의 감세를 가져오게 될 정책을 집행하고 있는 동안에 연준은 브레이크를 걸었고, 가을에 미국 경제는 12개월 만에 두 번째 경기침체에 돌입했다. 이런 상황은 전혀 예측하지 못했던 것이 아니었고 심지어 레이건 행정부는 반기는 분위기였다. 레이건 행정부는 경기 부양책이 효과를 나타내기 전에 인플레이션이 잡히기를 바랐으며, 연준 의장 폴 볼커의 새로운 통화량 억제 원칙을 레이건 프로그램의 주요 부분으로 간주했다. 1982년 초에 경기 하강 국면을 빠져 나오는 듯하자, 백악관은 경기 복구를 기대하게 되었다. 경기가 복구되면, 감세를 정당화시켜 주고 재편 의지를 강화시키는 데 필요한 강력한 정치적 지지를 중간선거에서 확보하게 될 것이었다. 그러나 상황은 그렇게 전개되지 않았다. 통화량 억제 정책과 재정 확장 정책은 공조하지 않고 서로 충돌했다.52) 연준은 새 정부 예산이 초래할 수 있는 인플레이션 압력에 대한 우려에 대응하여 움직였고 통화정책 완화를 거부했다. 볼커가 통화 공급을 억제하면서 이자율은 뛰어 올랐고 경기 침체는 심화되었다.

처음에는 분개한 의회 지도자들과 우려스러운 백악관 측근들이 연준의 독립적 권한을 박탈하려는 법안으로 위협했다.53) 그러나 마지막에는 이들도 비슷한 곤경에 처한 현대의 다른 정치인들과 마찬가지로 연준의 결정을 따르게 되었다. 연준을 바꾸는 대신에 레이건은 자신의 프로그램을 바꾸어서, 일련의 증세 중 첫 조치를 포함하는 "중간노선 수정"에 동의했다. 1982년 봄에 연준이 시행한 강력한 통화량 억제와 그해 여름의 세금

법안은 1981년의 혁명 열기가 정치적으로 부활하리라는 일말의 기대를 완전히 없애버렸다. 중간선거는 현직 대통령의 정당이 의석을 잃는 일반적인 경로를 그대로 따랐다. 경기 침체는 가을에도 계속되어 겨울까지 이어졌으며, 실업률은 10 퍼센트를 넘어섰고 레이건의 지지율은 30 퍼센트대 중반까지 떨어졌다.

레이건이 원칙상 환영했던 통화정책을 가장 적극적으로 수행하면서 연준은 정치적으로 레이건 혁명을 훼손시켰다. 그리고 나서 인플레이션과 싸우는 열기가 시들고 경기 침체에 대한 경고에 불이 켜지자, 연준은 입장을 바꾸었고, 원칙상 레이건 혁명의 중지를 요구했다. 세금 문제에 대해 자제를 강요하고 있던 중에도 연준은 자신의 입장도 자제해 나가기 시작했다.[54] 1982년 여름에 새로운 통화 정책에 대한 실험은 조용히 중단되었다. 통화량을 조절하고 이자율이 제자리를 찾아가도록 하는 대신에 볼커는 레이건과 통화정책 조언가들이 반대했던 과거의 정책, 곧 이자율의 목표를 설정하고 이를 위해 통화 공급을 조절하는 정책으로 점차 돌아갔다.[55]

연준은 레이건 혁명의 세금 및 통화 원칙들에 신경 쓰지 않았으나, 남아 있는 부분, 곧 막대한 경기 부양 지출에 대해 지지하면서 레이건을 정치적으로 구원해 주었다. 경기 회복은 레이건의 재선을 위한 선거 유세 시점에 시작되었다. 그러나 경기 회복을 도우면서도 연준은 중단된 정치적 아젠다에 대해 대응해야 했다. 조세 수입이 과거처럼 인플레이션에 의해 커지게 되지 않기 때문에 예상되는 정부 지출 증대는 정부 부채를 더욱 더 증가시키게 될 것이었다. 이 적자를 메우기 위해 볼커는 경기 복구를 엄격하게 통제했으며 실질 이자율을 (인플레이션을 감안한 이자율) 높게 유지했다.[56]

레이건 임기 중반에 교착 상태에 빠진 백악관과 의회의 정치인들과 연준에 있는 경제 관리자들 사이에 수립된 이런 식의 작동 방식은 기묘하기도 하지만 곤혹스러운 것이었다. 레이건 프로그램이 노조의 쇠퇴를 가속화시켰고 소규모 농장들의 파산을 앞당겼으며 도시 빈민들을 더 한계로 내몰았기 때문만이 아니다. 이전 레짐의 기약들이 근로 의욕을 저하시키고 있으며 다시 한 번 국가의 창조적 에너지를 분출시키기 위해서는 정부가 제공하는 혜택들이 정리되어야 한다는 이 행정부의 믿음을 고려할 때, 이 정도는 예상되었던 것이었다. 더욱 곤혹스러운 것은 미래의 발전을 위해 미국을 견실한 “새로운 경로” 위에 올려놓겠다던 약속, 그 부흥의 약속이 어떻게 되었는가 하는 점이다. 레이건 행정부의 “호황기”에 우리는 수출산업들의 쇠락, 외국 상품들의 홍수, 무역 적자의 확대, 외국 채권자들의 영향력 증대, 주택저축 금융업(savings and loan industry)을 파산의 위기로 몰고 간 부동산 및 건설업에 대한 투기 사태, 연방정부 자체가 직면했던 것만큼이나 암울했던 가계 부채 증대를 목격했다. 1987년 가을에는 1929년 이래 전례 없는 규모의 주식시장 붕괴가 금융 체계 전체를 위협했으며, 임박한 재앙에 직면한 연준은 체계를 견실하게 유지하기 위한 새로운 지원책들을 서둘렀다.57)

그렇다면 레이건이 내세웠던 재편 리더의 태세를 어떻게 평가해야 할까? 지금까지 수차례나 우리는 재편의 정치가 지닌 냉엄한 측면을 보아왔다. 수많은 정치적 이점에도 불구하고 재편의 리더들은 애초에 자신을 대통령직에 오르게 한 문제들을 해결하는 데 특별히 능숙하지는 않다. 그렇지만 이런 종류의 리더들을 이들보다 운이 나쁜 전임자들과 구분해 주는 것은 바로 이들은 이 문제들을 해결할 필요가 없다는 것이다. 대신에 이들이 할 수 있었던 것은 통치 기약을 변화시키고 정치적 문제가 제도적으로 처리되는 방식을 바꾸는 것이었다. 과거에 재편 대통령들은 이전의 기약들을 몰아내고 정부가 다른 경로를 따라 움직이도록 재조정하며 국가로 하여금 이전의 문제들에서 벗어나 전혀 다른 가능성을 향해 나아가도록 만들 수 있었다.

다른 재편 대통령들과 마찬가지로 레이건도 이전의 발전 경로를 폐쇄했다. 그러나 이전과 비교해보면 레이건의 시도가 지닌 독특한 한계와 묘한 성공이 드러난다. 자신의 새로운 정책 우선순위를 중심으로 정부를 다시 활성화시키고 보다 생산적인 발전 경로를 여는 데 있어서 레이건은 평균보다 크게 모자랐다. 새로운 시작(New Beginning)이 정치가 작동하는 조건들을 바꾸었음에도 불구하고, 미국 정부를 재편하는 데 있어서 뉴딜보다는 훨씬 성공적이지 못했음이 판명되었다. 자유주의 레짐의 제도적인 기약들은 두들겨 맞고 아사상태가 되었지만 확실하게 없어지지는 않았으며, 이 기약들의 "자동 지불 항목들"(entitlements)은 계속해서 정치적 가능성의 범위를 결정했다. 그러는 동안, 생산적 투자를 유도하고 국제 경쟁력을 제고하는 문제는 레이건의 충격 요법보다 더 중대한 문제로 떠올랐고, 레이건이 억누르려 했던 바로 그런 종류의 필요성, 곧 의료 보장과 환경 규제, 교육 영역에서 정부의 역할에 대한 필요성이 계속해서 증대되었다. 레이건이 남긴 가장 확실한 유산인 국가 부채는 그가 약속했던 민간부문으로부터의 경제적 기적과는 상반된 것이었으며, 통화주의적 긴축과 공급 측면의 투자 자극이라는 두 가지 재편 구상은 경기 복구가 자리 잡은 이후 더욱 더 의심스럽게 보였다.[58]

그렇지만, 이 새로운 시작이 뉴딜이 실패한 것에서 성공한 것도 사실이다. 경제 복구를 이루어냈던 것이다. 새로운 통치 해법을 만드는 데 있어서의 한계에도 불구하고 레이건 행정부는 애초에 집권하게 만들어 주었던 당면한 문제를 해결한 듯 보였다. 미국 경제는 1982년의 경기침체에서 벗어나 낮은 수준의 인플레이션과 함께 성장했으며, 1984년에 레이건은 이런 업적에 대한 공로를 충분히 인정받을 수 있는 위치에 있었다.[59] 안정적인 경제 성장을 복원했다는 대단히 현대적인 자랑거리를 통해 레이건은 정치적 시간을 다시 맞추려던 그의 초현대적인 시도의 한계를 감출 수 있었다. 실제로, 1980년대 중반의 경제 복구는 재편의 야망을 전통적인 경제 원리 속에 묻어 버렸고, 레이건이 예고했던 새로운 경로를 정부지출과 소비자의 소비라는 과거의 패턴으로 대체해 버렸다.

경제적 성공과 정치적 실패라는 이 이야기의 두 측면은 사실 동일한 이야기이다. 이 둘은 레이건 리더십의 질서-파괴적 영향을 피해가면서 고전적인 재편의 야망을 완전히 현대적인 업적으로 변형시킨 미국 정부의 새로운 작동 양식을 가리키고 있다. 그렇지만 이 두 힘의 충돌은 불안스러운 유산을 남겼다. 엄청난 정치적, 제도적 지지를 받고 있던 프로그램들에 끊임없이 압력을 가함으로써 레이건의 공격은 해소하려던 정통성의 위기 속에 정부가 빠지도록 위협했다. 공화당과 민주당 모두가 레이건이 창조한 새로운 세계에서 통치에 대한 신뢰성을 확보해야 하는 압력을 받게 되었으며, 이 과제를 더욱 어렵게 만든 것은 레이건의 재편 권위가 현대 미국에서 정치적 가능성을 열기 보다는 이를 피해갔다는 점이었다. 이 위대한 거부자는 후임자로 하여금 어떤 일도 할 수 있는 가능성이 급격히 낮아진 상태에서 새로운 행동 경로를 찾도록 만들었다.[60] 현대성이 재편 정치의 균형을 기울여서 앤드류 잭슨 지망생보다는 괴물에게 최후의 승리를 가져다주었을 수도 있으나,* 이는 어느 면에서나 대단히 비싼 싸움이었다.

충직한 후계자 조지 부시

조지 부시가 1992년에 재선 운동을 하면서 해리 트루만을 거론하자 민주당은 바로 공세에 나섰다.[61] 그리니치(Greenwich) 태생의, 예일에서 교육받은 보수주의자가 어떻게 중서부의 자유주의자 양복점 주인과** 같은 점이 있을 수 있는가? 레이건의 후계자가 어떻게 루즈벨트의 후계자와 같은 점이 있을 수 있는가?

그러나 부시는 트루만의 배경이나 성격이나 소속 정당이나 이념과 같이 분명한 것들을 염두에 두었던 것이 아니었다. 부시가 생각했던 것은 바로 정치적 연속성 속에서 트루만의 위치였고 트루만이 이 위치에 부여

---

* 역주: 앤드류 잭슨과 연방은행과의 대립에서 연방은행을 괴물로 묘사했던 것을 비유. 괴물은 연준을 의미.

** 역주: 트루만은 일차대전 참전 후 고향인 미주리 주 캔자스 시티에 돌아와 양복점을 개업했었음.

했던 리더십 프로젝트였다. 레짐 수립자의 기약들과 우선순위들을 트루만이 뒤늦게나마 입증하는 데 성공했던 것을 부시는 생각하고 있었다.[62) 1948년 대통령 선거 유세에서 트루만이 취했던 리더십 태세가 부시에게는 정치적 시간 속에서 동일한 순간으로 다가왔다. 로널드 레이건이 프랭클린 루즈벨트의 리더십을 주장했던 것이라면, 왜 부시가 이를 따라서 그 충직한 후계자의 리더십을 주장하면 안 되는가? "아무 것도 하지 않는" 공화당 의회와 대결하면서 트루만이 루즈벨트의 충성스러운 후계자로서 선거에서 승리했는데, 왜 레이건의 정당한 후계자로서 부시가 레이건이 시작한 일을 마무리하려는 것을 막고 레이건의 아젠다를 무산시킨다고 민주당 의회를 비난하면 안 되는가?

마지막에 부시가 전형적인 현대판 충직한 후계자 리더(leader-as-faithful-son)라고 스스로를 규정했던 것은 놀랄 일이라기 보다는 실망스러운 것이었다. 레이건의 부통령 후보가 된 순간부터 부시는 정치적 정체성에 대한 논란에 휘말렸었다. 만일 이 모호성을 이용해서 전통적인 충직한 후계자의 한계를 넘어서서 새롭고 독특한 리더십의 근거를 세울 수 있었다면, 부시의 리더십은 "포스트 모던"이란 호칭의 가치가 있었을 수도 있다. 그러나 부시는 이전과 마찬가지로 재선을 위한 선거 유세에서 이 가능성에 대해 잠깐 생각해 보았을 뿐이었다. 중대 국면에서 부시는 새로운 방향으로 나아가기를 거부했다. 곤경에 처하게 되자, 존 애덤스 시절부터 소속당 대통령들이 해 왔던대로 정통성의 낡은 기준으로 돌아갔던 것이다. 국가를 위한 자신만의 비전을 내세우는데 실패했다는 초기의 비판에서부터 자신이 "본때를 보여주는 해리 트루만"(give- 'em-hell Harry Truman)이라는 마지막 호소에 이르기까지, 부시는 너무도 익숙한 정통-개혁가의 딜레마를 그대로 보여주었다.

1992년 선거 유세에서 충직한 후계자임을 내세웠던 것은 1988년 내내 부시가 했던 주장을 반복한 것이었다.[63] 1988년에 부시는 이렇게 말했었다. "우리에게는 급격한 새로운 방향이 필요하지 않습니다. 우리는 강하고 안정적인 리더십을 필요로 합니다. 우리는 사회를 다시 만들 필요가 없습니다. 우리가 누구인지 기억하기만 하면 됩니다."[64] 1989년 1월에 취임하면서 부시는 "우리는 이미 이루어진 자랑스러운 업적 위에 무언가 더 세우려고 왔습니다."라고 말했다.[65] 이런 주장들은 우리 헌정사가 시작할 때부터 충직한 후계자들이 꺼내들었던 정서를 그대로 반영한 것이었다. 그렇지만 부시가 충직한 후계자 대통령을 연출한 것은 실제로는 결코 진실된 것으로 받아들여지지 않았다. 자신의 진실성을 확보하기 위해 부시는 전형적인 리더십 역할을 하려 했으나, 대통령직 자체가 보다 독립적이 되었기 때문에 이런 역할 자체가 점점 더 의문시되어 왔었다. 부시의 리더십 시도가 지닌 역사적 중요성은 이제 모든 대통령들이 알아야 하는 것, 곧 소속당 대통령 리더십의 정치적 근거가 거의 사라졌다는 것을 확인시켜 주었다는 점에 있다.

우리가 수차례 보아 왔듯이, 소속당 대통령들은 상반된 목적을 지닌다. 독자적으로 권력을 행사하고 자신의 조건 위에서 정통성을 새로 규정하는 데 있어서 이들은 본질적으로 취약하다. 전반적으로 부시 행정부는 애처러울 정도로 전형적인 모습을 보였다. 1988년 후보 지명을 수락하면서 부시는 레이건의 정통을 신봉하겠다며 공격적인 선서를 했다. "의회는 나에게 세금을 올리라고 압박할 것입니다. 나는 아니라고 할 것입니다. 그들은 또 압박할 것입니다. 나는 아니라고 할 것입니다. 그들은 다시 압박할 것입니다. 내가 그들에게 해 줄 수 있는 말은 이겁니다. 내 입을 잘 보세요. 세금 인상은 없습니다(Read my lips. No New Taxes)."[66] 선거 유세에서 부시는 이렇게 물었다. "레이건 혁명을 누가 계속할 것이라고 믿습니까?"[67] 국내에서의 기존 질서를 수호하는데 만족했던 부시는 곧 무언가 새로운 것, "새로운 세계 질서"를 만들기 위해 세계의 다른 지역을 바라보기 시작했다. 그는 미국 대통령직이 지닌 힘을 페르시아만에 극적으로 쏟아 부었다. 소속당 대통령들이 뿌리치기 어려운 유혹인 영광스러운 작은 전쟁을 벌였던 것이다. 하지만 국제적인 근육 자랑이 레짐 관리의 딜레마를 충분히 해소해 준 적은 한 번도 없었고, 부시의 경우도 예외는 아니었다. 애초부터 국내 문제에 대한 정통 수호의 서약으로는 통치할 수 없으리라는 것이 명백했으며, 1년 반 뒤에 부시는 세금에 대한 기약을 철회했다. 이로 인해 부시는 신념에 대한 엄청난 배신으로 비난받게 되었고, 부시 임기는 그가 지키려던 정치 연합을 깨면서 끝나게 되었다.

부시의 사례에 무언가 특이한 점이 있다면, 그것은 이 익숙한 패턴이 극적일 정도로 과장되게 나타났었다는 점이다. 임기가 끝났을 때 부시가 내세웠던 충직성은 거의 농담 수준이 되어 있었다. 재편하려던 제도들의 생존력을 무시함으로써 위대한 거부자로서 레이건의 리더십 태세가 무책임의 절정에 도달했었다고 한다면, 레이건의 정통을 수호하려던 부시는 자신이 차지한 제도가 지닌 새로운 독자성을 거부함으로써 무책임의 절정에 올랐다. 현대 정치에서 대통령직이 지닌 중심성과 노출 때문에 이 소속당 대통령의 겸손함과 충직성은 바로 왜곡되었다. 현대 정치의 조건 아래 부시가 설정했던 정치적 위치는 의도와 무관하게 극단적으로 냉소적인 것처럼 보이게 되었던 것이다.

충직한 후계자의 이러한 리더십 태세가 대통령 후보 선출 과정에서 처음 나왔다는 점은 의미가 깊다. 예비선거는 대중 동원형 대통령직의 주춧돌이다. 예비선거는 정당 단합이라는 겉치레를 걷어버리고 각 후보들의 인물을 부각시킨다. 현대의 후보 선출 제도가 당 지도자들이 서로 공개적으로 경쟁하게 만들면서 이들로 하여금 공식적으로 자신을 차별화하고 자신의 독자성을 내세우게 만드는 것이다. 정당의 잠재적인 대변인들을 공개적인 싸움에서 서로 적대하게 만듦으로써 예비선거는 후보들이 자신이 아닌 다른 어떤 것과의 연관성이나 소속감을 내세울 수 없게 만든다. 부시는 이 점을 누구보다도 잘 보여준 바 있다. 1980년 예비선거 당시 부시는 공화당 온건파에게 지지를 호소하고 최대의 적수 레이건과의 거리를 최대한 멀리 하려고 하면서, 레이건의 프로그램을 "공짜 점심 먹으려는 것", "미친 경제학", "미신 경제학(voodoo economics)"이라고 거듭 비난했다.[68]

예비선거에서의 경쟁이라는 규칙을 열심히 따르고 난 이후에 부시는 충직한 공화당원의 자세로 명예롭게 돌아가기가 어려웠다. 이때 이후 미신 경제학이라는 비난은 부시의 정치적 성격에 뚜렷이 각인되었다. 레이건의 부통령 후보로 지명되자마자 부시는 이 문제를 인정했다. "사람들이 '그가 이런저런 말을 했다'고 말할 것을 잘 알고 있습니다. 하지만 나는 [레이건과의] 차이점에 대해 더 이상 생각하지 않을 것입니다."[69] 그래도 비난이 퍼부어졌고, 전당대회가 끝난 뒤에는 그의 개인적 진실성과 진정한 정체성에 대해 의문이 제기되었다.[70] 1980년 선거 유세가 끝나기 전에 부시는 "세상에! 그 말을 안 했었으면 좋았을 걸!"이라고 중얼거렸다고 한다.[71] 레이건의 구상을 거부했던 것은 1988년에 부시가 레이건의 후계자로서 대통령에 출마했을 때 다시 그를 괴롭혔고, 1992년에 첫 번째 임기 중의 배신에 대해 참회하고 다시 한 번 레이건의 정통으로 돌아가려 했을 때에도 다시 수면위에 떠올랐다.[72] 사라지지 않는 당혹감의 근원이었던 "미신 경제학"은 부시와 레이건 간의 수수께끼 같은 개인적 관계를 보여주는 것이자, 부시의 임기를 규정했던 신뢰의 문제를 상징하는 것이었다. 처음부터 끝까지 부시는 이전의 자신이 사라졌다고 어떻게든 설명하려 했으며, 이전의 경로를 현재 자신의 기약과 소속감에 일치시키려고 애썼다.

이에 대한 가장 동정적인 설명은 부시가 선거 유세를 싫어했으며 선거 유세가 통치와는 아무 상관이 없다고 생각했다는 것이다. 선거 유세는 권력을 획득하기 위해 치러야 하는 비용이었으며, 자신이 담당할 자리에 오르기 위해 해야만 하는 대본 있는 배역이었다.[73] 문제는, 대통령 권력 행사를 위한 권위를 세우는데 있어서, 공개적으로 밝힌 신념이 일시적인 이득을 계산한 것에 불과하다고까지 부시가 암시했다는 점이다. 선거 유세 목적에서 한 일들로부터 자신의 정치적 정체성을 분리하려던 부시는, 특정한 순간에 순전히 전술적 목적으로 정치인이 취할 수 있는 역할에 불과한 것으로 정체성을 줄여버렸다. 리더십은 이렇게 쉽지만은 않다. 특히나 "개인적 대통령"의 시대에는 더 그렇다. 부시는 일단 대통령직에 오르자 이를 고치는 것이 어렵다는 것을 깨닫게 되었고, 그가 진정 누구인지 하는 질문이 계속 부시를 괴롭히게 되었다.

돌이켜 보면 부시의 정치적 정체성이란 이슈가 계속 제기되었던 것은 해리 트루만처럼 위대한 거부자의 뒤를 이어 권좌에 오른 대통령들 보다는 레짐 말기 소속당 대통령의 전형적인 고난에 가까워 보인다. 자신이 누구이고 어디에 서 있는지 하는 질문에 대한 부시의 실책들은 지미 카터나 허버트 후버와 같이 국가적 문제에 대해 더 이상 해결책을 제시하지 못하는 정통에 묶여 있어서 신뢰를 찾기 위해 물려받은 해법들과 씨름했던 대통령들의 유사한 실책들을 떠올리게 하는 것이다. 심지어 부시는 레이건 혁명과의 연관성 때문에 우리가 예상하는 것보다 소속당 대통령의 자세로부터 얻은 것이 적었으며, 이는 레이건의 충직한 후계자라는 부시의 리더십 주장에 불리하게 작용한 또 하나의 요소였다.

현대 대통령직은 단순히 대통령직의 독립성을 강화시킨 것만이 아니라, 정치인들을 결속시켰던 유대를 풀어버리고, 독자적인 대통령이 되어야 하는 헌법상의 책임에 소속당 대통령이 맞지 않는다는 것을 여실히 드러낸다. 마찬가지로 중요한 점은, 재편 리더로서 레이건의 대통령직 수행 자체가 심각하게 위축되어 있었기 때문에 부시에게 소속당 대통령이란 것은 불리하게 작용했다. 레이건 혁명이 20세기 말 거버넌스의 정치적, 제도적 양식들과 충돌하면서 완결되지 못한 채 끝났으므로, 그 후임자가 레이건 혁명과의 연관성으로부터 추출할 수 있는 정치적 권위는 그리 많지 않았다. 부시의 보좌관 중 하나가 말했듯이, "레이건을 따르고 성공을 주장하기에는 당혹스러웠다. 그렇다고 레이건이 저지른 난장판을 정리하고 있다고 말할 수는 없었다. 우리는 그저 이에 대해 아무소리 없이 그렇게 해야 했다."[74)]

레이건과 마찬가지로 부시의 경우에서도, 고전적인 리더십 태세들의 현대판들이 얼마나 불완전한지, 대통령이 만드는 정치들의 전통적인 차이점들을 구조적으로 결정했던 변수들이 현대적 조건에서 얼마나 불분명해졌는지, 한 리더십 자세의 변형이 다른 리더십 자세의 변형을 얼마나 가속화시켰는지, 요컨대 정치적 시간의 주기가 얼마나 단축되었는지 알 수 있다. 재편의 권위를 내세웠던 전임자가 과거의 의회 정치와 이전에 수립된 관료 제도들을 실질적으로 온전하게 놔두었을 때, 소속당 대통령의 리더십을 규정했던 규범들은 대통령 행동에 대한 지침이 되지 못한다. 이런 상황에서 충성스러운 후임자는 어떤 기약이 더 중요한지, 여전히 자리 잡고 있는 과거의 것인지, 아니면 아직 뿌리 내리고 있지 못한 새로운 기약인지 고민하게 된다. 재편이 거의 수사적인 것에 그쳤다고 판명된 경우 정책 우선 순위는 어떻게 되어야 하는가? 최근까지의 수사와 실제 정책이 너무나 크게 차이 났을 때 지속해야 할 근거는 무엇인가? 부시가 대통령 권력 행사에 대한 자신만의 조건으로 "비전이라는 것"(the vision thing)을 수차례 내세웠던 점은, 레짐 소속 대통령에게도 당연히 기약이 있어야 한다는 현대 미국 정치의 집착과도 같은 것을 보여준다. 모든 대통령들이 권력 행사를 위해 자신만의 개인적 비전을 표출해야 한다는 기대는 대단히 현대적인 것이다. 후보들에게 레짐 소속이라는 전통적 짐을 벗어버리고 전통적인 역할에서 벗어나라는 현대성의 충고인 것이다.

시대적 변화의 요구에 맞추어 물려받은 아젠다를 수정하고 이들 간의 관계를 다시 표출해야 하는 레짐 소속 대통령의 첫 번째 도전을 감행한 방식에서, 부시가 이렇게 벗어나려 했던 기미를 찾아 볼 수 있다. 이 익숙한 과제를 맡으면서 부시는 정확히 옳은 말을 했다. 1988년 선거 유세에서 여러 차례 부시는 청중들에게 "우리에게는 미완의 과제가 있습니다."라는 것을 상기시켰다. 그러나 레짐 소속 대통령 리더십의 역사적 기준으로 볼 때, 부시가 적극적 행동을 하겠다고 약속한 아젠다들은 당혹스러운 것이었다. 부시는 연방정부 정책 우선 순위에 대한 레이건의 재편을 넘어 과거로 돌아가서 레이건이 묻어버리려던 기약들 몇 가지를 되살려 놓았다. 부시가 제시한 "비전"의 상당 부분은 그가 뒤늦게 자신과 일치한다고 확인했던 새로운 정통으로부터 나온 개혁이 아니라, 레이건이 거부했다던 이전의 정통에서 나온 개혁들로 구성되었다. 부시는 연방정부가 환경 규제를 강화하고 빈곤층을 위한 의료 혜택(Medicaid) 적용대상을 넓히며 아동 돌봄을 지원하고 린든 존슨의 아동 교육(Head Start) 프로그램을 "전액 지원"하며 대학 교육비 부담에 관심을 두고 초중등 교육의 기준을 개선하겠다고 약속했던 것이다.[75]

이런 약속들은 과거의 부시가 다시 나타났다는 것을 의미했다. 일단 선출되면 민주당 의회를 마주해야 된다는 것을 알고, 자신이 의회의 과거 동료들과 보다 협력적이고 타협적인 관계를 수립하려는 이전 기존 질서의 온건파 공화당원임을 시사했다.[76] 다른 의미에서 이 약속들은 단지 보다 전략적인 손짓이었다. 레이건을 지지했었지만 레이건의 아젠다에 점차 우려를 하게 된 교외 거주 유권자들을 주목표로 두고 있었던 것이다. 이들의 우려에 대해 부시는 "삶의 질"로 공략했다. 요점은 이것이다. 부시는 레이건 이후 시대에 있어서 이전의 자신을 내세울 수도 없었고, 그렇다고 전임자의 우선순위를 공격하지 않고서는 전략적으로 행동할 수도 없었던 것이다. 세금을 올리지 않겠다는, 입이 마비된 서약 밑에는 어쨌든 레짐 소속 리더십에 무언가 새로운 것이 포함되어 있었다. 물려받은 유산 위에 무언가 세우겠다고 주장하면서 부시는 사실상 레이건 재편의 한계를 깨닫고 있었고 후계자로서 주어진 역할의 경계를 허물고 있었던 것이다. 자신의 자리를 마련하려고 했을 때 부시는 "레이건이 했다고 상상도 할 수 없는 단어들"을 사용했으며, 실행되었을 경우 전임자가 세운 경로를 크게 벗어나게 될 약속들을 했다.[77]

그러나 부시는 이러한 전환의 중요성에 대해 별로 거론하지 않았으며, 그의 정책 우선 순위들은 그의 전환을 둘러 싼 불확실성들 속에서 불투명해졌다. 1988년 선거 유세 내내 그랬듯이 "우리가 바로 변화입니다"를 강조했을 때, "교육 대통령"과 "환경 대통령"으로 알려지기를 기대했을 때, 취임사에서 세계를 뒤덮고 있는 "새로운 바람"을 느껴보라고 했을 때, "지금은 손을 맞잡을 때입니다."라고 말하면서 상, 하 양원 민주당 지도부에 호소했을 때, "다정하고" "관대한" 미국을 약속했을 때, 이런 것들을 말했을 때 부시는 레짐 소속이라는 자신의 위치에 영향을 미치는 과거와 현재 사이의 관계를 적극적으로 모호하게 만들고 있었다. 이런 때에 부시는 정통 개혁가의 딜레마를 넘어설 것 같은 방식으로, 자신이 기대하는 변화와 지속성에 대한 약속 간의 연관성을 제시했다. 이런 때에 부시는 레이건의 사람이라기 보다는 자기 스스로인 것처럼 보였으며, 독자적으로 새로운 정통성을 세우려는 대통령같이 보였다. 이렇게 하려는 듯 했으나, 기꺼이 하려는 것은 아니었다. 새로운 민권 법안과 환경 법안, 장애인 법안, 교통 법안에 서명했고 경제 규제의 점진적 강화를 추진하긴 했으나, 부시는 자신이 이 이슈들에 있어서 모든 입장들을 지지한다는 것을 분명히 했다. 예리한 관찰자 중 한 명은 부시가 "우유부단을 예술의 경지까지 끌어올리고, 정치적 수사와 실제 성과를 분리시키는 새로운 수법을 발명했다."라고 보도한 바 있다.[78]

독자성을 확보하려는 부시의 시도는 당연히 잠재적으로 자유를 가져다 줄 수도 있었으나 위험하기도 한 것이었다. 현대의 대통령이 레짐 소속이라는 굴레를 벗어날 수 있다는 가능성은 무언가 새로운 것이었으나, 당의 열성 지지층들로부터 이단과 배신이라는 비난을 받게 되는 위험은 과거와 마찬가지였다. 부시 임기의 희비극은 바로 부시가 이 맞바꾸기를 어떻게 선택하는가에 따라 전개되었다. 거의 모든 레짐 소속 대통령들이 무엇을 선택하든지간에 배신의 비난을 받게 되었으며, 현대 대통령직의 발전이 독자적 행동을 할 수 있는 기반을 키워놓았다는 점을 고려하면, 부시가 자유의 기회를 시험해 보아서 잃을 것이 없었다고 생각할 수 있다. 정통을 고수해서 무엇을 잃게 되었는지는 생각할 필요도 없다. 위험을 피하려 한 부시의 결정이 결국 재앙을 가져 왔던 것이다.

부시가 정통에 대해 그토록 많은 것을 걸었었다는 사실은, 리더십 유형에 부여된 역할에 충실한 것의 이점이 사라지고 있다는 생각에 대해 신중해야 할 필요성을 제기한다. 허상일수는 있으나 이 이점들은 여전히 커서, 1990년대의 대통령에게 처음부터 자기 행정부의 권력과 가능성을 절제하도록 만들 정도였다. 정통이 부시에게 역사 속 자신의 위치를 이룰 수 있는 명확하고 익숙한 것을 제공했음에는 의심의 여지가 없는 것이다. 더욱이 부시의 자연스러운 중도 성향으로 인해 부시의 정통이 의심받을 수 있었기 때문에, 레이건이 자신에게 물려 준 공화당 보수층 기반을 안심시키는데 신경 쓴 것이 완전히 비이성적인 것은 아니었을 것이다.[79] 마지막으로 다른 대안에 대한 진지한 시험은 대안을 제시하고 실행하는 데 있어서 상당히 신중해야 할 것을 요구했을 것이며, 이런 신중성은 대통령 권력 행사에는 결코 쉽게 갖춰지지 않는다는 점도 인정해야 한다.

이미 공화당 지명을 받은 뒤 1988년 공화당 전당대회에서 부시가 공개적으로 밝힌 자신의 정치적 신념은 확실히 미묘한 것이었다. 그러나 세금에 대한 확고한 서약은 정확히 정반대 방향으로 움직인 것이어서, 심지어 레이건조차 지난 7년간 반복해 왔던 것을 할 수 있는 가능성을 아예 막아버렸다. 미국사를 통틀어 대통령이 국가의 가장 중대한 문제를 독자적으로 처리할 수 있는 능력을 이토록 철저하게 포기한 적은 없었다. 워싱턴의 내각을 그대로 물려받고 대통령직을 제이 조약의 인질로 맡겨버렸던 존 애덤스나, 1850년의 타협을 수호하겠다고 서약하고 당대의 가장 폭발적인 이슈에 대해 아무런 새로운 말을 하지 않았던 프랭클린 피어스를 생각해 볼 수도 있다. 그렇지만, 이런 식의 비교는 현대 대통령의 리더십 가능성을 시험해 볼 기회를 부시가 날려버린데 대해 더 주목하게 만들 뿐이다. 부시의 선택은 어쩔 수 없었던 것이 아니다. 독자성의 위험을 피하고 주어진 역할을 고수하며 자신의 신념을 입증하겠다고 결심한 채 부시는 이전의 누구보다도 스스로 통제할 수도 있었던 운명을 그대로 받아들였던 것이다.

사실, 정통에 대한 부시의 무조건적 서약에 대해서는 부시의 참모들 사이에서 열띤 논쟁이 있었다는 것을 이제 우리는 알고 있다. 부시의 여론조사 담당 로버트 티터(Robert Teeter)와 레이건 행정부에서 입법 전략의 책임자였고 부시의 예산국장이 되는 리차드 다만(Richard Darman)은 전당대회 연설의 초고들에 대해 강력히 반대했다. 이들은 세금에 대한 서약이 부시의 통치 능력을 훼손시킬 것임을 바로 알아차렸다. 나아가 이들은 이 서약이 국가경제에 심각하고 부정적인 영향을 가져올 것이며 이 서약이 가져올 수 있는 단기적인 선거에서의 이점보다 이런 문제가 중대하다고 주장했다. 이들은 부시가 상대 후보보다는 세금을 올릴 것 같지 않다고 유권자들이 이미 믿고 있기 때문에 심지어 단기적인 전술적 관점에서 보아도 이 서약이 유리한지 의심스럽다고 보았다. 마지막으로 이들은 경제 상황을 고려할 때 이 서약은 거의 확실하게 깨어질 것이며, 깨어질 경우 부시의 신뢰성에 가늠할 수 없는 피해를 가져올 것이라고 경고했다.[80]

레이건의 연설비서관으로 부시 캠프에 일시적으로 참여했던 페기 누난(Peggy Noonan)이나 부시의 홍보 책임자였던 로저 에일스(Roger Ailes)와 같은 반대편 인사들은, 일단 당선된 후 이 서약이 부시에게 초래할 문제점들에 대해서는 관심이 없었다. 이들이 주로 관심을 가진 것은 선거 유세의 극적인 효과와 적절한 이미지 만들기, 그리고 다가오는 순간에 부시를 확실하게 부각시키는 것이었다. 이들은 무엇보다도 부시에게 필요한 것은 이미지를 확실하게 하는 것, "무언가 확고한 것을 말하는 것"이라고 주장했다. 부시가 처음부터 선거 유세의 성격을 제대로 규정하지 않으면 메시지를 명확히 하기 위해 언론과 싸워야 할 것이라고 이들은 경고했다.[81] 부시의 정치적 정체성을 명확히 하는데 집중했던 이들이 이기게 되었으나, 이 승리보다 더 형편없는 승리를 상상하기가 어렵다. "세금과 지출만 아는 진보들"과 자기 후보의 차별성을 부각시키기 위해, 부시의 참모들은 부시를 전임자의 기약들 속에서 희망 없이 떠도는 존재로 만들었던 것이다. 레이건주의에 대한 부시의 모호한 관계를 이용하고 부시에 대해 무언가 새롭고 특별한 것을 만드는 대신에, 이들은 대통령으로서의 자질에 대한 평가와는 전혀 상관없는 기준에서 부시가 진품이라는 스탬프를 찍었던 것이다.

부시 행정부가 세금에 대한 서약을 언제 깨야 할지, 그리고 그랬을 때의 정치적 위험에 대통령이 어떻게 대응해야 할지에 대한 논의는 취임 직후부터 시작되었다.[82] 곤혹스러운 상황이 다가오는 것에 둔감하지 않았던 부시는 가능한 한 오래 버텼고, 아마도 재정 적자 상황이 더 악화되면 서약을 뒤집는 것이 적절해 보일 수도 있으리라고 기대했었을 것이다. 민주당 의회와 협치하려던 기조에도 불구하고 부시는 재정적자 감축안을 만들기 위해 수립된 초당적 위원회의 활동을 무산시켰으며, 사실상 다음해까지 이 문제에 대한 어떠한 협력적 대응도 막아버렸다. 다음해부터 현실이 정통에 승리한다. 1990년 여름에 부시는 세금 문제를 논의하는데 동의했다.[83] 이때가 되면, 쌓여가는 재정 적자가 세금 인상을 불가피하게 만든 것만큼이나 경제 불황이 증세에 대해 불길한 징조를 가져오고 있었다.[84]

1990년 여름에 의회 민주당 지도부와의 협상에서 타결된 예산안은 새로 세수를 증대시켰을 뿐 아니라 지출에 대해서도 새로 통제하겠다고 약속했다.[85] 부시가 세금 서약을 하지 않았더라면, 전국의 공화당 지지자들에게 이 이슈에 대해 민주당과의 차별성을 두도록 촉구하지 않았더라면,[86] 아마 이 타협은 지속성의 승리이자 레이건의 아젠다를 확고히 한 것으로 기억되었을 것이다. 실제로 부시 행정부는 의회가 레이건 혁명의 정책 우선순위를 건드리지 못하도록 의무화하는 양보를 받아낼 때까지 버텼다. 심지어 의회가 이 새로운 제약을 무시하려 들었어도 부시가 승자가 될 수도 있었다. 민주당의 무책임성에 대한 이 새로운 증거가 부시가 원했던 트루만 같은 재선 가도에 직접 작용했을 것이기 때문이다. 그러나 부시는 세금 서약을 자신과 자기 정당의 신뢰성에 대한 안전핀과 같은 존재로 만들었었고, 그가 이 핀을 뽑자 반응은 재빠르고 예상대로였다. 증세에 대한 부시의 입장 전환은 민주당보다 공화당 의원들을 험로에 밀어 넣었으며, 동료 공화당 의원들은 부시에 대해 반란을 일으켜서 자기들의 리더가 "새빨간 거짓말"을 했다고 비난했다. 와이오밍 출신 상원의원 말콤 월롭(Malcolm Wallop)은 이렇게 말했다. "나는 '배신당했다'는 단어를 쓰고 싶지 않습니다. 그런데 사람들은 무언가 악의적인 행동에 희생됐다고 생각합니다."[87]

이 사태들은 페르시아만의 위기가 고조되는 가운데 일어났으며, 이 위기에서 부시가 거둔 승리가 국내에서 최대의 어려움이 된 것과 동시에 일어났다는 점에서 특히 주목할 만하다. 국내정책에서의 직무 수행과는 대조적으로 부시는 줄곧 외교정책에 관심을 키워왔었다. 부시가 외교정책에 관심을 가진 것이 특히 "포스트모던"한 것은 분명 아니다. 물려받은 아젠다를 관리하는데서 오는 정치적 딜레마에 직면한 정통－개혁가들은 전통적으로 국민들의 확고한 신념을 보여주고 대통령직의 거대한 힘을 행사하는데 바깥 세상이 더 적합한 영역이라고 생각했었다. 이들의 근육자랑이 우리 역사에 간헐적으로 등장하곤 한다. 또한 레짐 소속 대통령들은 자신들의 질서－창조적 야망을 해외로 돌리는데도 주저하지 않았다. 부시의 "새로운 세계질서"(new world order)는 먼로 독트린이나 트루만 독트린, 혹은 씨어도어 루즈벨트의 백색 함대를 상기시켰다.[88] 정통－개혁가들 중 누구보다도 부시는 외교정책이 국내 아젠다에 대한 직접 관리를 대체한 듯이 보이게 만들었는데, 이는 정치적 시간에서 자신의 위치를 온전히 지키려던 현대 대통령의 자부심 때문이었다. 카터가 국가 통치의 복잡한 문제들에 대한 기술 중심적 능력의 중요성을 과대평가했었고, 레이건이 이전의 문제들을 일소하고 새로운 질서가 자리 잡도록 할 수 있는 자신의 능력을 과대평가했었다고 한다면, 부시는 자신이 다른 곳에 주의를 돌리는 동안 국내 문제들을 관리할 수 있는 참모들의 능력을 과대평가했던 것이다.

그렇지만 어떤 정통 개혁가들도 페르시아만 위기 때의 부시처럼 세계무대에서 이토록 경이로운 힘의 과시를 한 적이 없다는 것도 고려되어야 한다. 그가 말한 새로운 세계질서에서 미국의 리더십을 눈부시게 보여주면서 부시는 동맹국이 될 가능성이 가장 작은 국가들까지 포함하여 이라크에 반대하는 국제적 연합을 만들어냈고, 그 비용을 다른 국가들의 자금으로 조달했으며, 텔레비전 카메라가 돌아가는 가운데 놀랍도록 짧은 기간 안에 쿠웨이트를 해방시켰다. 이라크와의 전쟁에서 부시가 보여준 리더십에 숨어있는 역설이 있다면, 그것은 그가 얼마나 효과적일 수 있는지에 대한 놀라운 과시가 오히려 국내 문제들에 대한 부시의 부주의와 국내 기약들의 혼란을 더욱 거슬리게 했다는 점이다. 양 영역에 있어서 부시 행정부에 대한 평가는 극단으로 가게 되었으며, 외교정책에 대한 집착과 국내정책에 대한 무관심은 이 충직한 후계자의 리더십 태세가 곤혹스러운 모습을 갖게 만들었다.

공화당 지도부에서 끓어오르고 있던 배신이라는 비난에 대한 부시의 대응에 있어서도 마찬가지였다. 1992년 봄이 되면 공화당 의원들은 실패한 정통을 되살려보려고 한다고 부시를 공격했던 민주당만큼이나 맹렬하게 자기 당 대통령을 이단이라고 공격하고 있었다. 설상가상으로 로스 페로(Ross Perot)라는 재력가가 국내 문제를 등한시한다고 정부 전체를 공격하고 있었다. 1992년의 부시처럼, 레짐 소속 대통령들은 자신이 고른 행동 경로에 대한 도전으로 포위당했을 때 두 가지 대응을 해 왔다. 자신의 경로를 옹호하거나, 물러나는 것이다. 존 애덤스나 프랭클린 피어스처럼 많은 면에서 전혀 다른 대통령들이 첫 번째를 택했는데, 최소한 잠시 동안은 부시도 그랬을 수 있다. 1990년에 결국 세금 인상 문제가 협상 대상이 될 것이라고 선언한 직후의 기자회견에서 부시는 다음과 같이 말했다. "나는 새로운 사실들을 보고받았습니다. 나는 링컨처럼 하고 있습니다. 새로 생각하고 있습니다… 이 나라에 중대한 문제가 생겼습니다. 나에게는 이 행정부를 이끌어서 해결책을 찾도록 할 책임이 있습니다."[89)]

이것은 분명한 주장이었다. 대통령은 자신의 노선을 세워야 할 헌법상의 책임이 있고, 특히 현대 대통령들은 급박하게 변하는 국정 상황에 공정하고 용감하게 대응하기 위해 물려받은 교리로부터 스스로를 자유롭게 할 수 있어야 한다는 것이다. 그러나 부시는 결국 독자적 행동을 더 이상 추구하지 않았다. 실제로, 레이건의 연설문 보좌관이자 정치 평론가인 패트릭 뷰캐넌(Patrick Buchanan)이 1992년 공화당 예비선거에 출마하여 부시로 하여금 이단과 배신이라는 비난에 대응할 수밖에 없게 만들자, 부시는 물러섰다. 부시는 존 애덤스처럼 자신의 새로운 노선을 따르기를 거부하는 자들을 쫓아내지도 않았으며, 프랭클린 피어스처럼 자신이 고른 노선을 정당화하기 위해 다시 링에 서지도 않았다.

그렇다고 물러난 것도 아니었다. 이단이라는 비난에 대처하기 위해 정통-개혁가들이 특히 잘 쓰는 방법인 사임은 개인적인 희생을 통해 자신이 당과 국민들에 대한 책임감이 있으며 자신의 결정이 진실성이 있었다는 것을 보여주게 된다. 부시는 이런 희생을 하지 않았다. 그는 자기 자신을 잊은 듯이 이단이라는 비난을 견뎌냈다. 자신이야말로 신념의 진정한 수호자라고 뷰캐넌이 주장하며 세금부터 민권까지 모든 것을 부시의 변절이라고 비난하자, 부시는 자신의 죄를 자백했다. 세금 인상에 동의하는 실수를 저질렀다는 것이다.[90)] 자신이 선택한 노선을 옹호하지도 않고 공식적으로 물러나지도 않은 채, 부시는 죄를 인정했고 정통에 대한 자신의 신념을 재확인했으며 분명히 독자적이었던 자신의 행동을 다시는 되풀이 되지 않을 실수로 만들어버렸던 것이다.

아마 부시는 전략적으로 행동했을 수도 있다. 부시로 하여금 독자성으로부터 물러나 공화당 지지 기반으로 돌아가게 만든 것이 뷰캐넌의 도전이 아니라 로스 페로라는 유령이지 않았을까? 뷰캐넌이 수치감을 유발한 것 이상의 위협이 전혀 되지 못했던데 비해 페로는 선거 구도에서 완전히 예측 불가능한 새로운 요소가 되어 있었다. 어찌 되었든, 이 국면에서 부시가 스스로를 부정한 것은 스스로를 조롱한 것에 더 가까워지게 되었다. 1992년 본 선거 유세에서는 일종의 대리 사임이 벌어졌다.[91] 물론 진짜 사임의 품위에는 미치지 못하는 것이었다. 부시가 자신을 비난하던 공화당 극우 세력에게 공화당 전당대회를 넘겨 준 것만을 말하는 것이 아니다. (1980년 민주당 전당대회에서 카터가 자유주의자들에게 굴복한 것과 마찬가지로 비정상적인 것이었다.) 이 정도를 넘어서서 부시는 자신의 노선이 사실상 오도되었었다는 견해를 확인해 주기까지 했다. 재선되면 경제 정책 팀 전원을 해임하고, 2기의 국내 정책 팀을 선거 본부장이자 국무장관이고 지난 12년간 다방면의 해결사였던 제임스 베이커(James Baker III)에게 넘기겠다고 부시는 약속했다. 부시의 재선 운동은 상대방이 장악하고 있는 "아무것도 하지 않는" 의회에 대한 트루만의 성전처럼 단순한 것이 아니었다. 부시는 국민들 앞에서 자기 자신의 정책에 대한 공격까지 했던 것이다. 미신 경제학을 거부했던 때로부터 부시는 많은 변화를 겪었으나, 전환점에 설 때마다 스스로를 레짐 소속 대통령의 역할에 얽어매었다. 마지막 국면에서는 자기 자신의 행정부를 거부함으로써만 충직한 후계자의 리더십 자세를 다시 취할 수 있었다. 자기 자신에, 곧 지난 12년간 백악관에 있었던 반대파 리더에 반대하는 레짐 소속 리더가 되었던 것이다.

정치적 정체성과 정치적 전략을 혼동하는 것은 부시에게 재임 기간 중 다반사가 되었다. 정치평론가 러셀 베이커(Russell Baker)가 1992년 선거 유세에 대해 평했듯이, 부시는 "너무나 많은 정체성 하에 선거 운동을 해서

날마다 그가 누구였는지 추적하는 것이 어려웠다."[92] 베이커가 지적한 점은 치명적인 실수였을 뿐 아니라 잃어버린 기회이기도 했다. 부시가 그렇게 많은 정체성을 이용할 수 있었다는 사실 자체는 현대 미국 정치에서 생긴 리더십 역할의 유연성 같은 것을 의미한다. 부시는 주어진 상황에 따른 전략적 계산으로 한 가지 정체성에서 다른 정체성으로 옮겨 가는 대신에, 이 새로 주어진 자유를 이용해서 명확하고 특별한 무언가를 만들어 낼 수도 있었다. 현대 대통령직이 지닌 수단들을 사용하여 대통령직을 자기 것으로 만들 수도 있었다. 그러나 부시는 현대 대통령직이 지닌 정반대의 가능성으로 나아갔다. 정체성 문제 전체를 참모들에게 넘겨주었고 이들의 전략 속에서 길을 잃어버렸던 것이다.

일단 잃어버리면 정치적 리더십의 권위는 되찾기 어렵다. 마지막에 부시는 권력 추구 자체를 명분으로 삼았다. 이것만으로 1992년에 자신을 믿을 만하다고 주장할 수 있었던 것이다. 선거 유세를 준비하면서 부시는 이렇게 선언했다. "재선되기 위해 해야 할 일을 할 준비가 되어 있습니다."[93] 대통령으로서의 기개와 포부를 보여주는 것이 이기겠다는 결의만이었던 셈이다. 심지어 1992년 선거에서 무엇이 잘못 되었는지 평가하면서는 주객이 전도되기까지 했다. 부통령 후보 댄 퀘일(Dan Quayle)이 이렇게 불평했던 것이다. "부시 진영은 메시지를 내 놓은 적이 없습니다. 그러려면 전략이 있었어야 했기 때문입니다."[94]

영구적인 선공의 가능성

미국 정부와 정치가 그간 이렇게 발전해 온 것에 대해 비난하기 쉽다. 분명히 현재의 상태는 개선되어야 할 것이 많다. 하지만 좌절감 때문에 잘못된 문제에 초점을 맞추고 타당하지 않은 대안을 받아들이는 위험에 빠질 수 있다. 우리는 정치적 시간이 저물어가는 것을, 우리 헌정사가 시작된 이래 대통령들이 권력 행사를 위한 권위를 요구해 왔던 기제들이 사실상 해체되고 있는 것을 목도하고 있다. 당면한 선택들은 중대한 것이지만, 전망이 반드시 암울한 것만은 아니다.

오래된 통념은 잘 사라지지 않는다. 심지어 현재에도 대통령들이 전통적인 권위 주장을 재활용하는 것을 거부하기는 힘들다. 이 주장들은 맞는 것처럼 들리고, 익숙한 것이며, 현대에 있어서는 익숙함만으로도 안심이 된다. 그렇지만 대통령들은 이것들에 계속 매달리면서 우리를 오도해 왔다. 권력과 책임의 조건이 변화되면서 필요하게 된 것을 숨겨왔던 것이다. 결과적으로 적절한 행동의 기준이 그 어느 때보다도 혼란스럽게 되었다.

현대성을 탓하는 대신에 우리는 대통령직이 이제 충분히 발달했음을 강조해야 한다. "위대한" 리더나 "진정한" 국가 지도자에 대한 향수가 없이 솔직하게 대통령사를 살펴보면, 이제 과거의 기준들을 놓아주어야 할 때라는 것을 알 수 있다. 전통적인 리더십 태세들이 단지 수행해야 할 역할 정도로 퇴화되었기 때문에, 최근의 대표적인 사례들은 전통적 유형들의 뒤틀린 모습만을 보여 왔다. 전통적 유형들이 더 이상 적실성이 없다고 간주하게 되면, 정치적 시간이 기우는 것이 대통령들에게 더 많은 가능성을 열어주었다는 것을 발견할 수도 있다.

물론 미래로 가는 길은 여러 가지이고, 이 중 어떤 것은 덜 바람직하다. 특히 곤란해 보이는 두 가지 길이 있다. 당연히 하나의 길은 전통적인 주장에 더 빠져서, 과거의 위대함을 다시 상기시키고 이를 진정으로 위대한 리더의 표상으로 삼는 대통령을 기다리는 것이다. 현 시점에서 이렇게 하게 되면, 어떤 위대한 거부자가 나타나서 전형적인 재편의 자세를 가지고 헌법이 여전히 규정하고 있는 권력에 대한 견제를 심각하게 훼손시키는 상황이 초래될 수 있다. 다른 길은 대통령들이 어딘가 다른 곳에서 입증된 기술들을 받아들여서 보다 기업인같은 자세를 취해야 한다고 강조하는 것이다. 그러나 기술에 의존하는 것은 대통령 리더십에 있어서 한 번도 약속한 것을 가져다주지 못했다. 대통령직이란 제도가 지닌 끊임없이 질서 교란적이고 철저하게 정치화된 힘을 뒷받침해주지 않는 것이다.

대통령 권력 행사에 대해 우리가 알고 있는 모든 것들, 그리고 질서와 일상적인 것에 대한 대통령직의 적대성으로부터 그래도 우리가 얻을 수 있는 많은 것들을 고려하면, 기업경영인 같은 대통령이란 발상은 부질없는 것이 된다.

1992년 선거 유세 초반전에 로스 페로가 호응을 받게 되면서 이 두 가지 가능성이 동시에 제기되었었는데, 이는 현재의 혼동을 전형적으로 보여준 것일 수 있다. 일상적인 정치에 대한 전면적인 공격을 벌이면서 페로는 기업인의 비전을 제시했다. 페로의 비전은 의회에 대해서는 아무런 공간이 없고 권력 분립은 거의 쓸모가 없는 행정부 효율성 모델이었다. 더 흥미롭게도, 1992년 7월에 갑자기 후보직을 사퇴하면서 페로는 자신이 가장 우려하는 것이 자신이 "혼란을 조성하는 것"이라고 설명했다.[95] 변화를 위한 들불 같은 운동을 촉발시켜 놓고는 리더가 하지 말아야 할 것이 혼란을 조성하는 것이라고 주장했던 것이며, 다른 무엇보다도 기업경영 같은 행정에 가치를 둔 리더가 이를 얻기 위해 대중의 저항을 촉발시켰던 것이다.

어떻게 대통령직의 권력을 끌어내어 정치적 변화의 동력으로 삼을지, 어떻게 그 본질적으로 질서 교란적인 힘이 현대 미국의 민주 정치에 가장 큰 공헌을 하게 만들지에 대해 보다 신중하게 생각할 필요가 있다. 이 중요성은 너무도 커서 당면한 가능성에 대한 어떤 견해도 우리의 경험 전체를 통해 제시되어야 한다. 미국사 전체에서 리더십의 정치를 추적해 오면서 우리는 전통적으로 역사 속 대통령의 위치를 규정해 왔던 네 가지 유형들 중 두 가지가 미국 정치와 정부의 점진적 발전에 의해 영향력을 상실해 왔음을 알 수 있었다. 우선 기존 통치 기약들의 취약성이 제한적이 되었다. 정부 전체에 이익들과 권위들이 확산되었고 이를 보호하는 제도들이 조직적 생존력을 지니게 되었기 때문이다. 이 자체는 리더십의 근거로서 재편을 이상화하는 것을 결국 버려야 한다는 의미를 가질 수 있다. 이와 동시에 미국 정치와 정부 내에서 대통령직의 독자성이 증대되면서 물려받은 해법에 대한 소속 여부도 영향력이 훼손되었다. 대통령의 통치 책임이 점점 커지고 그 정치적 근거가 다른 행위자들이나 제도들로부터 분리되었다는 사실이 이 리더십의 근거와 충직한 후계자라는 리더십 자세의 자명적인 제약을 버려야 한다는 의미를 가질 수 있다. 만일 대통령들이 이제 물려받은 해법으로부터의 독자성을 내세우고 이에 따라 자신의 연합을 결성하게 된다면, 그 이득이 손실을 보상하고도 남을 것이다.

이런 상황이 이루어지고 있는데 대해서는 역사적인 선례들이 있는데, 그 장단점이 확실하다고 볼 수는 없다. 지금까지 여기서 그려지고 있는 것은 바로 활력 있는 레짐 내의 반대당 대통령 리더십으로 점차 수렴하고 있는 모습이다. 제2장에서 제시한 정치적 권위 구조의 유형에서는 이를 "선공의 정치"로 규정했는데, 이 유형에 속했던 대통령들을 살펴볼 충분한 이유가 확실히 있다. 이들은 대통령 역사에 있어서 와일드카드들이며, 이들의 경험들은 대단히 폭이 넓다. 드와이트 아이젠하워부터 리차드 닉슨, 앤드류 존슨과 우드로 윌슨까지 다양한 대통령들을 포함하고 있는 것이다. 미래에 대한 표지판이 이들에게 있다면, 미래에 대한 전망은 대단히 불확실할 수밖에 없다.

대통령이 만드는 정치의 유형들 중에서 선공의 정치는 특정한 역할을 부여하는 것을 쉽게 허락하지 않는다. 그 특징적인 것들은 독자적인 정치적 정체성의 형성, 일시적인 연합의 활용과 궁극적으로 탄핵의 불명예를 겪을 위험 등이었다. 이런 식의 정치가 과거에 간헐적으로 어떻게 진행되었는지 주의를 기울일 필요가 있는데, 더 중요한 것은 영구적인 상태가 되면 선공의 정치가 어떻게 전개될 것인지 고려하는 것이다. 새로운 정통성을 구축할 기회가 더 이상 네 유형 간에 크게 차이가 나지 않을 때 대통령들은 어떻게 행동하게 될까? 이런 상황이 이루어지게 될 가능성을 간과하지 말고, 이에 대한 해답을 추구해야 한다.

영구적인 선공의 상태에서는 대통령들이 원하는 일을 이루거나 기존 질서를 뒤흔들 수 있는 가능성은 충분히 있으나, 반대세력들을 무력화시킬 가능성은 거의 없다. 각 대통령들이 권력 행사를 위해 자신만의 정치적 지지를 구축하려는 강한 동기가 있으나, 비밀스러운 전술을 사용하다가는 폭로와 불명예에 부딪칠 가능성이 매우 높다. 영구적인 선공의 상태는 궁극적으로 실용주의, 즉 기존 정통으로부터의 자유로움을 강력히 주장하는 것으로 귀결될 수 있다. 대통령들이 물려받은 해법으로부터 독립적이 되면서 실용적 입장은 각 대통령 리더십별로 특징적인 것이 적어지게 만들 수 있다. 나아가 영구적 선공의 상태는 궁극적으로 숙의(deliberation)를 끌어낼 수 있다. 실용적 입장과 함께 하는 실험들은 보다 집단적이 되어야만 할 것이다. 어떤 대통령도 다른 행위자들의 권위와 독립성을 짓밟을 수 없을 것이기 때문이다. 미국사가 전개되어 오면서 정치적 재편은 이미 대통령의 의지의 산물로부터 멀어져 왔으며, 이런 상황 속에서 행동하는 대통령들은 자신의 구상 전체를 완전히 구현할 가능성에 대해 더욱 신중해져야 한다. 그렇지만, 정치적 시간이 저물어가면서 더 이상 변화가 위로부터 전면적으로 이루어질 수 없다는 것을 솔직히 인정해야 하는 반면에, 미국정치와 정부는 지속적으로 재편되어야 하며 역사 속에서 훌륭한 위치를 차지하려면 이제는 문제에 대한 해결책을 집단적으로 찾아야 한다는 것도 인정해야 한다.

이렇게 새로 이루어지고 있는 상황을 냉정하게 이해하면, 부정과 무책임을 응징하는데 대한 깊은 주의와 결단이 필요하다는 것을 알 수 있다. 선공의 정치에서는 탄핵의 위협이 두드러지며, 더욱이 최근의 경험에서는 훨씬 더 두드러진다. 이런 관점에서 탄핵은 헌정 정부의 핵심적인 도구이자 보다 적용 가능한 도구로 재고되어야 한다. 그렇지만 과거의 권위 근거들이 사라졌다는 것이 모든 정당한 근거들이 사라졌다는 것을 의미하지는 않는다는 희망은 남아 있다. 우리는 아직 "개인적 대통령"과 "포스트모던 대통령"을 보지 못한 것이다. 이런 대통령이 출현한다면, 분명히 최근의 경험과는 다를 것이다. 현대 대통령들이 아직 무언가 새로운 가능성을 끌어내지 않았었기 때문이다.

현대 대통령들은 전통적인 역할에 저항하는데 이전보다 더 많은 자유를 지니고 있다. 최근의 묘한 사례들에도 불구하고 리더십 기회는 각 행정부들마다 덜 결정적인 것이 되어 왔으며, 각 대통령들은 이제 독자적으로 권력을 행사하는 데 있어서 보다 동등한 기회를 가지고 있다. 정치적 시간 속에서 자신들에게 부과된 역할이 일단 사라지고 나면, 대통령들은 사실상 이성과 재능, 아이디어와 성품 이외에 의지할 것이 별로 없게 될 것이다. 이들이 만드는 정치는 변화를 위한 권한이 더 이상 당연시되지 않고 권력 행사의 조건이 더 이상 주어진 것이 아닌 세상에 적응해야 할 것이다. 이것이 바로 아직 이루어지지 않은 현대 미국 정부의 가능성이다. 암울한 일상적 정치가 아니라 덜 익숙하지만 가능성이 열려있는 정치인 것이다. 이런 상상 속 미래에서 성공이 더 빈번하지는 않을 것이지만, 실패로 운명지어지지는 않을 것이다. 보다 중요한 것은 훌륭한 구상을 통해 변화의 기회를 만들고 대중의 지지를 모으며 부정한 시도를 하지 않는 대통령에게는 반드시 성공이 올 것이라는 점이다.

최근의 대통령들은 낡은 정치적 기준을 단호하게 적용하는 것과 결연한 리더십을 혼동해 왔다. 이런 과거의 패턴으로부터 건설적으로 벗어나는 것, 즉 대통령의 책임감을 존중하고 민주주의적인 정치를 고양시키는 것은 자동적으로 오지 않는다. 과거의 정체성들이 가속적으로 붕괴하고 현대 정치가 완전히 노출되는 경향이 있는 것은 과거의 리더십 프로젝트들을 무의미하게 만들 것이지만, 이로부터 벗어날 가능성으로 여기에서 제시된 것은 위험하다는 경고 이상이 아니며, 훨씬 더 불안한 대안들보다 더 가능성이 있는 것도 아니다. 이를 실현하기 위해서는 우리 대통령들이 권력 행사를 위한 새로운 주장을 만들어 내야 할 것이며, 과거의 주장을 되풀이하기만 하는 대통령들을 우리가 거부해야 할 것이다. 레이건과 부시는 권력 행사에 대한 과거의 근거들이 아무 것도 가져오지 못한다는 것을 보여주었을 뿐 아니라, 건국 때부터 존재해 왔던 정통성의 똑같은 기준을 내세웠다고 대통령이 되게 해서는 가능성이 열려있는 정치가 출현할 수 없다는 것도 보여주었다. 이들의 실패는 정치적 상상력의 실패였으며, 위대한 거부자와 충직한 후계자의 가능성을 넘어서 보지 못했기 때문이었다.

빌 클린턴(Bill Clinton)은 거부자도, 후계자도 아니며, 그가 직면한 과제

중에 신뢰할만한 대안을 제시하는 것보다 더 어렵거나 중요한 것은 없다. 반드시 고려되어야 할 점은, 레이건 이후 시대의 첫 민주당 대통령으로서 클린턴은 당연스럽게 선공의 정치에 들어서게 되었다는 것이다. 실제로, 레이건이 주장했던 루즈벨트와 부시가 주장했던 트루만 다음에 클린턴의 "새로운 민주당"(New Democratic party)이라는 것이 아이젠하워의 "새로운 공화당"의 온건 노선에 보다 밀접하게 연관되지 않은 것은 놀라운 일이다. 만일 이것이 클린턴이 아이젠하워가 아니라는, 과거의 모델들이 당면한 과제에 적절하지 않다는 인식이라면, 우리 모두는 감사해야 할 것이다. 취임 후 수개월간 클린턴은 과거의 역할들 간의 구분이 무너진 것을 이용하는 듯한 성향을 보였다. 그는 기존 노선을 바꾸려는 결의에 찬 반대당 대통령이지만, 당과 의회와의 협치를 추구하면서 전면적 공격과 대결 대신 기득권 이익들에 대한 직접 관리를 하려는 워싱턴 흥행사이자, 수치를 엄격히 따르고 현재의 병폐가 누구 책임인지에 대해 별 관심이 없는 기술관료이다.[96] 이 모든 것을 통해 클린턴이 과거의 기준을 뛰어 넘거나 아니면 중도에 허우적대기만 할지가 현재의 최대 문제이지만, 이것은 단지 제기되어야 할 문제들 중 하나일 뿐이다. 또 다른, 보다 중요한 문제는 우리가 과거의 기준이 어떻게 작동하는지를 기억하고 무언가 나은 것을 요구하게 될 것인가 하는 점이다.

후기: 빌 클린턴의 정치적 시간*

우리는 클린턴 행정부를 어떻게 이해하게 될까? 클린턴은 16년 만에 처음으로 백악관에 입성한 민주당 대통령이자, 12년 만에 자기 당이 의회 양원을 장악한 대통령이었다. "변화"는 그가 권력을 장악하게 해 준 주문이었다. 그런데 클린턴의 첫 번째 임기 중 벌어진 가장 중대한 변화는 그가 가장 피하고 싶었던 것이었다. 1994년 선거에서 충격적인 공화당의 승리가 오랫동안 의회를 장악했던 민주당을 무너뜨린 것이다. 이는 레이건 혁명의 이념적 열기에 다시 불을 붙였고, 이 굴욕스러운 대통령으로 하여금 자신이 미국 정치의 장래에 완전히 상관없는 존재가 된 것은 아니라고 공개적으로 항변하게 만들었다.[1] 클린턴이 이 충격적인 패배에서 벗어나 자기 당이 의회를 장악했을 때보다 메시지가 더욱 확실해지고 호소력이 더 커지리라고 상상한 사람은 당시에 아무도 없었다. 그리고 지금, 클린턴이 프랭클린 루즈벨트 이래 최초로 재선에 성공한 민주당 대통령이 된 것을 논객들이 축하하고 있는 지금, 그의 황당한 경험이 미국 대통령직과 미국 정치 전반에 무엇을 말해주고 있는지 하는 질문이 중요하게 떠오르고 있다.

이에 대한 해답의 상당 부분은 클린턴이 추구했던 변화의 성격에서 찾아볼 수 있다. 모든 대통령들은 변화에 대해 말하지만, 그들이 염두에 두고 있는 것은 다 다르다. 로널드 레이건이 변화에 대해 말했을 때 그는

---

* 저자 주: 이 후기는 "A Presidency at Risk", *Extension*, Spring 1996, pp. 10−15를 수정한 것으로, Carl Albert Congressional Research and Studies Center, University of Oklahoma의 허락으로 재수록된 것이다. 이 글에 포함된 새로운 자료들을 읽고 평을 해 준 Bruce Miroff, Karen Orren, Susan Jacobs에도 감사를 드린다. 아이디어와 자료들을 공유해 준 Sidney Milkis, John Skrentny, Terri Bimes, Larry Barrios에게 특히 큰 빚을 졌다. 물론 오류와 생략된 것들에 대해 모든 책임은 나에게 있다.

붕괴하고 있는 통치 레짐을 전면적으로 비난하고 있었다. 당시 만연했던 국가적 위기감에 자유주의 기득권을 연결시키면서 레이건은 자유주의의 근거들과 단호하게 단절할 것으로 요구했고, 이익과 이념의 근본적인 기약을 철저하게 재편해서 정부에 정통성을 복구시키겠다고 약속했다. 조지 부시는 이에 대해 대단히 다른 관점을 취했다. 레이건의 부통령이었던 부시는 레이건의 유산과 단절하는 것이 아니라, "이미 수립된 자랑스러운 기반위에 세우겠다고" 제안했다. 1988년에 민주당 도전자 마이클 듀카키스(Michael Dukakis)가 변화를 촉구하자 부시 캠프는 이렇게 맞섰다. "우리가 변화입니다." 이는 레이건 혁명이 여전히 진행 중이고, 듀카키스가 말하는 "변화"는 이미 불신임된 과거로 돌아가는 것이며, 당면한 과제는 이미 진행 중인 변혁을 완수하는 것이라는 의미였다. 클린턴은 레이건처럼 붕괴하고 있는 통치 레짐에 대한 위대한 거부자가 아니었으며, 부시처럼 미완의 혁명을 완수하려는 충직한 후계자도 아니었다. 레이건 이후 시대에 대통령에 오르려던 민주당 후보로서 클린턴은 "제3의 길"을 찾는 것이 변화라고 말했다.

1992년에 제3의 길에 대해 말하는 것은 자유주의에 뭇매를 가한 공화당에 세 번 연속으로 졌다는 것을 인정하는 것이었으며 레이건 혁명에 의해 만들어진 새로운 정치 현실에 대한 민주당의 대안을 제시하려는 것이었다. 그 목적은 카터 시기 이후 민주당을 둘러쌓아 온 정통성 상실의 굴레를 벗어버리고 대안을 재규정하여, 불신임된 자유주의에 대해 공화당이 유일한 대안을 제시하는 것을 막으려는 것이었다. 레짐의 반대당인 민주당의 리더로서 클린턴은 국가의 문제를 12년간의 공화당 지배 탓으로 돌리고 "국민이 우선하는 새로운 노선"을 약속하는데 주저하지 않았다. 그러나 클린턴의 레짐 반대 입장에 있어서 별로 애매하지 않은 숨겨진 의도는 물려받은 민주당 정체성으로부터의 독자성이었다. "자유주의자" 호칭을 전면 거부하고 좌파의 상징에 등을 돌리며 자신이 "새로운" 민주당의 리더라고 선언함으로써, 클린턴은 레이건이 그토록 효과적으로 몰아내었었던 민주당의 기준으로부터 멀어지고 대안에 대한 논의가 "과거의 진부하고 실패한 수사들"을 넘어서게 하려고 적극적으로 시도했다.

대통령들은 다른 종류의 정치적 프로젝트들을 도입하여 다른 종류의 정치적 대결을 조성한다. 각 프로젝트들에는 리더십 권위에 대한 각기 독특한 주장들이 담겨 있으며, 그 자체의 능력과 취약점을 지니고 있다. 우선 레이건 이후 시대에 민주당 대통령이 된 것이 자기 노선을 설정하는 데 있어서 클린턴에게 이 점이 되었음을 주목할 필요가 있다. 클린턴은 물려받은 정치적 기약들을 상대하는 데 있어서 부시나 카터보다 훨씬 자유로웠다. 정통 개혁가나 레짐 말기 소속당 대통령들이 자기 당으로부터 신념의 순수함을 밝히라고 끊임없이 요구받는 반면, 클린턴의 경우 민주당 지도부는 기존 정책 우선순위에 일치하라고 압박하지 않았다.[2] 이와 동시에 클린턴의 리더십에는 레이건과 같은 위대한 거부자에게서 발견할 수 있는 명확성이 없었다. 클린턴은 경제와 사회에 대해 연방정부가 보다 적극적인 역할을 하도록 여러 가지 시도를 했으나, 레이건 이후 시대에 정통성 있는 정부가 어떤 것인지에 대한 근본적인 조건들에 도전할 수 있는 권위를 지니지 않았기 때문에 이를 재규정하는데는 별로 진전을 이루지 못했다. 클린턴의 리더십은 재편의 리더십이 아니라 선공의 리더십이었다. 새로운 중도적 입장을 표방했지만 클린턴의 제3의 길은 실질적으로 상대방이 규정한 공간 속에 위치하고 있었으며, 이로 인해 그의 반대 입장은 확정적이지 않았고 임시방편적인 성격을 지닌 듯 보였다.

선공의 리더의 특징은 정치적 정통을 수립하거나 수호하거나 구원하지 않는다는 것이다. 이들이 하는 것은 뻔뻔할 정도로 뒤섞여진 정치이며, 지배적인 정치적 신념들에 대한 공격적인 비판이다. 이 리더들은 혼합된 대안을 공개적으로 추구한다. 이들의 리더십 자세는 당면한 이슈들에 대한 모든 입장들로부터 정책적 입장과 정치적 기약을 끌어내고 이것들을 대충 섞어서 재조합을 만들어 추진할 수 있는 권리를 부여해 준다. 여기에 바로 이 리더십 자세의 강점과 약점이 있다. 선공의 리더들은 레짐 소속 리더들이 그토록 애를 쓰며 완화시키려 드는 지배 연합내의 균열들을 이용하기에 유리한 위치에 있으며, 이렇게 함으로써 레짐의 수립자가 확보해 놓았던 행동 영역의 상당 부분을 장악할 수 있다. 그러나 물려 받은 자기 당의 정체성을 의도적으로 흐려 놓는 것이 이 정체성이 그대로 유지되도록 하려는 상대 당의 의도와 부딪히게 되면서 정치적 대결이 일어난다. 이런 종류의 리더십이 갖는 독특한 위험은 제3의 길을 찾으려 하면서 대통령이 정치적 원칙을 완전히 결여한 듯이 보이게 된다는 점이다. 레짐에 대한 자신의 반대 입장을 불명확하게 만들어 이용하다가, 부도덕하고 속임수나 쓰는 존재로 각인될 수 있는 것이다.

선공의 리더들이 제3의 길을 주장한 경우는 미국사에서 여러 번 있었다. 리차드 닉슨과 우드로 윌슨이 클린턴의 상황과 가장 의미 있는 비교가 된다. 우선 클린턴과 마찬가지로 이들은 지배적 정당 내의 중대한 내분이 발생한 3자 대결을 통해 대통령에 올랐으며, 각각 40 퍼센트의 유권자 득표로 승리했다. 취임 후 세 대통령 모두 최근까지 상대당 지지층이었다가 불만을 지니게 된 집단들에 다가서기 위해 혼성 전략들을 추진했다. 당연히 그 목적은 이 집단들이 이전에 지지하던 당으로 되돌아가는 것을 막고, 재선을 위한 진정한 다수를 확보하는 것이었다. 그 효과는 자신들의 이전의 정치적 정체성을 가리고 독자적으로 지지를 호소하는 것이었다.

그렇지만 선공의 리더십이 40 퍼센트의 승리만 얻는 것은 아니다.[3] 뉴딜 재편 이래 첫 번째 공화당 대통령이 된 드와이트 아이젠하워는 지금까지 선공의 리더들 중 가장 성공적이었다. 트루만 행정부에 대한 그의 비판은 때로 가혹했으나, 외교정책에 대한 열성 공화당원들의 대안을 거부한 것이나 뉴딜 정책들의 생존력을 인식하고 국내 정책에서 실용주의적 노선을 채택한 것이 정치적인 중요성은 훨씬 크다. 남북전쟁 재편 이후 최초로 민주당 대통령이 되었던 그로버 클리블랜드(Grover Cleveland)는 자신의 리더십이 지닌 선공의 성격에 대해 특히 솔직했다. 남부와 농업에 기반을 둔 자신의 정당에 대해 북부 자본가들의 지지를 호소하기 위해 클리블랜드는 "행정부 권력이 다른 정당으로 이전된다고 해서 기존 질서에 심각한 동요가 생기지 않습니다."라고 약속했었다.[4] 멕시코 전쟁의 영웅이었고 전쟁에 반대한 위그당 지지자들에 의해 선출되었던 자차리 테일러는 물려받은 자기 당 정체성으로부터 거리를 두기 위해 자신을 "무당파"(No-Party) 후보로 포장하기까지 했었다. 제3의 길 리더십의 선공적 성격은 승계를 했던 대통령들에서도 발견된다. 1840년에 위그당에 의해 부통령으로 당선되었던 불만에 찬 민주당원 존 타일러, 1864년에 공화당에 의해 부통령으로 선출되었던 불만에 찬 민주당원 앤드류 존슨 등이 그들이다. 이 대통령들 모두는 이전까지 지배적이었던 레짐에 반대하는 정당과 함께 권좌에 올랐다는 점에서 반대당 리더들이었다. 그러나 이들 각자는 이 반대당이 지닌 대안으로부터 독자성을 신중하게 주장했고 물려받은 정책 우선순위들을 어느 정도 포용했다.

선공의 대통령들의 이런 집단이 보여주듯이, 미국 정치에서 제3의 길을 열려는 시도들은 대단히 다양했을 뿐 아니라 엄청나게 불안정했다. 선공의 리더들은 대통령 역사에 있어서 와일드 카드들로 보인다. 일관되지 않고 종종 폭발적인 영향을 미치면서 미국 정치에 독특한 모습으로 나타나는 것이다. 이런 유형의 리더십에 대해서는 그 대표적인 패턴을 신중하게 관찰할 필요가 있다. 그렇지만 이들은 어쨌든 실재해 왔으며, 지금까지 전개된 클린턴의 리더십을 조명하는데 도움이 된다.

첫째로, 선공의 리더십은 독자적이고 혼성적인 메시지를 전달하기 위해서 혼합된 정당 명칭을 사용하는 경향이 강하다는 것에 주목할 수 있다. 테일러의 위그당 "무당파", 앤드류 존슨의 "전쟁 민주당"(War Democrats), 클리블랜드의 "자유주의－개혁" 민주주의(liberal-reform Democracy), 윌슨의 "혁신적 민주주의"(progressive Democracy), 아이젠하워의 "현대적" 공화당(Modern Republicanism), "새로운" 혹은 "조용한" 다수를 내세운 "새로운" 닉슨 등, 클린턴의 "새로운" 민주당과 마찬가지로 이들은 모두 자신들이 제시하는 대안들에 대한 기존 관념들을 피해가고 전통적인 지지기반을 넘어서 새로운 연합에 다가가기 위해 조심스럽게 만들어진 정치적 정체성들을 내세운다.

나아가 선공의 리더들이 내세우는 제3의 길은 선거에서 꽤 효과적이라는 점도 관찰된다. 클린턴과 마찬가지로 클리블랜드, 윌슨, 아이젠하워,

닉슨, 모두가 두 번의 대통령 선거에서 승리했다. 실제로, 레짐 반대당 소속 대통령들 중, 처음 대통령에 당선되고 첫 번째 임기를 무사히 마친 대통령 중 누구도 두 번째 대통령 선거에서 승리하지 못한 경우는 없다. 재선 기회를 포기하거나 거의 승리하지 못한 레짐 소속 대통령들과는 확연히 대비된다.[5] 이렇게 대조적인 운명이 자신의 정치적 입장을 수립하는데 있어서 레짐 소속 대통령보다 반대당 대통령이 훨씬 큰 자유를 지닌다는 것을 말해준다.

하지만 선공의 리더들의 제3의 길 대안들이 미국 정치에서 그리 지속성이 크지 않았다는 것도 관찰된다. 혼합된 아젠다를 지닌 이 "새로운" 정당들은 미국 정치의 조건과 상황들을 강력하게 장악하지 못했었고, 이를 내세웠던 선공의 리더들도 미국 정치의 장래에 단지 일시적으로만 영향을 미쳐 왔다. 아이젠하워는 개인적인 성공을 거두었고 윌슨은 거장다운 직무수행을 했으나, 이들이 내세운 대안들은 장기간 지속되기 위해 미국 정부의 정치적, 제도적, 이념적 기반에 깊이 침투하는데 실패했었다. 더욱이, 이 대안들을 더 공격적으로 추진했던 대통령들 사이에서는 당혹스러운 패턴도 발견된다. 타일러와 앤드류 존슨, 윌슨, 닉슨 시기에 제3의 길은 개인적이자 헌법상의 의지 시험이 되어버렸으며, 대통령 권위가 무참하게 붕괴되는 상태에 이르렀다. 이 리더십에 있어서 독자성과 고립 사이에는 종이 한 장의 차이만이 있다는 것이 판명되어 왔던 것이다.

제3의 길이 이를 표출한 대통령보다 오래 가지 못했다는 사실은 이제 2기를 시작하는 클린턴에게 역사적인 도전을 제기한다. 2001년에 클린턴이 자신의 노선을 지속하겠다고 서약한 후임자에게 권력을 건네주는 것만큼 이 선공의 정치를 경이롭게 만드는 것, 혹은 현대 미국 정치와 선공의 리더십 간의 특별한 관계를 강력히 암시하는 것은 없을 것이다. 하지만 미래에 대해 추측하기 전에 먼저 과거의 패턴에 대해 좀 더 추적해 보어야 할 것이다. 선공 리더십의 특별한 도전을 살펴보면서 우리는 어떤 수준에서는 미국 대통령의 리더십 전반에 공통된 것으로 여겨지는 문제들이 이 선공의 리더들 사이에서는 특히 확연하고 전형적인 형태로 보인다는 것을 알 수 있다. 선공 리더십이 특정한 종류의 난제들을 전면에 내세우고 이를 중심으로 정치적 대결이 벌어지게 되면서, 선공 리더십의 시기적, 정치적 구조가 문제가 되는 것이다.

이것들 중 하나는 이 대통령들이 쌓아 온 정책적 경력들과 관계가 있을 수밖에 없다. 돌이켜보면 상당히 인상적일 경우도 많으나, 이 정책적 경력들은 그 당시에는 진위 여부에 대한 의문들로 뒤덮였었다. 그 이유는 알아차리기 어렵지 않다. 이 대통령들은 정통성에 대한 상대당의 배타적인 주장과 이들의 아젠다 상당부분을 수정된 형태로 빌려와서 도전한다. 제3의 길의 선공적인 성격은 상당 부분 "전형적인 배역과 상반되는 연기하기"(playing against type)와 상대방이 구축해 놓은 정책 영역에 둥지를 트는 것을 수반하게 된다. 이런 습격은 전형적으로 이슈 소유권을 놓고 전투를 일으키게 되며, 당면한 최대의 이슈에 대해 누가 더 권위적으로 논의하고 행동할 수 있는지에 대한 싸움이 벌어지게 된다.

학자들은 오랫동안 상대방의 아젠다를 흡수하겠다는 리차드 닉슨의 디즈레일리식 꿈에 대해 지적해 왔으나, 최근에서야 닉슨 행정부가 남긴 자유주의적 유산에 대해 심각하게 고려하기 시작했다. 1970년대의 자유주의자들은 닉슨 행정부의 업적을 인정하려 들지 않았으며, 보수주의자들은 이를 어떻게 이해해야 할지 잘 몰랐다. 하지만, 소득 정책, 통화 정책, 소수집단 우대정책, 사회 보장, 의료 정책, 경제 관리 ("이제 나는 케인즈주의자입니다"), 환경 규제 등 닉슨의 국내정책 구상과 그가 수용한 정책들, 그리고 외교정책에 있어서 데탕트를 개시했던 것들을 고려할 때, 레이건 혁명이 직접 표적으로 삼았던 것이 위대한 사회의 기약들이라기 보다는 닉슨 시대의 기약들이라고 주장하는 것이 너무 지나친 것이 아닐 수 있다.

빈곤에 대한 접근을 복지를 제공하는 정책에서 소득을 보장하는 정책으로 바꾼 닉슨의 가족지원계획(Family Assistance Plan)에 대한 당시의 반응이 선공의 리더들이 "전형적인 배역과 상반되는 연기하기"를 했을 때 겪게 되는 어려움을 보여준다. 이 계획은 행정부 내의 진보파였던 다니엘 패트릭 모니핸(Daniel Patrick Moynihan)이 닉슨에게 건넨 것으로, 비판과 수용이라는 전형적인 제3의 길 입장을 반영하고 있었다. 닉슨 행정부는 기존의 복지 체계를 엉망이고 실패한 것으로 판단했으나, 이 계획은 빈곤층을 지원하는 연방정부의 책임이라는 물려받은 원칙을 받아들였고 대대적으로 구체화시켰다. 아더 번즈(Arthur Burns)와 같은 보수주의자들이 새로 제안된 기약에 대해 충격과 불신을 표하는 동안 ("이것은 닉슨에 대해 내가 알고 있는 모든 것과 상충된다"), 자유주의자들은 이 계획이 눈에 보이는 것처럼 진보적인 혁신이 아니라 "빈곤층에 대한 은밀한 공격"이라고 확신했다.[6] 역대 대통령들이 제안한 것 중 가장 혁신적이었던 복지 개혁안은 대통령이 물려받은 정치적 정체성의 혼란스러움으로 인해 이런 식으로 혼동과 의혹에 빠져 버렸다.

물론 이념적 일관성에 대한 엄격한 기준을 충족시키는 대통령이 몇 안 된다는 것을 우리는 알고 있다. 그렇지만 여기에서 두드러지는 것은, 선공의 대통령들이 정책적 기약에 있어서 우왕좌왕하고 표준적인 명칭을 혼동시키는 혼성 정책들을 만들어내면서 이념적 스펙트럼을 오가는 뻔뻔함이다.[7] 상대적으로 자유롭게 입장을 바꾸고 상이한 정치적 입장에서 행동하는 것은 상대방에게는 끊임없는 자극의 원천이다. 가족지원계획은 기존의 자유주의적 우선 순위를 들어준 것일 수 있으나, "법과 질서"(law and order)라든가 "강제" 통학제(busing) 폐지, "신연방주의"(New Federalism), 베트남전의 "명예로운" 해결과 같이, 닉슨 행정부의 정책을 받는 입장에서는 "진정한" 닉슨을 헤아리기 어렵게 만드는 많은 다른 기약들도 있었다. 가장 영리하게 계산되어 나오는 경우에 (닉슨의 소수집단 우대정책 구상이 민주당내의 노조와 흑인들 연합에 미칠 영향에 대해 생각해 볼 수 있다) 제3의 길 정책들은 당내 분파들을 서로 갈등하게 만들어서 이전 지배정당의 정치적 기반을 위협하게 된다.[8] 이에 대해 기존 신념의 수호자들이 이 정책들이 순전히 정치적 수단이며 선공의 리더가 혼란을 조성하고 있다고 비난하는 것은 놀랄 일이 아니다. 이런 선공의 리더들을 제압하려는 시도가 제도간의 대결로 번지는 경향이 있는 것도 마찬가지이다.

이런 면에서 우드로 윌슨의 경험이 가장 의미가 크다. 혁신적인 입법 아젠다들의 수립에 윌슨이 공헌한 것이 가장 위대한 업적으로 간주되고 있으나, 대통령이 제시한 기약들의 신뢰성과 그 업적들의 진위 여부에 대한 의혹이 윌슨의 리더십에 대한 가장 강력하고 지속적인 비판이 되기도 하기 때문이다. 1912년 선거 유세 자체가 혁신주의 리더라는 윌슨의 주장에 의혹을 제기하는 비난으로 얼룩졌었다. 비판자들은 윌슨의 저술들 중 반동적 성격을 지닌 것들이 있다는 점, 민주당을 이끌던 브라이언에 대해 오랫 동안 반대해 온 점, 혁신주의적 대의를 뒤늦게 받아들인 점을 지적했다. 캘리포니아 출신의 한 혁신주의자는 이렇게 경고했다. "윌슨 씨가 과거에 대한 사과 없이 대통령 후보 지명에 뛰어들었다는 점을 절대 잊어서는 안 됩니다."[9]

저명한 혁신주의 평론가들도 윌슨의 집권 초기에 유사한 의혹으로 반응했다. 놀라운 업적임이 분명한 신자유(New Freedom) 입법들은 이 신념의 수호자들에게는 사생아로 보였다. 1916년 선거에서 윌슨을 마지못해 지지하게 되는 『뉴리퍼블릭』(New Republic)은 민주당 의원총회를 통해 이루어진 어떠한 업적에 대해서도 그 진실성에 의문을 제기했으며, 혁신주의 정책들이 민주당 의총 내에 존재하는 반동 세력들에 의해 걸러지게 한 윌슨의 결정이 어떤 의미를 지니는지 상세하게 따졌다. 허버트 크롤리(Herbert Croly)의 판단에 따르면, 윌슨의 혁신주의 혼합물은 "충분한 확신을 불러일으키기에는 너무 모호하고 이중적이거나… 미래보다는 과거에 시야를 고정한 혁신주의"였다.[10] 윌슨은 "민주당 부활을 위한 제단 위에" 혁신주의의 원칙을 줄곧 희생시켜 왔으며, 민주당의 진정한 성격을 대표하는 정반대되는 원칙들과 섞어서 혁신주의를 오염시켰다고 비난받았다.[11] 이 평론가들은 윌슨이 대가다운 정치인임을 입증했다는 것은 인정했으나, 윌슨의 혁신주의는 "단명에 그치고 진정성이 없는" 것이 될 것이며 윌슨의 리더십은 진정한 개혁의 가치에 본질적으로 적대적인 정치 조직이 대두되는 것을 숨겨준 존재로 판명될 것이라고 경고했다.[12]

윌슨 행정부가 국정을 수행해 나가면서 이러한 우려는 확산되었다. 『콜리어 위클리』(*Collier's Weekly*)는 "[윌슨이] 고려해 볼 아이디어를 구상하는 최초의 인식틀은 불가피하게 보수적인 것이다. 그의 혁신주의라는 것은 과거의 해법이 실패하면 언젠가 새 것을 해보면 된다는 것이다."[13] 처음에는 윌슨의 보수적 혁신주의에 꽤 동조했던 『네이션』(*The Nation*)도 윌슨이 가장 편리한 노선에 쉽게 굴복한다고 보고 점차 실망했다.[14] 시간이 흐르고 우왕좌왕하는 윌슨의 성향이 더욱 뚜렷해지자, 혁신주의자들과 공화당 모두 윌슨의 노선에 대해 이념적 의미를 부여하는 것을 그만두었으며, 그저 터무니없는 기회주의라고 비난하기만 했다. 1916년까지 윌슨이 혁신주의자들의 호소력을 완전히 훔쳐냈고 공화당의 도전을 훌륭하게 방지했다는 것을 인정하면서도, 『아웃룩』(*The Outlook*)은 윌슨이 "너무 유연하고", "이슈의 양 측면에" 너무 걸치려 들며, 여론에 너무 빨리 화답하고, "안전하게 가는 것"에 너무 열심이라고 조롱했다.[15] 1917년 말이 되면, 정치판 쇠파리(political gadfly)라는 윌슨의 평판이 너무나 확고해져서 윌슨의 지지자들 사이에서도 농담의 대상이 될 정도였다. 매사추세츠 주의 한 지지자는 이 점을 인정한 바 있다. "윌슨 대통령의 견해에 대해 이야기할 때는 날짜를 밝히는 것이 굉장히 중요합니다."[16]

선공 리더들의 제3의 길 프로그램들은 속임수와 진짜 사이의 차이를 잘 모르는 대중들을 속여 먹는 영악한 속임수로 묘사되기 쉽다. 클린턴의 첫 번째 임기는 이 점에 있어서 거의 고전적이었다. 자유주의자들은 자기들 대통령이 이슈마다 공화당 우선순위에 굴복하고 있다고 끊임없이 걱정했다. 때로 클린턴은 심지어 자기 노선에 맞지도 않는 상황을 초래한데 대해 스스로 놀라기도 했다. 예컨대 1993년 예산안을 선포하면서 클린턴은 참모들에게 "우리 모두가 아이젠하워 공화당이라는 것을 깨달았으면 합니다."라고 한탄했다고 보도되었다.[17] 그렇지만 공개적으로 클린턴은 레이건의 목표를 자신의 업적으로 삼는 것이나—"큰 정부의 시대는 끝났습니다."—레이건의 메시지를 자신의 제3의 길로 선공했다고 알리는 것에—"오늘날 우리는 선언할 수 있습니다. 정부는 문제가 아닙니다. 하지만 정부는 해결책도 아닙니다."—주저하지도 않았다.[18] 클린턴이 진정으로 어느 쪽에 기울어 있었던 간에, 첫 번째 임기 중 보여준 모습은 1993년의 적자 감축 예산과 GATT, NAFTA, 범죄 법안, 복지 개혁 등 정책적인 주요 업적들 모두가 "전형적인 배역과 상반되는 연기하기", 곧 전통적인 자유주의 지지층의 입장들에 상반되는 것이었다.

한편, 공화당은 자신들 아젠다의 주축이라고 생각했던 것들에 대한 클린턴의 기약을 진짜가 아니라고 부정하는 데 있어서 궁지에 몰려 있었다. 1994년 범죄법안이 특히 명확한 사례였다. 민주당이 범죄를 강력히 응징하지 못한다는 의심을 지우려고 작정했던 클린턴은 사형제 조항과 강력한 양형 ("3진 아웃제"), 그리고 10만 명의 경찰력 주가 조항들을 승인했다. 그렇지만 공화당은 법안의 다른 조항들을 들어, 대통령의 구상은 주장하는 것처럼 도시 문제에 대한 강력한 대응이 아니라 실제로는 진보주의자들의 은밀한 음모이며 실속 없이 경찰 제복이나 보여주면서 가려지는 "범죄자 감싸기"(hug-a-thug) 프로그램이라고 주장했다. 클린턴의 정책 기약들의 진정성과 신뢰에 대한 이런 식의 공격은 나중에 밥 돌(Bob Dole)의 선거 유세에도 채택되어, 클린턴은 "슬쩍 넘어가려는 보수주의(wink-and-nod conservatism)"를 팔고 있고 불신임된 자유주의 해법을 "뒷문으로" 들여오려는 기만작전을 수행하고 있다고 비난했다.

공화당은 클린턴의 동기에 대해 의심할만한 충분한 이유를 가지고 있다. 1970년대의 자유주의자들이 닉슨이 민주당 연합을 불안정하게 만드는 것을 보아왔듯이, 오늘날 공화당은 클린턴의 성공적인 "삼각측량"(triangulation)이 공화당의 장래에 가져다 줄 위험을 이해하고 있다. 선공의 리더들은 상대방이 하게 될 것들과 똑같은 것을 결코 제안하지 않으며, 상대방이 자신들의 구상을 더 순수한 형태로 (보다 급진적이고 분열적으로) 표출하도록 압박함으로써 선공 리더들의 혼성적 구상은 더욱 정치적으로 강력해 진다. 범죄에 대한 자신의 접근이 "강력하지만 스마트한 것"이라는 클린턴의 주장이 자기 이슈를 도둑맞은 정당을 비난하는 선공적 전술을 제대로 보여준다. 범죄법안에 대한 클린턴의 승리는 범죄와의 전쟁에서 대통령의 권위를 지키겠다는 클린턴의 주장을 입증해 주었을 뿐 아니라, 상대방을 보다 논란적인 총기 로비와 연관시키는데도 성공했다. 적의 메시지를 가로채는데 이토록 성공적인 대통령들은 상대방으로 하여금 대통령 개인을 공격하는 것 외에 별다른 선택이 없도록 만든다.

제3의 길을 추구하려는 시도에서 맞닥뜨리게 되는 보다 어려운 두 번째 문제는 "대표 이슈"(signature issue)와 연관된다. 정치적 프로젝트의 목적이 자기 당을 지배적 규범에 적응시키고 이 지배적 규범에 대한 자신의 반대가 모호하다는 점을 이용하는데 있기 때문에 선공의 대통령들은 자신이 세운 경로의 독특성을 마련해 줄 상징과도 같은 것, 종종 인용되는 그로버 클리블랜드의 표현대로 "당이 무언가를 대표하게 합시다."라는 것을 추구하게 된다. 이렇게 해서 정치적 대안으로서 제3의 길의 운명은 특히 대담한 하나의 정책 구상의 결과에 달리게 된다. 타일러와 텍사스, 테일러와 남서부 영토의 주 승격, 클리블랜드와 관세, 윌슨과 국제연맹(League of Nations), 클린턴과 의료 개혁이 그것이다. 각 경우에 있어서 대통령들은 하나의 명확히 변혁적인 정책 기약, 물려받은 정책 노선과 자신의 제3의 길이 명확히 다르다는 것을 알려 줄 하나의 정책 기약을 내세웠다. 이 순간 관련된 모든 당사자들은 이 한 가지 이슈의 해결이 얼마나 중대한지 이해하게 되었다.

미국 정치에서 제3의 길 대안들이 지속성이 없는 한 가지 이유는 이 대안들의 독특성이 기반을 두고 있는 구상들이 모두 실패했었던 데 있다. 대표 이슈들은 반대 세력들을 고립시키기는커녕 오히려 대통령들을 고립시키는 경향이 있었다. 선공 리더십이 실패하는 이런 패턴은 이 대통령들이 권좌에 오르면서 억누르기 위해 그토록 애를 썼던 이전의 정치적 범주들과 관계들이 여전히 복원력을 지니고 있음을 의미한다. 선공의 대통령들은 전면적 변화가 아니라 변화의 주변부에서 행동할 때, 곧 자신의 핵심 기약이 지닌 정치적 함의가 모호하게 남아있을 수 있을 때 가장 효과적인 리더십을 발휘한다. 제3의 길에 대한 명확한 규정을 하려는 구상은 이 리더십의 핵심적인 문제, 곧 규정의 문제 전체를 확산시키는 계기가 된다. 자신의 리더십 자세가 지닌 핵심적인 약점을 고치려다가 선공의 대통령들은 오히려 자신들이 가장 취약한 곳으로 스스로 끌려나오게 되는 것이다.

전후 국제주의에 대한 새로운 접근으로 윌슨은 진정으로 독창적인 입장을 취했지만, 결국에는 이에 대한 견고한 정치적 기반을 전혀 구축하지 못했다. 텍사스 병합으로 타일러는 기존 정당들이 공모해서 억누르고 있던 이 폭발적 이슈를 내세웠다. 그러나 그러자마자 기존 정당 중 하나가(민주당) 타일러가 물러나고 당의 연합에 대한 타일러의 위협이 사라지면 이 이슈를 민주당의 이슈로 삼겠다는 보장을 하게 되었다. 아마 클리블랜드가 가장 흥미로운 경우일 수 있는데, 클린턴처럼 클리블랜드도 오랫동안 자기 당의 정치적 아젠다에 있던 이슈를 자신의 대표적 구상으로 삼았다. 첫 번째 임기 중에 민주당 핵심 지지층의 호응을 얻을 수 있는 것이 별로 없었다는 사실에 민감했던 클리블랜드는 자신의 행정부에 대한 당의 열렬한 지지를 끌어내기 위해 1887년 연두교서 전체를 할애해 잭슨식의 관세 인하를 주장했다. 그렇지만 1990년대의 의료개혁과 마찬가지로 1880년대의 관세 개혁도 민주당의 정통이었으며 새 시대에 맞게 신중하게 재포장된 것이었다. 클리블랜드의 메시지는 과거부터 있어 온 개혁 정서를 새로운 정치 현실에 맞게 잘 종합했으며, 클리블랜드는 관세 개혁을 마침내 때가 된 이슈로 만들었다. 관세 개혁은 자본이 부족하고 정부 세입이 초과 상태인 새 시대에서 기업의 확장에 필수적인 현실적 문제이며, 이제 모두가 이익을 보게 되는 소비자 이슈라는 것이었다. 개혁의 이념적 함의를 흐리게 하고 이를 당시의 경제적 문제로 재조명하기 위한 클리블랜드의 메시지는 이제 유명해진 한 구절로 함축되었다. “우리가 [관세 문제에 대한] 현명한 해결로 가려면 보호주의와 자유무역에 대한 이론은 도움이 되지 않습니다. 이 문제는 너무나 많은 입씨름만 일으킵니다. 우리가 직면하고 있는 것은 조건이지 이론이 아닙니다.”[19]

클린턴 역시 의료 보험에 대한 자기 당의 오랜 기약을 이제 때가 된 실용적 문제로 제시하고 현재의 상황에 대한 실용적 대응 안에 그 이념적 함의를 묻어두려 했다. 하지만 불신임된 과거의 증세－지출 증대라는 큰 정부적 해법으로부터 이 구상을 분리시키려던 노력으로 인해 클린턴은 혼란스러울 정도로 복잡한 프로그램을 받아들일 수밖에 없었으며, 전국민

의료보험이라는 목적을 비용 절감과 균형 재정이라는 다른 목적에 도달하기 위한 전략으로 제시하려던 시도는 전혀 믿기지 않게 되었다.[20] 클리블랜드와 클린턴의 문제는 바로 이들이 양쪽 모두를 가지려 한 것, 곧 전통적인 지지층에 호소하면서 동시에 새로 수립된 정책 우선순위를 받아들이려 했다는 데 있다. 제3의 길에 대한 명확하고 강력한 규정을 하려던 이들의 시도를 무산시키려는 반대당에게는 이런 식의 모호성이면 충분했다. 구상과 제시 방법의 미묘함은 아예 무시한 채 공화당은 이 대표 이슈를 대통령의 정치가 갱생의 의지가 없다는 증거로 삼았다. 대표 이슈에 대한 구상은 대통령의 정당으로부터 "새로움"의 치장을 벗겨버리고 대통령을 너무도 영악한 구태의연함의 대표로 낙인찍을 수 있는 계기가 되었던 것이다.

이 모든 것들은 선공 리더들이 반복적으로 맞닥뜨리게 되는 마지막 어려움으로 귀결된다. 지금까지 우리는 이 리더십의 고도로 개인화된 성격에 주목해 왔는데, 이들이 유발하는 정치적 대립이 근본적으로 개인화된다는 점도 살펴보아야 한다. 선공 리더들은 자신의 행동 규범이 초점이 되는 정치 투쟁을 만든다. 다른 대통령들의 리더십은 통상 허약하다거나 방향성이 없다거나 심지어 무능력하다는 식으로 평가받는데 비해, 선공 대통령들은 종종 선천적으로 허무주의와 술수를 넘어서지 못하는 도덕적 타락자로 평가받는다. 선공을 하는 능력 자체가 근본적이고 위험스러운 인격적 문제를 드러내는 것으로 여겨지는 것이다.

비판가들 사이에서 "속임수 딕"(Tricky Dick)으로 불렸던 닉슨의 평판은 너무나 잘 알려져서 더 설명할 필요가 없다. 잘 알려지지 않은 것은 "우리 뒤집기 대통령"(our reversible president)이라는 윌슨의 평판이다. "그가 변한다 – 움직인다 – 다른 쪽을 보여준다 – 완전히 돈다"는 것이다.[21] 여기서 문제가 되었던 것은 중대한 정책 이슈들, 정당 개혁에서부터 관료제 개혁, 트러스트 규제, 관세 위원회, 파나마 운하, 대비 입법, 농민과 근로자를 위한 "특별 입법", 그리고 전쟁과 평화 문제까지를 포함하게 되는 정책 이슈들에 있어서 윌슨이 충격적인 입장 변화를 했다는 것이다. 민주당, 공화당,

혁신주의 간의 대립을 뚫고 자신의 길을 찾으려는 노력을 더 하게 된 1914년 이후에 윌슨의 실용주의와 가장 편한 입장을 취하려는 태도는 더욱 강화되었다. 이렇게 윌슨의 입장이 잘 변하는 것은 "유유부단하고" "변덕스럽고" "의지가 박약한" 성격 탓으로 돌려졌으며,[22] 윌슨은 "정치적으로 불안정하고" "정신적으로 모순된다."라고 평가받았다.[23] 1915년에 이르러 혁신주의의 명목상 리더였던 씨어도어 루즈벨트와 상원 공화당 지도부의 헨리 캐봇 롯지(Henry Cabot Lodge)는 자신들의 대안들을 선점해 버리는 윌슨이 너무나 신경쓰여서, 인격 살해를 통해 대통령의 권위를 훼손시키는 막후 공작을 감행하게 되었다. 루즈벨트는 윌슨을 허약하고 자기만 아는 사람으로 묘사했는데, 윌슨의 "영악하고 부도덕하고 교활하면서, 쉬운 것만 좋아하는 사람들에게 영합하는 것과… 쉽게 입장 바꾸는 것, 우리 권리에 대한 남성다운 주장에 대해 겁내는 것, 어떤 확신도 없고 여론 변화만 따라가는 것"을 냉혹하게 공격했다. 루즈벨트는 또한 윌슨의 "영혼이 썩고 썩었으며, 자신의 비겁한 영달 이외에 나라의 복지나 우리의 명예에 대해 생각해 본적도 없다."고도 비난했다.[24] 롯지도 이런 욕설을 따라 해서, 윌슨이 "변덕스럽고" "교활하며" "사악하고" 자신의 "이익과 야망에 몰두하는 것이 다른 모든 것을 덮어버리는 사람"이라고 비난했다. 롯지가 회고록에서 분명하게 밝혔듯이, 윌슨이 국제연맹에 대한 싸움을 시작했을 때 교활한 기만, 끝없는 야망, 잘못된 이상주의라는 윌슨의 평판이 반대세력들 사이에 확고하게 자리 잡고 있었다.[25]

마찬가지로 클린턴의 "새로운" 민주당이라는 것이 실제로는 자유주의의 "좌파, 평등주의적, 재분배주의적 야심"[26]을 가리기 위한 계략에 불과하다는 비난을 견지하기 위해 우파들은 클린턴 행정부의 핵심 문제를 이념을 훨씬 넘어서서 다른 것으로 설정해야 했다. 클린턴이 계속해서 보수주의의 영역을 침범하는 데 대해 어떤 설명이 있어야 했고, 어떻게 해서 대통령직을 이용하여 자기 당의 진정한 모습을 감추고 무언가 다른 것처럼 내세우는지 설명해야 했다. "인격 이슈"는 바로 이런 맥락에서, 즉 클린턴의 제3의 길 때문에 자유주의와 보수주의, 민주당과 공화당, 좌파, 우파, 중도파에 대한 물려받은 규정들 모두가 경합이 되고 있는 정치적 맥락에서 이용되었던 것이다. 클린턴의 개인적인 삶의 세세한 것들이 그에게 기준과 원칙이라는 것이 전혀 없다는 주장의 증거로 제시되었다. 진실에는 전혀 신경 쓰지 않고 어떤 약속도 지키려는 의지가 없으며 자기 야망 이외에는 어떤 고결한 목적도 없는 행정 수반을 보여주는 것이 이런 맥락에서 이 신념의 수호자들이 확산시키려는 진실, 곧 민주당은 불신임된 아이디어와 타락한 리더들의 절망적 정당이고 공화당이야말로 국가적 문제에 대한 해법을 주창하는 유일하게 정통성 있는 정당이라는 자기들의 진실을 수호하는 방법이 되었던 것이다.

선공의 리더십이 상대 당으로 하여금 인격 살해를 시도하도록 만들기 때문에, 대통령에게는 탄핵될 수 없는 성격을 갖추는 것보다 더 가치 있는 것이 없다고 예측할 수 있다. 실제로, 제3의 길을 추구하는 대통령들에게는 국가적 권위에 대한 무언가 다른 독립적 근거를 지니는 것, 정치 투쟁의 소란 밖에 있는 근거를 지니는 것이 특히 도움이 되곤 했다. 아이젠하워가 그 대표적인 사례이다. 자신의 혼성 정치와 별개의 근거 위에 신뢰를 구축했던 아이젠하워는 자신의 원칙이나 기준에 대해 제기될 수 있는 어떠한 의문도 막아버렸다. 최근 콜린 파월(Collin Powell) 장군에게 열광하는 것도 정치 바깥에 있는 인물들에 의한 제3의 길이 더 큰 호응을 받는다는 점을 시사한다. 자신이 어느 당에 속할지 결정하지 못하지만 놀라울 정도로 클린턴을 닮은 정책 입장을 지닌 파월은 당분간 모든 것을, 곧 클린턴의 정치와 개인적 진정성을 모두 갖춘 듯 보인다. 군인으로서의 명성이 선공의 리더십을 뒷받침해 준 또 다른 예는 19세기에 "무당파" 정치를 했던 자차리 테일러 장군이다.

그로버 클리블랜드는 다시 한 번 흥미로운 사례가 되는데, 클린턴처럼 그도, 사생아가 있다는 것에서부터 버팔로 근처 숲 속에서 변태적인 성행위를 했다고 태마니(Tammany)*가 퍼뜨린 소문, 훨씬 젊은 여인과 백악관에서 뒤늦게 올린 결혼식에 대한 추측들, 매독에 걸렸다고 널리 퍼진 소

* 역주: 뉴욕의 악명 높던 정당 머신.

문에 이르기까지 부도덕하다는 비난과 끊임없이 싸웠다. 클리블랜드가 천재적이었던 것은 바로 이러한 개인적 도덕성에 대한 비난을 맞받아치기 위해 당면한 최대의 이슈를 연방정부의 부도덕성으로 만들고 이 부패를 일소하기 위한 용기와 명예와 독립성을 지닌 유일한 인물이 자신이라고 주장했던 점이다. 공화당과 민주당 내의 적들이 클리블랜드로 하여금 도덕적 주장을 할 수 있는 어떠한 권위도 지니지 못하게 만들려고 하면서 클리블랜드는 정확히 이들이 가장 두려워하던 일에 착수하겠다는 결심을 굳혔다. 바로 도덕적인 정부 개혁이었다. 국무장관에게 클리블랜드는 이렇게 말했다. "우리 쪽 무기는 바로 절대적인 청결함입니다."[27]

클리블랜드가 도덕적 개혁을 고집한 것은 클린턴의 집권 초기에 대해 많은 것을 시사해 준다. 개인적 약점들을 정부의 부패를 일소하겠다는 뚜렷한 약속으로 맞받은 클리블랜드의 사례는 첫 번째 임기를 시작하자마자 클린턴이 원내 민주당과 협력적인 동반 관계를 조성하기 위해 선거 운동 개혁에 대한 자신의 공약을 후 순위로 미루었던 결정의 중요성을 부각시켜 준다.[28] 이런 선택의 이유는 명확했다. 민주당이 양원에서 다수당이었고, 클린턴의 선거 유세가 당시 분점 정부의 "교착 상태"를 깨는 단점 정부를 이루는데 기여했었으며, 직전의 민주당 대통령이었던 지미 카터가 원내 자기당 지도부의 반감을 사서 리더십 기회를 탕진했다고 인식했던 것이다. 흥미롭게도 이런 선택을 한 선공의 리더는 클린턴이 처음이 아니다. 1913년에 우드로 윌슨도 정확히 똑같은 선택을 했다. 윌슨은 원내 민주당을 이끌 기회를 잡기 위해 관료제 개혁 공약을 갑자기 포기했었다. 문제는 윌슨이 누렸던 중대한 이점을 지니지 못한 채 클린턴이 클리블랜드의 정부 개혁 전략을 미루었다는 점이다. 윌슨은 얼마 전에야 의회를 장악한 정당, 대통령의 후견제 혜택을 필사적으로 원하고 당의 지지 기반을 확장하여 새로운 다수당 지위를 확고히 하는데 대통령의 리더십을 바라던 정당과 협력적 동반 관계에 들어갔다.[29] 반면에 클린턴은 40년간 의회를 장악해 온 정당, 제도적인 지위에 만족하고 대통령의 정치적 계산에 비교적 무관심해진 정당과 동반자 관계에 들어섰던 것이다.

그렇다면, 첫 두 해 동안 미국 정치에서 제3의 길 시도의 결과에 영향을 미칠 수 있는 모든 상황들이 빌 클린턴에게 불리하게 작동했던 것으로 보인다. 클린턴에게는 반대할 수 있는 의회 다수당이 없었고(클리블랜드 모델), 지지 기반 확대를 위해 이끌 의회 다수당도 없었으며(윌슨 모델), 국가 지도자로서의 권위를 내세울 독립적인 근거도 없었다(아이젠하워 모델). 이러한 상황들과 이 상황들이 선공 리더십의 독특한 강점과 약점에 미치는 영향을 확인하면, 클린턴 재임기의 엄청난 수수께끼를 풀 수 있다. 중간선거에서 대통령의 정당이 대대적으로 거부당한 것이 클린턴의 첫 두 해 동안에 일어난 가장 좋은 일이었던 것으로 이제 보여지기 때문이다. 이 점을 이해하기 위해서는, 선공의 리더들이 본능적으로 정치적 독자성을 추구하며 미국 대통령의 독자성을 좌절시키는 데 있어서 자신의 권력에 만족하게 된 원내 정당에 대한 책임 보다 더한 것이 없다는 점만을 상기하면 된다. 클린턴이 의회 민주당을 짊어지게 되는 한, 카터의 재현으로 보이게 될 위험이 높았다. 그러나 공화당 혁명이 다시 살아나면서 클린턴은 고전적인 선공 리더십의 중도적, 혼합적 전략을 이용할 수 있게 완전히 해방되었던 것이다.

그렇지만 보다 큰 그림을 잊어서는 안 된다. 지미 카터에게 가해진 무능력하다는 비난이 모든 레짐 말기 소속당 대통령들의 경험 중에서 두드러지고, 조지 부시에 대한 배신이라는 비난이 모든 정통 개혁가들의 경험 중에서 두드러지듯이, 빌 클린턴에게 퍼부어진 치명적인 인격 장애라는 비난은 선공의 리더들의 경험 중에서 두드러진다. "교활한 윌리"(Slick Willie) 클린턴, "속임수 딕" 닉슨, "사기꾼"(a sham) 윌슨, "방탕한"(libertine) 클리블랜드, "도덕적 파탄자"(moral leper) 앤드류 존슨, "잡종"(mongrel) 존 타일러 등, 이런 인물평들을 고려하면, 기약에 진정성이 있는지와 인격에 대해 신뢰할 수 있는지 하는 우려가 선공의 정치에 뿌리박혀 있다는 것을 알 수 있다. 이런 우려는 정치적 혼합물을 만들려는 선공 리더들의 부끄러운 줄 모르는 시도에 의해 쉽게 촉발되며, 이 시도를 무산시키려는 세력들이 선호하는 정치적 대응이 바로 이런 우려를 이용하는 것이다.

그렇다고 해서 이런 비난이나 인물평이 순전히 정치적 목적에서 완전히 날조되었다거나 당시의 정치 상황 이외에 어떤 근거도 없는 것이라고 말하는 것은 아니다. 오히려 교활하고 속임수에 능한 사람이, 국민들이 이들을 가장 원할 때, 즉 국민들이 온갖 이데올로기에 식상해서 국민들이 원하는 혼합물을 만들어낼 수 있을 정도로 느슨한 기약을 하는 사람을 찾을 때, 권좌에 오른다고 말할 수도 있다. 1992년에 일어났고 1996년에 확실하게 재확인되었듯이, 국민들은 클린턴의 인품에 대해 잘 알고 있었으나, 어쨌든 그에게 투표했던 것이다. 정치적으로 말할 때 로널드 레이건 같은 리더의 매력이 진품을 대표하는 듯이 보이는데 있다면, 윌슨이나 아이젠하워, 닉슨, 클린턴 같은 리더의 매력은 그렇지 않다는 데 있다. 이들의 매력은 차이를 누그러뜨리고, 원칙들을 연결시키며, 신조들을 합치는 데 있는 것이다.

클린턴의 두 번째 임기에 대해서는 몇 가지 전망이 가능하지만, 한 가지가 불가능하다고 말하는 것이 안전할 듯하다. 클린턴은 프랭클린 루즈벨트 이래 재선에 성공한 첫 번째 민주당 대통령이지만, 현재 정치적 시간 속에서 대단히 다른 순간에 처해 있다. 첫 번째 임기 동안 전형적인 선공의 리더십을 보여주었고 재선 선거 유세에서 두 번째 임기에 대해 별로 야심차지 않은 아젠다를 내세웠던 것을 볼 때, 우리가 중대한 정치적 재편의 길목에 들어선 것이 아님은 분명하다. 다른 선공의 리더들과 마찬가지로 클린턴의 리더십은 고도로 개인화된 경로를 지속할 가능성이 크며, 이로 인해 야기되는 정치적 대립 또한 대단히 개인화된 성격을 계속 부각시키게 될 가능성이 크다. 실제로, 지금 현재 최대의 정치적 질문은 클린턴의 임기가 아이젠하워처럼 평화롭게 끝날 것인지, 아니면 윌슨이나 닉슨처럼 충격적으로 끝날 것인지 여부이다.

이런 맥락에서 이 책의 주제와 특히 큰 연관성이 있는 두 가지 전망에 대해 논의할 필요가 있다. 하나는 마지막에 클린턴이 이전의 선공 리더들을 능가하게 될 것이라는 전망, 즉 권위가 손상되지 않은 채 임기를 마칠 뿐만 아니라 제3의 길을 계속 추진하겠다고 약속하는 후계자를 골라 권력을 물려주게 되리라는 전망이다. 지금까지 제3의 길이 이를 표출했던 대통령보다 오래간 적은 없었으나, 현재의 경우에도 그럴 것이라고 확대 해석할 필요는 없다. 클린턴은 현대 대통령직이 지닌 기술적 능력을 활용하여 변동하는 여론에 자신의 메시지를 맞추고 자신의 정치적 정체성을 유연하게 하는 데 놀라울 정도로 능숙했다. 예정될 후계자는 이미 드러나기 시작했으며 이 역할을 맡기 위해 좋은 위치에 있다. 또한 첫 번째 임기 중반에 클린턴의 권위가 거의 무너진 것을 제대로 이용하지 못했던 것을 볼 때, 공화당은 두 번째 임기 중에도 클린턴의 제3의 길에 도전하는 데 계속해서 어려움을 겪을 것이다. 우리는 아마 클린턴의 두 번째 임기를 돌아보면서, 클린턴이 고전적인 선공 리더십을 반대 순서로 행사했으며, 첫 번째 임기 중반에 충격적인 권위 붕괴의 고비를 넘기고 나서 두 번째 임기의 도전에 대응하는데 더 강한 입장에 있었다고 말할지도 모른다. 이런 결과의 역사적 중요성은 제퍼슨 시대 이래 미국 정치 발전을 특징지어 온 레짐 구조가 더 부식되었음을 의미한다는데 있을 수 있다. 선공 리더십이 현대 대통령직의 진화를 대표하는 중요한 형태로 부상한 것, 현대의 통치에 특히 어울리는 형태라는 것을 확인시켜 줄 수 있다.

그러나 현재로서는 대단히 다른 결과, 대통령의 모든 권위를 박탈하는 헌정 위기와 선공 리더십 간의 역사적 연관성을 상기시키게 될 가능성을 배제할 수 없다. 지금 클린턴을 에워싸고 벌어지고 있는 많은 조사들은 1994년과 1996년 공화당의 의회선거 승리가 클린턴에게 최소한 한 가지 불리함을 가져다주었음을 의미한다. 이 글을 쓰고 있는 현재, 헌정 위기는 분출 직전인 것처럼 보이며, 클린턴이 전형적인 선공 대통령의 경로를 마치게 될 가능성은 대단히 크다.[30] 클린턴의 정치적 권위가 또 한 번 붕괴되고 보다 정통적인 노선으로 미국을 이끌고 가려는 공화당 대통령이 당선된다면, 이 책이 전망하는 것보다 더 경직된 레짐 발전 경로가 확인될 것이다.

물론 클린턴의 리더십을 회고하면서 익숙한 정치적 순서 속의 전형적인 순간과 장기적인 점진적 추세를 보여주는 또 하나의 지표를 보게 될 가능성도 충분히 있다. 그렇기 때문에 클린턴이 두 번째 임기를 헤쳐나갈 수 있을지에 대한 현재의 우려가 지닌 맥락적, 역사적 의미에 대해 더욱 숙고해야 한다. 이 행정부는 선공의 정치가 지닌 가장 걱정스러운 경향에 대한 우려를 가라앉혀 줄 수 있는 아무런 일도 하지 않았다. 게임이 어떻게 끝나든지 간에, 이 형태의 리더십에 내재하는 전형적인 문제들이 먼 미래까지 미국 정치의 핵심이 될 것이다.

1997년 1월

역자 해제

대통령제 정부형태에서 핵심적인 역할을 하는 것이 1인의 대통령이라는 데는 이견이 없다. 권력 분립과 같은 제약이 있어도, 대통령제 정부에서 발생하는 정치적 변화를 설명하는 데 있어서 대통령은 핵심적인 행위자이다. 따라서 국가 원수이자 행정수반으로서 1인 대통령 제도를 지니고 있는 정치체들에 대한 연구에서 대통령은 최우선 연구대상이다.

미국 정치 연구 분야도 예외는 아니다. 오히려 대통령제를 최초로 발명한 나라이자, 250년 가깝게 이 제도를 유지해 온 나라로서, 미국이야말로 대통령과 대통령직(presidency) 연구의 중요성이 가장 큰 나라이며 다른 대통령제 정치체들을 위한 실험실과도 같다고 할 수 있다.

더욱이 미국의 경우, 대공황과 2차대전을 겪으면서 대통령의 역할은 훨씬 강화되었고, 1960년대에 민권(civil rights) 이슈의 분출과 위대한 사회(Great Society)의 뉴딜 사회정책, 그리고 베트남전을 거치면서 제왕적 대통령(imperial presidency)으로 평가될 정도로 대통령은 권력분립을 넘어서는 권력의 중심이 되었다. 그만큼 대통령의 리더십이 미치는 정치, 경제, 사회적 영향이 증대된 것이다.

이러한 필요성에 따라 1950년대부터 미국 정치학계에서 대통령에 대한 연구가 본격화되었는데, 그 시작은 노이스타트(Richard Neustadt)의 『대통령의 권력』(Presidential Power, 1960)이다. 이 연구에서 제시되는 두 가지 문제의식이 현대 대통령 연구의 필요성과 중요성을 여실히 드러낸다. 첫째, 미국 정치체계에서 대통령직의 의미가 변화되었다. 19세기 대통령들이 흔히 다른 행위자들의 요구를 들어주는 상점 지배인(clerk)의 역할을 했다면, 현대 대통령의 역할은 리더로 바뀌게 되었다. 대공황과 이차대전, 그리고 냉전을 겪으면서 위기관리가 일상적인 것이 되었기 때문이다. 미국 정치

제도에서 대통령 이외에 누구도 이 역할을 감당할 수 없다. 둘째, 미국 정치제도의 본질적 성격은 권력 분립적인 것이 아니라, "권력 공유제 정부"(government of separated institutions sharing powers)라는 데 있다. 대통령도 거부권 행사 등을 통해 입법과정에 중대한 영향력을 행사하며, 의회는 관할권과 예산을 분배하면서 행정부 부서들을 관리할 수 있으며, 헌법을 해석하는 사법부 역시 모든 법률과 정책에 간여할 권리가 있다. 더욱이 정부제도들뿐 아니라 언론과 사회단체 등 더욱 많은 행위자들이 정책결정과정에 영향력을 행사하게 되었다. 따라서 권력 공유제 정부라는 제도적 제약 속에서 어떻게 전략적으로 행동하여 위기 관리자의 리더 역할을 성공적으로 수행할 수 있는지에 대한 연구는 학술적, 현실적으로 가장 중대한 정치학 연구 주제이다.

대통령이 성공적으로 권력을 행사하고 리더십을 발휘하기 위해 필요한 요소는 무엇인가? 루즈벨트 이후 현대 대통령들이 모두 성공적인 대통령이라는 평가를 받았다면, 이 질문은 제기되지 않았을 것이다. 그러나 역사는 정반대로 전개되었다. 어떤 경우는 증대된 권력을 지나치게 추구하다가 실패했고, 어떤 경우는 주어진 권력을 제대로 행사하지도 못한 채 좌절하기도 했다. 이에 따라 당연히 제기된 질문은 "성공적인 대통령은 무엇이 다른가?" 곧, 개인적 수준에서 대통령의 자질과 능력을 비교하는 것으로, 대통령의 권력 행사와 리더십에 대한 가장 단순하고 직관적인 접근이다. 이와 같은 개인적 수준의 접근에 있어서 이론화 수준이나 정치현실에 대한 통찰력, 그리고 후속 연구들에 대한 영향에 있어서 노이스타트의 연구에 비견되는 것은 없다고 해도 과언이 아니다.

노이스타트의 주장은 단순명료했다. 미국 정치체계에서 대통령의 권력은 명령하는 힘이 아니라 "설득하는 힘"(power to persuade)이고 이는 개인적 자질에서 나온다는 것이다. 다양한 행위자들이 일정한 영향력을 지고 있는 권력 공유제에서 정치적 영향력은 상호의존적일 수밖에 없으며, 협상(reciprocal bargaining)을 통해 이루어지게 된다. 모든 행위자들은 각자의 이익과 영향력을 지니고 있어서 대통령의 명령을 따르지 않기 때문이다.

따라서 협상을 통해 대통령은 다른 행위자들로 하여금, 대통령이 원하는 대로 따르는 것이 그들 자신을 위해서도 좋은 것이라고 생각하도록 설득해야 한다는 것이 노이스타트의 주장이다. 그의 분석틀은 대단히 복잡하지만, 궁극적으로 대통령의 리더십을 결정하는 독립변수는 경험(experience)과 성품(personality)의 두 가지 개인적 자질이다.

노이스타트의 연구가 이후의 대통령 연구들에 미친 영향은 양면적이다. 일단 대통령 리더십에 대한 체계적인 정치학적 연구의 길을 열었다는 점에 중대한 공헌이 있다. 사실, 이후 30여 년간, 대통령의 리더십에 관한 거의 모든 논의들은 그의 저서로부터 출발하곤 했다. 『대통령의 권력』은 대통령의 리더십에 관한 가장 현실적이고 설득력 있는 분석으로 받아들여졌고, 이후의 연구들의 방향을 설정해 주었던 것이다. 반면에, 그간의 대통령 연구 성과들이 보여주듯이, 노이스타트식의 개인 수준 접근의 한계는 뚜렷했다. 대통령 개인들에 대해 심층적인 연구가 이루어진다 해도 이들을 종합할 수 있는 체계적인 이론틀이 더 이상 개발되지 못했고, 서로 다른 대통령들을 비교 연구하여 일반론적 명제를 도출할 수도 없었다. 직관적으로도, 대통령이 된 것만으로도 성공적인 정치인으로 평가받을 수 있으나 이 중 많은 수가 실패한 대통령으로 기록되었는데, 애초에 풍부한 경험과 정신적 자질을 지니고 있지 않았다면 이들이 어떻게 대통령의 지위에 오를 수 있었을까? 또한, 대단한 능력을 지녔다고 평가되다가 취임 후 평범한 대통령으로 기억되는 경우도 많으며, 여러 가지 개인적 결함을 지니고 있었지만 가장 성공적인 리더십을 행사했던 경우도 있다. 요컨대 성공적인 리더십을 만들어 내는 데에는 대통령의 개인적 능력이나 자질 이외의 요소가 작동한다고 볼 수 있는 것이다.*

*****

* 미국 정치에서 대통령의 권력과 리더십에 대한 기존 연구들을 정리한 글로 백창재, 『미국정치연구』(사회평론, 2020), 제5장을 참고.

이런 문제의식에서 개인 수준 접근에 대한 대안으로 제시된 것이 바로 구조적 접근이다. 스코우로넥의 『대통령이 만드는 정치』는 대통령의 리더십에 대해 가장 정교하고 체계적인 구조적 이론을 제시한다.

스코우로넥의 이론은 두 가지 전제에 근거를 둔다. 첫째, 미국 정치 변동의 추동력은 대통령에 있다. 역사상 모든 대통령들은 자신이 정치 변동의 어떤 국면에 있는지, 곧 자신의 "정치적 시간"(political time)을 파악하고 그 역할을 수행하려 해 왔다. 예컨대 무너져 가는 레짐(regime)의 반대세력으로 집권한 대통령은 정치 질서를 재편(reconstruction)하여 새로운 이익과 이념으로 이루어진 레짐을 구축하려 시도한다. 반면에 기존 질서를 물려받은 레짐 소속 대통령들은 레짐의 기약들을 구체화시키고 공고화시키는 역할을 수행하려든다. 어떤 경우이든, 레짐의 부흥이나 붕괴, 재편의 중심에는 대통령의 리더십이 있는 것이다. 둘째, 모든 대통령은 독자적인 권력 기반을 추구한다. 곧 "나 자신의 대통령"(myself president)이 되려 하는 것이다. 대통령직의 의미는 새로 취임한 대통령이 독립적인 행동을 할 수 있을 때 확보되기 때문이다. 독립적 권력을 장악하고 독자적으로 행동하기 위해서는, 설령 같은 당 소속 전임자로부터 물려받은 것이라도 현상(status quo ante)을 청산해야 한다. 이런 의미에서 모든 대통령들은 기존 질서의 교란자(disrupter)이다. 그러나 이러한 거부(repudiation)는 헌정질서의 범위 내에서 정당화되어야만 정치체계가 유지될 수 있다. 이와 동시에, 거부를 통해 자신의 리더십을 위한 새로운 정치질서를 만들어내야 한다. 이렇게 권위를 확보하지 못하면 독립적인 행동을 할 수도 없으며, 자신만의 새로운 통치 질서를 세울 수도 없다.

이러한 동기를 지닌 대통령의 리더십을 결정하는 요소는 두 가지이다. 하나는 레짐 소속 여부이다. 기존질서의 지배적 정당 소속인지, 기존 질서에 대한 반대 세력 소속인지가 대통령 리더십의 성격을 결정한다. 다른 하나는 기존 레짐의 활력의 수준이다. 지배적 우위를 지속할 능력이 있는지, 위기에 봉착해서 복원력을 발휘할 수 있는지 여부가 현직 대통령의 리더십을 결정한다. 이 두 가지 구조적 변수에 따라 네 가지 대통령 리더십 권위의 유형이 설정된다. 재편(reconstruction)의 대통령은 파탄난 레짐의 반대당 소속 대통령으로 새로운 레짐을 구축한다. 표출(articulation)의 리더십은 레짐의 기약을 구현하고 지지연합을 공고히 한다. 해체(disjunction)의 대통령은 붕괴되어 가는 레짐 소속 대통령으로 당면한 위기 속에서 레짐의 해법을 찾으려 분투한다. 마지막으로 선공(preemption)의 대통령은 레짐이 공고한 가운데 우발적 이유로 집권한 반대당 소속 대통령으로, 제3의 길을 제시하여 지배 연합의 분열을 꾀하고 재편의 기회를 모색한다.

요컨대 레짐 소속 여부와 레짐의 상태라는 두 구조적 변수에 의해 대통령에 부여되는 권위, 추구하는 역할, 행사할 수 있는 권력 자원, 대통령 리더십의 정치적 효과와 결과를 설명할 수 있다는 것이다. 이 이론틀로 스코우로넥은 2대 애덤스(John Adams)부터 44대 클린턴(Bill Clinton)까지 대표적인 유형의 대통령 리더십들을 분석한다. 그 결과, 놀라울 정도의 반복적인(recurrent) 패턴이 발견된다. 두 변수의 설명력이 상당한 수준인 것이다.

반면에, 시간이 지나고 미국 정치체계의 성격이 변화하면서, 같은 유형의 리더십이라도 주어지는 구조적 조건이 변화한 것도 발견된다. 이러한 점진적 변화는 대통령의 리더십에 두 가지 상반된 효과를 가져 왔다. 하나는 행정부의 역할과 권한이 커짐에 따라 행정 수반으로서 대통령이 동원할 수 있는 권력 자원이 크게 증대되었다는 점이다. 이는 대통령이 정치적 시간이 가져오는 제약에서 보다 자유로워질 수 있는 가능성을 증가시켰다. 반면에 대통령 이외의 행위자들, 특히 의회나 사법부와 같은 다른 정부 제도는 물론 기업들이나 노조와 같은 사회 제도들의 조직화와 독자성 역시 크게 증가했다. 이는 대통령의 리더십에 대한 저항과 도전이 강화되었음을 의미한다. 이러한 새로운(emergent) 패턴과 반복적 패턴을 종합하면, 최근의 대통령 리더십을 제대로 분석할 수 있고, 장래의 대통령 리더십 변화 방향을 가늠할 수 있다는 것이 스코우로넥의 주장이다.

이와 같은 구조적 접근은 대통령 리더십 행사 방식에 대한 개인 수준의 접근에 비해 보다 체계적이고 일반론적인 설명을 제공하며, 성공적인, 혹은 실패하지 않는 대통령 리더십의 조건을 제시해 준다. 나아가 특정한 시기와 맥락 속에서 대통령이 수행하는 역할과 이에 따른 정치적 결과를 이해하게 해 준다. 또한 대통령제 정부의 성패가 대통령 개인에 달려 있다고 체념하는 것이 아니라, 대통령이 처한 구조적 맥락에 의해 결정되는 리더십의 기회와 범위 내에서 적합한 리더십 행사 여부를 평가할 수 있게 해 준다.

*****

저자 스코우로넥은 현재 미국 예일 대학교 석좌교수이며, 1980년대부터 미국 정치에 대한 역사적, 구조적 접근인 미국정치발전사(American Political Development; APD) 분야를 개척, 수립한 학자로서, APD 분야와 미국 정치사, 미국의 국가—사회관계 및 미국 대통령 연구 분야에서 다수의 선도적인 연구들을 주도해 오고 있다. 그의 대표적 저서인 *The Politics Presidents Make*는 1993년에 출판된 이후 대통령 연구의 패러다임을 바꾼 기념비적 업적으로 인정받아왔으며, 이를 입증하듯이 미국정치학회가 수여하는 두 가지 최우수 저술상을 수상했다. 또한 2017년에 이 저서는 학문 발전에 대한 장기간의 기여를 인정받아 미국정치학회의 업적상(Legacy Prize)을 수상하기도 했다.

*****

이 책은 1997년에 출판되었으므로 클린턴 행정부의 2기 초반까지만 다루고 있다. 스코우로넥의 분석틀로 최근 대통령들의 리더십을 어떻게 파악할 수 있을까? 스코우로넥은 2020년에 이 책의 후속작이라고 할 수 있는 『정치적 시간 속의 대통령 리더십: 재현과 재평가』라는 연구서를 출판했는데,* 여기에서 부시(George W. Bush), 오바마(Barack Obama), 트럼프

* Stephen Skowronek, *Presidential Leadership in Political Time: Reprise and Reappraisal,* 3rd ed., University Press of Kansas, 2020.

(Donald Trump)의 리더십을 다루고 있다. 최근 대통령들의 리더십에 대해 스코우로넥이 어떻게 평가하고 있는지 간단하게 소개한다.

먼저 43대 부시 대통령의 리더십을 스코우로넥은 '규정의 리더십'(leadership by definition)이라고 진단한다. 부시는 스스로를 레이건 혁명을 완수하는 충직한 후계자, 정통 개혁가로 규정했다는 것이다. 이렇게 된 데에는 두 가지 개인적 경험이 크게 작용했다. 처음 정계에 입문했던 시절 텍사스 주 연방 하원의원 선거에서 상대방으로부터 '금수저 동부 사람'으로 공격당하면서 패배했었고, 1992년 대통령 선거에서 클린턴에게 "경제가 관건이다."(It's the economy!)라는 공격을 받은 아버지가 패배하는 것을 지켜봐야 했었다. 그러나 무엇보다도 부시는 자신의 정치적 시간을 정확하게 파악하고 있었다고 스코우로넥은 평가한다. 따라서 정통 개혁가로서의 정체성을 규정하고 이에 대한 확고한 헌신을 내세웠으며, 이 명분 위에서 독자성을 추구했다는 것이다.

그러나 부시가 이념에 사로잡힌 비타협주의자는 아니었다. 계속 전진을 위해서는 상황에 따라 후퇴와 타협도 가능하다고 생각했던 실용주의자였으며, 정통에 대한 확고한 신뢰를 구축하면 독자적인 개혁을 추구할 수 있다고 판단했다. 부시가 내세운 '온정적 보수주의'(compassionate conservatism)는 이런 리더십 태세를 드러낸 것이었다. 따라서 부시는 감세와 탈규제, 군비 확장이라는 레이건 혁명 정통의 핵심들을 고수하는 한편, 교육 개혁과 의료 개선, 2008년 금융 위기 대응 등에서처럼 '온정적'인 프로그램을 추구하기도 했다.

이러한 정통 개혁의 시도에도 불구하고 핵심지지 기반이 흔들리지 않을 것인가? 부시에게는 레이건이 지녔던 거부의 권위가 없었고, 클린턴의 선공의 리더십에게 가능했던 유연성이 없었으므로, 레이건 플러스를 추구하는 것은 공화당 핵심 지지기반에서 배신이라는 비난을 초래할 위험이 컸다. 두 가지 상황적 요소가 이 위험으로부터 부시를 구했다고 스코우로넥은 주장한다. 하나는 당연히 9·11 사태와 그후 전개된 테러와의 전쟁이다. 테러와의 전쟁은 부시에게 '헌법의 수호자'라는 권위를 부여해 주었으며, 그에 대한 당 내외의 도전을 어렵게 만들었다. 그러나 테러와의 전쟁이 이라크 침공으로 전환되고, 이를 위해 조작과 번복, 그리고 온갖 추문이 겹쳐지면서 전쟁뿐 아니라 부시가 추구했던 프로그램들 모두의 진정성에 대한 의심이 확산되었다. 따라서 공화당 내 보수파들의 분노와 분열 가능성이 커지게 되었는데, 그 시점이 부시 임기 말이었기 때문에, 오히려 이러한 분노가 오바마에게 표출되었고 보수파가 재집결하게 되는 행운이 따랐다는 것이 스코우로넥의 분석이다.

2008년 금융위기와 뒤따른 대불황(Great Recession) 속에서 백악관을 탈환한 민주당 오바마의 경우, 집권 초기부터 공화당 레짐을 재편할 수 있을 것이라는 기대가 있었다. 최초의 흑인 대통령이자 워싱턴 기득권 밖의 외부자와 같은 자세가 이 같은 기대를 더 키웠다. 실제로 경제 위기를 공화당 레짐의 총체적, 집단적 무책임의 결과라고 공격하면서 오바마는 '근본적으로 미국을 변화시키겠다'는 재편의 의지를 밝히곤 했다. 과연 오바마는 재편의 리더로 규정될 수 있을까? 스코우로넥은 오바마가 단지 두 번째 선공의 대통령으로 끝났다고 평가한다. 공화당 레짐에 공격은 충분했으나, 대안적인 연합과 레짐을 수립하지는 못했다는 것이다. 이는 금융위기에도 불구하고 부시 시기가 해체의 시기가 아니라 표출의 시기였기 때문, 즉 공화당 레짐의 복원력이 아직 상당했기 때문이다.

스코우로넥의 분석틀에서 해체의 국면에는 레짐의 근본적 취약성이 완전히 노출되고 극도의 분열이 발생하며 기존 레짐에 대한 정치적, 사회적 반대 운동이 확산된다. 결과적으로 내부 비판세력들이 등장하여 근본적 문제의 해결을 시도하다가 실패하면서 오히려 레짐의 해결책이 소진되었음을 확실하게 드러내게 된다. 이러한 정통성의 위기 속에서 반대 세력에 의해 재편이 가능해지게 되는 것이다. 부시 시기는 이러한 국면이 아니었기 때문에 공화당 세력들은 구 레짐을 수호하기 위해 재결집했고, 2010년 티파티(Tea Party) 운동과 중간선거를 통해 공화당은 완전히 부활하게 되었던 것이다. 더욱이 2008년 금융위기는 오바마가 관리해야 할 짐이 되었다. 금융 위기에 의해 레짐이 완전히 붕괴된 상황에서 반대당 대통령으로서 집권한 것이 아니었던 것이다.

만일 2008년 선거에서 공화당의 맥케인(John McCain)이 승리하여 내부 비판자의 역할을 맡게 되고 경제 위기가 지속되었다면 공화당 레짐의 근본적 취약성이 노출되고 정통성의 위기가 발생했을 수도 있다는 추정을 스코우로넥은 덧붙인다. 그랬다면 2012년에 민주당에 의한 급진적 재편이 가능했으리라는 것이다.

어쨌든 오바마는 선공의 레짐 반대당 대통령으로서 보수주의를 공격하고 나름대로 자유주의적 개혁을 어느 정도 단행했고 경제가 복구되면서 2012년 재선에 성공했다. 이에 따라 공화당 내에서는 좌절과 분열의 말기 증세가 퍼져가고 있었다. 이 기회를 포착한 것이 트럼프이다. 트럼프는 기회가 될 때마다 공화당 구 연합을 재편하겠다는 야심을 밝히곤 했으나, 스코우로넥의 판단에 트럼프는 선공의 대통령을 뒤이은 레짐 소속 대통령일 뿐이다. 정치적 시간으로 볼 때, 구조적으로 가능하지 않았다는 것이다.

트럼프는 허버트 후버나 지미 카터와 같은 전형적인 레짐 말기 소속당 대통령이다. 레짐의 균열과 문제를 파악하여 "당을 되살리겠다."라는 주장으로 후보가 되었고, 당과의 취약한 관계가 오히려 이점이 되어 개인적 호소력으로 승부했던 것이다. 이러한 레짐 말기 소속당 대통령은 새로운 해법을 찾으려 하지만 낡은 해법에 묶여 있는 당을 대표한다. 따라서 자신 이외에는 의지할 곳이 없게 된다. 이들은 정통에 대해 확신이 없지만, 그렇다고 재편의 리더와 같이 거부의 권위를 지니지는 못한다. 낡은 해법, 정통을 내세우면 문제의 상징과 같은 존재가 되고, 거부하면 핵심지지 세력들이 이탈하여 고립되는 것이다.

실제로 트럼프는 정통과는 무언가 다른 것을 시도하려 했다. 당내 보수 세력들이 원하는 보수적 대법관 임명, 탈규제, 군비 증강, 오바마케어 폐지를 들어주었지만, 자유무역을 비판하고 국제주의로부터의 이탈을 꾀했으며, 복지 체계를 유지시켰고 오바마케어보다 나은 의료 복지 개혁을 추진했다. 레짐 말기 소속당 대통령들의 이러한 노선은 당을 붕괴 직전까지 몰고가며 상대당을 강화시켜주는 결과를 초래하곤 한다. 공화당 내부의 분열이 가속화되고 공화당과 트럼프가 몰락하며 민주당의 급진적 대안이 부상할 수 있었다고 스코우로넥은 진단한다.

그러나 이러한 결과가 벌어지지는 않았다. 그 이유를 스코우로넥은 미국 정치에서 점진적으로 진행되어 온 새로운 패턴의 출현에서 찾는다. 공화당 내 트럼프에 대한 반대가 급속히 약화되고 당내 지도부 상당수가 은퇴해 버리는 상황이 발생했던 것이다. 이는 유권자들과 공화당 지지층에서 트럼프 개인에 대한 지지가 강력했기 때문이었다. 실제로 공화당 지지자들 중 90 퍼센트 이상이 트럼프를 지지했고, 이 때문에 당 지도부는 트럼프에 끌려다니게 되었던 것이다. 요컨대 대중동원정치의 영향력이 더욱 거세지고 대통령과 대중의 관계가 더욱 직접적이 되는 새로운 패턴의 '대통령이 만드는 정치'가 정치적 시간을 저물게 하고 반복적 패턴을 상쇄하게 되었다는 것이 스코우로넥의 설명이다.

미주

제7장 제1부

1) "[실행 가능한 재편 프로그램을] 제시하는 정당은 깨끗한 손을 지닌 정당입니다." "Acceptance Speech before the Democratic National Convention", Chicago, July 2, 1932, *The Public Papers and Addresses of Franklin D. Roosevelt,* 13 vols., ed. Samuel I. Rosenman (New York: Random House, 1938-1950), Vol. 1, p. 649.
2) "이 선거에서 나는 '공화당'이란 단어를 쓰지 않을 것이며, 언제나 '공화당 지도부'란 단어를 쓸 것입니다." Ibid., pp. 648–649.
3) Ibid., p. 650. "이 나라의 국민들은 금년에 똑같은 반동적 교리의 두 이름 가운데 선택하는 것이 아닌, 진정한 선택을 원합니다."
4) Ibid., pp. 648, 649.
5) Sidney Milkis, *The President and the Parties: The Transformation of the American Party System since the New Deal* (New York: Oxford University Press, forthcoming 1993), pp. 52–75; Arthur Schlesinger, Jr., *The Age of Roosevelt: Crisis of the Old Order* (Boston: Houghton Mifflin, 1957), esp. p. 377.
6) 코델 헐(Cordell Hull)의 말. Frank Freidel, *Roosevelt and the South* (Baton Rouge: Louisiana State University Press, 1965), p. 42에서 재인용
7) 위의 주 1)을 보라.
8) "Campaign Address on Progressive Government at the Commonwealth Club of San Francisco", September 23, 1932, *Public Papers and Addresses,* Vol. 1, pp. 752–763.
9) Franklin Roosevelt, "The Election: An Interpretation", in *Liberty,* 9, no. 50 (December 10, 1932), p. 9.

10) "Second Fireside Chat", May 7, 1933, *Public Papers and Addresses,* Vol. 2, p. 165.

11) "Introduction", November 1, 1937, *Public Papers and Addresses,* Vol. 1, p. 5.

12) James MacGregor Burns, *Roosevelt: The Lion and the Fox* (New York: Harcourt Brace and World, 1956), p. 208에서 재인용.

13) George Wofskill, *The Revolt of the Conservatives: A History of the American Liberty League, 1934－1940* (Boston: Houghton Mifflin, 1962), esp., pp. 21－36.

14) "Address at the Jackson Day Dinner", January 8, 1936, *Public Papers and Addresses,* Vol. 5, p. 40.

15) 루즈벨트가 잭슨은 물론 재편의 정치에 관여했던 다른 대통령들에 사로잡혀 있었던 것에 대해 예리하게 관찰한 것으로 Philip Abbott, *The Exemplary Presidents: Franklin Roosevelt and the American Political Tradition* (Amherst: University of Massachusetts Press, 1990).

16) 예컨대 Milkis, *Presidents and the Parties;* Theodore Lowi, *The Personal President: Power Invested, Promise Unfulfilled* (Ithca: Cornell University Press, 1985), pp. 44－66; Richard Neustadt, *Presidential Power: The Politics Of Leadership* (New York: Wiley, 1960).

17) "정치인으로서, 루즈벨트는 과대평가되어 왔다." Arthur Schlesinger, Jr., *The Age of Roosevelt: The Coming of the New Deal* (Boston: Houghton Mifflin, 1958), p. 573.

18) "Inaugural Address", March 4, 1933, *Public Papers and Addresses,* Vol. 2, pp. 14－15.

19) TVA에 대한 후버의 견해는 앨라배마 주 머슬 쇼울즈(Muscle Shoals) 개발에 대한 상원의원 노리스의 제안을 거부한데서 발견된다. *State Papers and Other Public Writings,* Vol 1, pp. 526－527; TVA를 "사회주의의 일부"라고 한 것에 대해 Hooever, *Memoirs,* Vol. 2, p. 232. NRA에 대한 후버의 견해에 대해서는 Hoover, *Memoirs,* Vol. 3, pp. 334－355, 430.

20) 뉴딜 시기 동안 이러한 것들의 중요성에 대해서는 George Wolfskill and John Hudson, *All but the People: Franklin D. Roosevelt and His Critics* (London: Collier-Macmillan, 1969); 또한 Wolfskill, *Revolt of the Conservatives.*

21) Francis Perkins, *The Roosevelt I Knew* (New York: Viking, 1946), pp. 328–333.

22) Ibid. 루즈벨트의 원칙으로서 실용주의에 대해 Arthur Schlesinger, Jr., *The Age of Roosevelt: The Politics of Upheaval* (Boston: Houghton Mifflin, 1960), pp. 649–651.

23) 최근에 토마스 맥그로우(Thomas McGraw)가 전형적 관점에 대해 다시 묘사했듯이, "뉴딜은 비일관적이고 상충하는 원칙들의 혼합체였다." Thomas McGraw, "The New Deal and the Mixed Economy", in *Fifty Years Later: The Deal Evaluated,* ed. Harvard Sitkoff (Philadelphia: Temple University Press, 1985), p. 62. 이에 대한 중요한 반론으로, Robert Eden, "On the Origins of the Regime of Pragmatic Liberalism: John Dewey, Adolf Berle, and FDR's Commonwealth Club Address of 1932", *Studies in American Political Development,* 7, no. 1 (Spring 1993), pp. 71–147.

24) 루즈벨트의 재편이 속이 빈 것이었다는 다양한 해석가들은 다음과 같다. Burns, *Roosevelt,* pp. 472–475; Richard Hofstadter, *The American Political Tradition and the Men Who Made It* (New York: Vintage, 1948), pp. 315–352; Rexford Tugwell, "The Experimental Roosevelt", in *Franklin D. Roosevelt: A Profile,* ed. William E. Leuchtenburg (New York: Hill and Wang, 1967), esp. pp. 71–72; Paul Conkin, *The New Deal* (Arlington Heights, Ill.: Harlan Davidson, 1975); Louis Hartz, *The Liberal Tradition in America* (New York: Harcourt, Brace, Javanovich, 1955).

25) "Inaugural Address", *Public Papers,* Vol. 2, pp. 11–16.

26) 1932년 샌프란시스코에서의 선거 유세 연설에서 이 점에 대해 Eden, "Origins",

27) "Inaugural Address", *Public Papers,* Vol. 2, pp. 11–16.

28) Joseph Alsop, *FDR: A Centenary Remembrance* (New York: Viking, 1982),

pp. 11–13.

29) “Forgotten Man” speech, Radio Address, Albany, New York, April 7, 1932, *Public Papers and Addresses,* Vol. 1, p. 625. 또한 Schlesinger, *Crisis,* pp. 289–290.

30) “The Election: An Interpretation”, pp. 7–8.

31) William E. Leuchtenburg, *Franklin Roosevelt and the New Deal, 1932–1940* (New York: Harper and Row, 1963), p. 63.

32) Leuchtenburg, *Franklin Roosevelt,* p. 90. 특히 은행가들에 대한 루즈벨트의 대응에 대해서는 Albert Romasco, *The Politics of Recovery: Roosevelt's New Deal* (New York: Oxford University Press, 1983).

33) Wolfskill and Hudson, “All but the People…” 참조. 루즈벨트가 전통적 가치를 촉구한 것을 높이 평가하면서 급진적 성격을 간과하는 연구로 Morton Frisch, “Franklin Delano Roosevelt”, in *American Political Thought: The Philosophical Dimensions of American Statesmanship,* ed. Morton Frisch and Richard Stevens (New York: Scribners', 1971), pp. 219–236. 프리쉬의 주장에 대해 뒤의 주 77을 참조하라.

34) “Annual Message to Congress”, January 3, 1936, *Public Papers and Addresses,* Vol. 5, p.16

35) Ibid., pp. 230–236, 강조는 필자.

36) “Campaign Address at Madison Square Garden”, October 31, 1936, *Public Papers and Addresses,* Vol. 5, p. 568; 제4장 제1부 주28에 인용된 Jefferson, “Letter to Thomas McKean”, July 24, 1801과 비교하라.

37) Burns, *Roosevelt,* pp. 280–297; Michael Nelson, “The President and the Court: Reinterpreting the Court–Packing Episode of 1937”, *Political Science Quarterly,* 103, no. 2 (November 2, 1988), esp. p. 288.

38) “The Goal of the National Industrial Recovery Act”, June 16, 1933, *Public Papers and Addresses,* Vol. 2, p. 246.

39) 브랜드가 국가부흥국에 대한 루즈벨트의 의욕에 대해 묘사했듯이, “첫 번째 새 거래(new deal)는 급진적인 새 거래이다.” Donald Brand, *Corporatism*

and the Rule of Law: A Study of the National Recovery Administration (Ithaca: Cornell University Press, 1988), p. 288.

40) Robert E. Himmelberg, *The Origins of the National Recovery Administration: Business, Government and the Trade Association Issue, 1921-1933* (New York: Fordham University Press, 1976), pp. 196-207; Brand, *Corporatism,* pp. 82-95; Ellis Hawley, *The New Deal and the Problem of Monopoly* (Princeton: Princeton University Press, 1966), pp. 19-52.

41) "모든 사람들이 함께 협력한다는 이 원칙에 입각하여 우리는 실업에 대한 거국적인 공격을 개시하고 있습니다. 대기업들에서, 소규모 상점들에서, 거대 도시들에서, 작은 마을들에서, 우리 국민들이 이를 이해한다면 우리는 성공할 것입니다." "Third Fireside Chat", July 24, 1933, *Public Papers and Addresses,* Vol. 2, p. 299.

42) Frank Freidel, *The Launching of the New Deal* (Boston: Little, Brown, 1973), p. 418; Burns, *Roosevelt,* p. 180; Leuchtenburg, *Franklin Roosevelt,* pp. 55-56; Brand, *Corporatism,* p. 85.

43) Steven Fraser, *Labor Will Rule: Sydney Hillman and the Rise of American Labor* (New York: Free Press, 1991), pp. 282-293.

44) 국가부흥국이 이익들 간의 다툼보다 공공 목적에 대해 지닌 변혁적 함의를 지목하는데 브랜드가 특히 뛰어나다. Brand, *Corporatism,* esp. pp. 261-290.

45) Schlesinger, *Coming of the New Deal,* p. 162; Wolfskill and Hudson, "All but the People…", p. 213.

46) 정부의 "동반자"와 정부의 "권리"에 대해서는 "Second Fireside Chat", May 7, 1933, *Public Papers and Addresses,* Vol. 2, p. 164.

47) Schlesinger, *Coming of the New Deal,* p. 98에서 재인용.

48) *Schechter Poultry Corp v. United States,* 295 U.S. 495 (1935).

49) 산업 규제에 대한 국가 능력 문제에 대해서는 Theda Skocpol and Kenneth Finegold, "State Capacity and Economic Intervention in the

Early New Deal", *Political Science Quarterly,* 97, no. 2 (Summer 1982), pp. 255–278.

50) Schlesinger, *Coming of the New Deal,* pp. 103–110; Leuchtenburg, *Franklin Roosevelt,* p. 70.

51) Ibid., pp. 110–135, 152–160; Hawley, *New Deal,* pp. 53–129, esp. p. 100; Brand, *Corporatism,* pp. 99–149.

52) Schlesinger, *Coming of the New Deal,* pp. 136–151; Brand, *Corporatism,* pp. 229–260. 뉴딜의 정치 개혁과 노동계 파업 간의 관계에 대해 Davis Plotke, "The Wagner Act Again: Politics and Labor, 1935–37", *Studies in American Political Development,* (1989), pp. 105–156; Kenneth Finegold and Theda Skocpol, "State Party and Industry: From Business Recovery to the Wagner Actin America's New Deal", in *State making and Social Movement: Essays in History and Theory,* ed. Charles Brights and Susan Harding (Ann Arbor: University of Michigan Press, 1984), pp. 159–192; Michael Goldfield, "Worker Insurgency, Radical Organization, and New Deal Labor Legislation", *American Political Science Review,* 83, no. 4 (December 1989), pp. 1257–1282; Kenneth Finegold, Theda Skocpol, and Michael Goldfield, "Explaining New Deal Labor Policy", *American Political Science Review,* 84, no. 4 (December 1990), pp. 1297–1315.

53) Hawley, New Deal, p. 71; Schlesinger, *Coming of the New Deal,* p. 121.

54) Leuchtenburg, *Franklin Roosevelt,* p. 146; Frank Freidel, *Franklin D. Roosevelt: A Rendezvous with Destiny* (Boston: Little, Brown, 1990), pp. 154–155.

55) "Gains under the NRA and Recommendation for a Two Year Extension", February 20, 1935, *Public Papers and Addresses,* Vol. 4, p. 82.

56) Ibid.

57) Arthur Schlesinger, Jr., *The Age of Roosevelt: The Politics of Upheaval* (Boston, Houghton Mifflin, 1960), pp. 272–272; William Wilson, "How the Chamber of Commerce Viewed the NRA: A Reconsideration", *Mid*

America, 44 (1962), pp. 95–108.

58) Joseph Alsop and Turner Catledge, *The 168 Days* (Garden City: Doubleday, 1938), p. 7.

59) "The Two Hundred and Ninth Press Conference", May 31, 1935, *Public Papers and Addresses,* Vol. 4, pp. 200–222.

60) Schlesinger, *Politics of Upheaval,* pp. 468–496; Peter Irons, *The New Deal Lawyers* (Princeton: Princeton University Press, 1982), pp. 17–199.

61) Brand, *Corporatism,* p. 286; Burns, *Roosevelt,* p. 219; Schlesinger, *Coming of the New Deal,* pp. 405–406.

62) Leuchtenburg, *Franklin Roosevelt,* pp. 143–167; Schlesinger, *Politics of Upheaval,* pp. 385–442; Burns, *Roosevelt,* pp. 220–226. 이 전환에 대한 다른 분석으로 Thomas Ferguson, "Industrial Conflict and the Coming of the New Deal: The Triumph of Multinational Liberalism in America", in *Rise and Demise of the New Deal Order, 1930–1980,* ed. Steve Fraser and Gary Gerstle (Princeton: Princeton University Press, 1989), pp. 3–31. 2차 뉴딜에서의 전환이 산업자본으로부터 금융자본으로, 보다 구체적으로는 산업에 연관된 모건 하우스(House of Morgan)로부터 신흥 은행들로의 이동이었다는 퍼거슨의 주장은 재편의 정치의 포괄적인 패턴에 들어맞을 수 있다. 잭슨의 재편과 공화당 재편 역시 은행과 금융에서 새로 대두된 이익들의 강화로 읽힐 수 있다.

63) James T. Patterson, *Congressional Conservatism and the New Deal: The Growth of the Conservative Coalition in Congress* (Lexington: University of Kentucky Press, 1967), pp. 251–287; J. B. Shannon, "Presidential Politics in the South–1938, II", *Journal of Politics,* 1, no. 3 (August 1939), pp. 278–300.

64) Alsop and Catledge, 168 Days, pp. 138–145; Bruce Ackerman, *We The People: Foundations* (Cambridge: Harvard University Press, 1991), pp. 266–294.

65) Patterson, *Congressional Conservatism,* pp. 278–300; Frank Freidel, *Roosevelt and the South*; Freidel, *Rendezvous,* p. 287.

66) Richard Polenberg, *Reorganizing Roosevelt's Government, 1936–1939: The Controversy over Executive Reorganization* (Cambridge: Harvard University Press, 1966); Peri E. Arnold, *Making the Managerial Presidency: Comprehensive Reorganization Planning* (Princeton: Princeton University Press, 1986), pp. 93–117.

67) Patterson, *Congressional Conservatism,* p. 287.

68) Leuchtenburg, *Franklin Roosevelt,* pp. 188–189; Schlesinger, *Politics of Upheaval,* p. 594.

69) Lopuise Overacker, "Labor's Political Contributions", *Political Science Quarterly,* 54, no. 1 (1939), pp. 56–68.

70) Alsop and Catledge, *168 Days,* pp. 163–176.

71) Polenberg, *Reorganizing,* pp. 79–122.

72) "White House Statement on the Appointment of a Committee to Formulate a Plan for the Reorganization of the Executive Branch", March 22, 1936, *Public Papers and Addresses,* Vol. 5, p. 144; Milkis, *President and the Parties,* Chapter 5.

73) "A Recommendation for Legislation to Reorganize the Executive Branch", January 12, 1937, *Public Papers and Addresses,* Vol. 5, pp. 668–681, 144.

74) Patterson, *Congressional Conservatism,* pp. 215–229. Milkis, *President and Parties,* Chapter 5.

75) 원래의 제안과 최종적인 제정을 대조한 것으로 Polenberg, *Reorganizing,* pp. 184–185; Patterson, *Congressional Conservatism,* pp. 300–302; Milkis, *The President and the Parties,* pp. 125–145; Arnold, *Managerial Presidency.*

76) 현대 대통령직이 대두되는 동태적 변화의 보다 넓은 함의에 대해 Terry Moe, "The Politicized Presidency", in *The New Direction in American Politics,* ed. John E. Chubb and Paul E. Peterson (Washington, D.C.: Brookings Institution, 1985), pp. 235–272.

77) 여기서 멈추고 프리시(Morton Frisch)가 제기하는 상반된 입장을 살펴보는 것도 도움이 될 수 있다. 그는 뉴딜의 실제 업적과 그 이전의 미국적 전통이 양립가능하다는 점을 강조하면서, 루즈벨트의 실제 제안들의 급진성을 대단치 않게 여긴다. 이 주장은 이해하기 어렵다. 루즈벨트가 1936년에 공언했던 정부 장악 시도의 의미나 이 목표를 실현하기 위해 1937년에 제시했던 구체적인 제안들을 이 주장은 무시한다. 1937년에 루즈벨트의 수사가 돌변하여 법원 물갈이와 행정부 재조직을 정당화하기 위해 익숙한 혁신주의 처방을 들고 나온 것 때문에 문제는 복잡해진다. 이 수사들에서 시작해서 루즈벨트가 실제로 얻은 것들에 대한 평가까지 추론하다보면 대법원과 의회가 루즈벨트가 정말 원했던 것을 주었으며 그가 정말로 원했던 것이 헌법상의 구상과 양립가능하다는 결론에 쉽게 도달할 수 있다. 그렇지만 왜 우리가 1936년의 수사를 무시하고 1937년의 수사만 중요하다고 여겨야 하며, 왜 우리가 루즈벨트의 의도를 원래의 제안과 이를 위한 행동이 아닌 결과로부터만 추론해야 하는가? 내가 보기에는 무엇을 할 것인지에 대해 1936년에 루즈벨트가 말했던 것이 1937년에 그가 하려 했던 것이며, 그의 제안이 그가 원했던 정부의 장악을 가져다 줄 수 있었으나 헌법상의 기본 구상에 부딪쳐서 무산되었다. 따라서 1937년의 수사가 제안 자체의 급진성을 착각하게 만드는 것이다. 법원이 뉴딜 정책에 굴복한 뒤에도 루즈벨트가 끈질기게 사법 개혁을 추진한 것을 보면, 그가 정말로 원했던 것이 대법원의 굴복 자체가 아니었다는 것을 알 수 있다. 1937년의 혁신주의적 수사와 실제 결과(그리고 헌법의 기본적인 틀에 대한 결과)가 같다고 하는 것은 루즈벨트의 구상이 거부된 것의 역사적 중요성을 놓치고 있다. 마지막으로, 루즈벨트가 이 제안들을 옹호하기 위해 헌법적 주장을 제기하지 못하고 대신에 낡아 빠진 혁신주의 처방에 의존했다는 사실은 현대에 들어 재편의 리더십이 약화되었음과 1936년에 취했던 루즈벨트 자신의 재편 리더십이 약화되었음을 말해 준다. Frisch, "Franklin Delano Roosevelt" 참조.

78) "Recommendation for Legislation to Reorganize", *Public Papers,* Vol. 5, p. 672.

79) Polenberg, *Reorganizing,* pp. 28－29.

80) 대통령 직속 행정관리위원회(Committee on Administrative Management)의 이념

과 루즈벨트의 정치적 목적과의 관계에 대해서는 Barry Karl, *Executive Reorganization and Reform in the New Deal* (Chicago: University of Chicago Press, 1963). 행정부 재조직에 있어서 루즈벨트의 정치적 목적을 상세히 검토한 것으로 Milkis, *President and the Parties,* pp. 125–145; Peri Arnold, *Managerial Presidency,* pp. 81–117. 사법부에 대한 공격을 포장할 방법을 모색한 것에 대해 Alsop and Catledge, *168 Days,* pp. 13–65.

81) 'Speech at Democratic Victory Dinner', March 4, 1937, *Public Papers and Addresses,* Vol. 6, pp. 120, 123.

82) Alsop and Catledge, *168 Days,* p. 74. 법원 물갈이 논란에 대해 Nelson, "President and the Court"; Leonard Baker, *Back to Back: The Dual bewteen FDR and the Supreme Court* (New York: Macmillan, 1967); William E. Leuchtenburg, "The Origins of Franklin Roosevelt's Court Packing Plan", in *The Supreme Court Review,* ed. Philip Kirland (Chicago: University of Chicago Press, 1966), pp. 347–400; William E. Leuchtenburg, "Roosevelt's Supreme Court 'Packing' Plan", in *Essays on the New Deal,* ed. Harold Hollingsworth and William Holmes (Austin: University of Texas Press, 1969); William Leuchtenburg, "FDR's Court–Packing Plan: A Second Life, A Second Death", *Duke Law Journal,* 3, no. 4 (June-December 1985), pp. 673–689.

83) "Recommendation for Legislation to Reorganize", *Public Papers,* Vol. 5, p. 669.

84) Alsop and Catledge, *168 Days,* p. 127.

85) Ibid., p. 229–233.

86) "President Refutes Dictatorship Charge", March 31, 1938, *Public Papers and Addresses,* Vol. 7, pp. 179–181. Polenberg, *Reorganizing,* pp. 147–161; Leuchtenburg, *Franklin Roosevelt,* pp. 275–283.

87) Arnold, *Managerial Presidency,* pp. 111–113.

88) 실제로 헌법상의 권력 분립에 대해 루즈벨트가 비록 모호할 수는 있으나 전례 없는 도전을 계속했다는 점에 대해 Edward Corwin, *The President:*

Office and Powers (New York: New York University Press, 1957), pp. 250-252.

89) 현대의 대중동원적 대통령직과 원래의 헌법상 대통령직 간의 관계에 내재화된 긴장에 대해 Jeffrey Tulis, "The Two Constitutional Presidencies", in *Presidency and the Political System,* ed. Michael Nelson (Washington, D.C.: Congressional Quarterly Press, 1988), pp. 85-114.

제7장 제2부

1) "Address before a Joint Session of Congress", November 27, 1963, *Public Papers of the President: Lyndon Baines Johnson* (Washington, D.C.: Government Printing Office, 1966), p. 8.

2) Doris Kearns, *Lyndon Johnson and the American Dream* (New York: Mentor, 1976), p. 229; Rowland Evans and Robert Novak, *Lyndon Johnson: The Exercise of Power* (New York: New American Library, 1966), p. 489. 잭 발렌티(Jack Valenti)에게 존슨이 말했듯이, 존슨은 "정치라는 정글의 구석구석에 들끓고 있는 모든 경련이나 약점이나 안 알려진 것들 모두를 알고 있네." *Jack Valenti, A Very Human President* (New York: Norton, 1975), p. 11.

3) Kearns, *Johnson,* p. 223에서 재인용.

4) "호의의 독재"는 컨즈 연구의 부제(subtitle)였다.

5) Eric F. Goldman, *The Tragedy of Lyndon Johnson* (New York: Dell, 1974), p. 395; William F. Leuchtenburg, *In the Shadow of FDR: From Harry Truman to Ronald Reagan* (Ithaca: Cornell University Press, 1983), esp. pp. 142-147; Kearns, *Johnson,* p. 299.

6) 존슨의 말은 다음에서 재인용한 것이다. Vaughn Bornet, *The Presidency of Lyndon Johnson* (Lawrence: University of Kansas Press, 1983), pp. 13, 57.

7) "The President's Inaugural Address", January 20, 1965, *Public Papers,* p. 74.

8) Leuchtenburg, *Shadow,* pp. 121, 130; Valenti, *Very Human President,* pp. 308-309.

9) Robert Caro, *The Years of Lyndon Johnson: The Path to Power* (New York: Vintage, 1983), p. 395; Robert Dallek, *Lone Star Rising: Lyndon Johnson and His Times* (New York: Oxford University Press, 1991), pp. 148–150.

10) Leuchtenburg, *Shadow,* p. 130; Caro, *Years,* pp. 765–767; Dallek, *Lone Star Rising,* pp. 159–224.

11) Leuchtenburg, *Shadow,* p. 148; Evans and Novak, *Johnson,* p. 490.

12) Leuchtenburg, *Shadow,* p. 147.

13) 전후의 레짐 전환에 대한 설명으로 특히 유용한 것으로 *The Rise and Fall of the New Deal Order,* ed. Steve Fraser and Gary Gerstle (Princeton: Princeton University Press, 1989) 참조. 특히 편자들의 서문 참조. 또한 Alan Wolfe, *America's Impasse: The Rise and Fall of the Politics of Growth* (New York: Pantheon, 1981); David Plotke, *The New Deal Political Order* (Cambridge: Cambridge University Press, forthcoming).

14) Caro, *Years,* p. 126; Ronald Dugger, *The Politician: The Life and Times of Lyndon Johnson, The Drive for Power from the Frontier to Master of the Senate* (New York: Norton, 1982), pp. 52–321; Dallek, *Lone Star Rising,* pp. 277–278.

15) 이 시기에 정치적 입장의 일관성을 밝혀내는데 달렉이 특히 도움이 된다. 또한 Joe Franz, "Opening a Curtain: The Metamorphosis of Lyndon B. Johnson", *Journal of Southern History,* 45, no. 1 (February 1979), pp. 3–26; T. Harry Williams, "Huey, Lyndon, and Southern Radicalism", *Journal of Southern History,* 60 (September 1973), pp. 267–293.

16) *Congressional Record,* January 16, 1956. Kearns, *Johnson,* p. 162에서 재인용.

17) Dallek, *Lone Star Rising,* pp. 517–528; Kearns, *Johnson,* pp. 153–155; Hugh Graham, *The Civil Rights Era: Origins and Development of National Policy* (New York: Oxford University Press, 1990), p. 23; Paul K. Conkin, *Big Daddy from the Pedernales: Lyndon Baines Johnson* (Boston: Twayne, 1986), pp. 139–143.

18) Carl M. Bauer, *John F. Kennedy and the Second Reconstruction* (New York: Columbia University Press, 1977), pp. 30–38; Arthur M. Schlesinger, Jr., *A Thousand Days: John F. Kennedy in the White House* (Boston: Houghton Mifflin, 1965), pp. 47–52; Dallek, *Lone Star Rising,* pp. 574–582.

19) Borner, *Presidency,* p. 9에서 재인용.

20) Lyndon Johnson, *The Vantage Point: Perspectives of the Presidency, 1963–1969* (New York: Popular Library, 1971), p. 324.

21) "Remarks at the University of Michigan, Ann Arbor", May 22, 1964, *Public Papers,* p. 704.

22) "Special Message to Congress: The American Promise", March 15, 1965, *Public Papers,* p. 284. 보다 일반적으로 John Frederick Martin, *Civil Rights and the Crisis of Liberalism: The Democratic Party, 1945–1976* (Boulder: Westview, 1979) 참조.

23) Leuchtenburg, *Shadow,* p. 147에서 재인용.

24) Goldman, *Tragedy,* p. 307; Jack Bell, *The Johnson Treatment: How Lyndon B. Johnson Took over the Presidency and Made It HIs Own* (New York: Harper and Row, 1965), pp. 282–285.

25) "Remarks on the City Hall Steps, Dayton, Ohio", October 16, 1964, *Public Papers,* p. 1373; Aleen J. Matusow, *The Unravelling of America: A History of Liberalism in the 1960s* (New York: Harper and Row, 1984), pp. 131–152; Theodore White, *The Making of the President, 1964* (New Yok: Atheneum, 1965).

26) Goldman, *Tragedy,* pp. 300–302.

27) "Television Address to the American People", October 7, 1964, *Public Papers,* p. 1241.

28) Goldman, *Tragedy,* p. 395.

29) Leuchtenburg, *Shadow,* p. 149; Kearns, *Johnson,* p. 226.

30) Herbert Y. Shandler, *Lyndon Johnson and Vietnam: The Unmaking of*

a President (Princeton: Princeton University Press, 1977), p. 300에서 재인용.

31) Bornet, *Presidency,* p. 283.

32) "Remarks at the University of Michigan, Ann Arbor", *Public Papers,* p. 704.

33) Johnson, *Vantage Point,* p. 160.

34) Kearns, *Johnson,* p. 263에서 재인용.

35) Hugh Sidney, *A Very Personal Presidency: Lyndon Johnson in the White House* (New York: Atheneum, 1968), p. 260.

36) Wilson Carey McWilliams, "Lyndon Johnson and the Politics of Mass Society", in *Leadership in America,* ed. Peter Bathory (New York: Longman, 1978), p. 189.

37) 통킹만 결의안에 대한 8월의 논의는 골드워터와의 선거 유세 한복판에 벌어졌을 뿐 아니라, 존슨의 빈곤과의 전쟁(War on Poverty) 프로그램의 핵심인 경제적 기회법(Economic Opportunity Act) 논의 중에 벌어졌다. 우익으로부터의 정치적 위협에 대처하기 위해 존슨은 지친 의원들이 선거 운동을 위해 지역구로 돌아가려는 것을 막았고, 케네디의 국내 정책 아젠다를 자신이 완수하게 해달라고 고집했다. 이후 존슨은 평화를 내세우는 후보로 선거 유세를 했다. "만일 여러분이 확전시키거나 더 큰 전쟁을 벌이는 것을 원하지 않는다면, 또 철수해서 집으로 돌아가는 것을 원하지 않는다면, 여러분이 할 수 있는 유일한 일은 지금 우리가 하고 있는 것입니다. 통킹만에서 그랬듯이 그들이 우리를 쏠 때 우리가 신속하고 적절하고 충분한 대응을 할 것이라는 것을 그들이 알도록 할 것입니다." "Remark in Louisville, Kentucky", October 9, 1964, *Public Papers,* p. 1267; Goldman, *Tragedy,* pp. 203–224; Kearns, *Johnson,* p. 207; Matusow, *Unravelling,* pp. 150151; Conkin, *Big Daddy,* p. 257.

38) Larry Berman, *Planning a Tragedy: The Americanization of the War in Vietnam* (New York: Norton, 1982), p. 92.

39) "Address at Johns Hopkins: Peace without Conquest", April 7, 1965, *Public Papers,* p. 395.

40) "The American Promise", *Public Papers,* pp. 286－287.

41) "Address at Johns Hopkins", *Public Papers,* p. 398.

42) 전투가 임박했을 때 언론의 반응을 어떻게 처리할 것인지에 대해 맥스웰 테일러(Maxwell Taylor) 장군이 딘 러스크에게 말한 것의 인용. Berman, *Planning a Tragedy,* pp. 57－58에서 재인용.

43) "Remarks in Louisville", *Public Papers,* p. 1267.

44) Leslie H. Gelb and Richard K. Betts, *The Irony of Vietnam: The System Worked* (Washington, D.C.: Brookings Institution, 1979).

45) Goldman, *Tragedy,* p. 450.

46) Carl Solberg, *Hubert Humphrey: A Biography* (New York: Norton, 1984), pp. 272－273; Berman, *Planning a Tragedy,* p. 146; Clark Clifford, *Counsel to the President: A Memoire* (New York: Random House, 1991), pp. 406－422.

47) "Address before a Joint Session", November 27, 1963, *Public Papers,* p. 9; Graham, *Civil Rights Era,* pp. 74－152.

48) "Remark with President Truman at the Signing in Independence of the Medicare Bill", July 30, 1965, *Public Papers,* pp. 811－821; Goldman, *Tragedy,* p. 336－350.

49) "Address before a Joint Session", *Public Papers,* p. 9.

50) Evans and Novak, *Johnson,* pp. 451－469; Milkis, *The President and the Parties: The Transformation of the American Party System since the New Deal* (New York: Oxford University Press, 1993), pp. 184－218; Goldman, Tragedy, p. 206.

51) Kearns, *Johnson,* p. 199에서 재인용.

52) Graham, *Civil Rights Era,* pp. 153－227.

53) *To Heal and to Build: The Programs of Lyndon Johnson,* ed. James McGregor Burns (New York: McGraw Hill, 1968)에 있는 글들과 연설들을 참고하라.

54) David Zarefsky, *Lyndon Johnson's War on Poverty: Rhetoric and*

History (University, Alabama: University of Alabama Press, 1986), p. 35.

55) Ibid., pp. 1–56; Mark Gelfand, "The War on Poverty", *The John Years,* Vol. 1 (Lawrence: University of Kansas Press, 1987), pp. 126–154; Matusow, *Unravelling,* pp. 217–221; Conkin, *Big Daddy,* pp. 219–226; Kearns, *Johnson,* p. 226.

56) "Annual Message to Congress on the State of the Union", January 12, 1966, *Public Papers,* pp. 3, 4.

57) John Quincy Adams, *Memoirs,* Vol. 7, ed. Charles Francis Adams (Philadelphia: Lippincott, 1875), p. 81.

58) Leonard White, *The Jeffersonians: A Study in Administrative History, 1801–1829* (New York: Free Press, 1951), p. 66.

59) "Remarks before the National Convention upon Acceptance od the Nomination", August 27, 1964, *Public Papers,* p. 1010.

60) Solberg, *Humphrey,* p. 256.

61) Ibid., pp. 239–256; Evans and Novak, *Johnson,* pp. 451–456; Milkis, Chapter 7.

62) Solberg, *Humphrey,* pp. 264–284; James Harvey, *Black Civil Rights during the Johnson Administration* (Jackson: University Press of Mississippi, 1973), pp. 59–63; Graham, *Civil Rights Era,* pp. 175, 180–183; Emmette Redford and Marlan Blissett, *Organizing the Executive Branch: The Johnson Presidency* (Chicago: University of Chicago Press, 1981), pp. 122–123.

63) Theodore White, *The Making of the President, 1968* (New York: Atheneum, 1969), p. 129; Kearns, *Johnson,* p. 256; David Broder, *The Party's Over: The Failure of Politics in America* (New York: Harper and Row, 1972).

64) Evans and Novak, "Inside Report", *Washington Post,* December 21, 1966; Larry Berman, "Johnson and the White House Staff", in *The Johnson Years,* Vol. 1, ed. Robert Devine (Lawrence: University of Kansas

Press, 1987), p. 200.

65) Berman, *Planning a Tragedy,* pp. 145–153.

66) Donald Kettle, "The Economic Education of Lyndon Johnson: Guns, Butter, and Taxes", in *Johnson Years,* Vol. 2, pp. 54–78. "Annual Budget Message to Congress, Fiscal Year 1967", January 24, 1966, *Public Papers,* p. 48.

67) Ibid.; Shandler, *Johnson and Vietnam,* pp. 218–228; Kearns, *Johnson,* p. 310; Conkin, *Big Daddy,* pp. 204–205; Matusow, *Unravelling,* pp. 160, 170–173.

68) 당시 널리 회자된 언론 보도 중 하나는 다음과 같은 육군 소령의 말로부터 나왔다. "마을을 구하기 위해서는 마을을 파괴하는 것이 필요하게 되었습니다." 남북전쟁 당시 유사한 분위기에 대해 언론이 어떤 영향을 미쳤을지 생각해 볼 수 있다.

69) 존슨은 특히 민권 운동 초기에 텔레비전으로부터 혜택을 보았다. 남부 인종주의자들이 카메라 앞에서 자멸하는 짓을 해서 존슨이 주도권을 행사하게 해 주었던 것이다. 전반적으로 David Culbert, "Johnson and the Media", *Johnson Years,* Vol. 1, pp. 214–248 참조.

70) Bruth Mirof, "Presidential Leverage over Social Movement: The Johnson White House and Civil Rights", *Journal of Politics,* 43, no. 1 (February 1981), pp. 2–23; Steven Lawson, "Civil Rights", *Johnson Years,* Vol. 1, pp. 93–125.

71) Goldman, *Tragedy,* p. 505; Conkin, *Big Daddy,* p. 188.

72) *New York Review of Books,* October 12, 1967; Matusow, *Unravelling,* p. 378.

73) *New York Times,* March 26, 1967, p. 44; *New York Times,* April 2, 1967, p. 1.

74) Matusow, *Unravelling,* pp. 162–169.

75) Kathleen J. Turner, *Lyndon Johnson's Dual War: Vietnam and the Press* (Chicago: University of Chicago Press, 1985), pp. 42, 177; Culbert,

"Johnson and the Media."

76) Kearns, *Johnson,* p. 329.

77) Turner, *Dual War,* pp. 231−232; Culbert, "Johnson and the Media", pp. 223−224.

78) Kearns, *Johnson,* p. 329.

79) Ibid., p. 359에서 재인용.

80) 존슨은 1964년 선거 당시부터 퇴진을 저울질 했었다. 당선된 후 존슨은 여러 명의 측근들에게 재선에 나가지 않을 것이라고 말했지만, 누구도 믿지 않았다. 권좌에 계속 있을 것인지에 대해 존슨이 모호했던 것을 가장 상세하게 묘사한 것으로 보넷의 연구가 있는데, 다만, 존슨이 건강문제가 사유라고 밝힌 것에 대해 보넷이 신뢰한 것은 정치 상황의 어려웠던 현실을 과소평가한 듯하다. Bornet, *Presidency,* pp. 283−305.

81) Turner, *Dual War,* p. 248.

82) Shandler, *Johnson and Vietnam,* pp. 77−78; Bornet, *Presidency,* pp. 272−273.

83) Ibid., Larry Berman, *Lyndon Johnson's War: The Road to Stalemate in Vietnam* (New York: Norton, 1989), pp. 114−175; Turner, *Dual War,* p. 219; George Herring, "The War in Vietnam", *Johnson Years,* Vol. 1, pp. 50−51.

84) Berman, *Lyndon Johnson's War,* p. 186.

85) "The President's Address to the Nation Announcing Steps to Limit the War in Vietnam and Reporting His Decision Not to Seek Reelection", March 31, 1968, *Public Papers,* pp. 469−476.

86) "The President's News Conference", March 31, 1968, pp. 478−479.

87) Shandler, *Johnson and Vietnam,* p. 310; Johnson, *Vantage Point,* pp. 422−423.

88) White, *Making of the President,* 1968, pp. 352−386.

89) Matusow, *Unravelling,* p. 431.

90) Ibid., p. 394; Don Overdorfer, *Tet!* (Garden City: Doubleday, 1971), p. 99.

제7장 제3부

1) Theodore Lowi, *The End of Liberalism: Ideology, Policy, and the Crisis of Public Authority* (New York: Norton, 1969).

2) James L. Sundquist, *The Decline and Resurgent of Congress* (Washington, D. C.: Brookings Institution, 1981); Morris Fiorina, *Congress: Keystone of Washington Establishment* (New Haven: Yale University Press, 1977); Eric Davis, "Legislative Reform and the Decline of Presidential Influence on Capitol Hill, *British Journal of Political Science,* 9 (October 1979), pp. 465－479.

3) David Mayhew, *Divided We Govern: Party Control, Lawmaking and Investigations, 1946－1990* (New Haven: Yale University Press, 1991), esp. pp. 82－87.

4) 문제해결형 대통령으로 카터에 대해 Erwin Hargrove, *Jimmy Carter as President: Leadership and Politics of the Public Good* (Baton Rouge: Louisiana State University Press, 1988), esp. p. 164. 이와 밀접하게 연관된 분석으로 Charles O. Jones, *The Trusteeship Presidency: Jimmy Carter and the United States* (Baton Rouge: Louisiana State University Press, 1988).

5) James Fallows, "The Passionless Presidency I", *Atlantic Monthly,* 243, no. 5 (May 1979), pp. 33－48; James Fallows. "The Passionless Presidency II", *Atlantic Monthly,* 243, no. 6 (June 1979), pp. 55－76; Aaron Wildavsky and Jack Knott, "Jimmy Carter's Theory of Governing", in *American Politics and Public Policy,* ed. Walter Dean Burnham (Cambridge: MIT Press, 1978), pp. 55－76; Aaron Wildavsky, "Skepticism and Dogma in the White House: Jimmy Carter's Theory of Governing", in Aaron Wildavsky, *Speaking Truth to Power* (Boston: Little, Brown, 1979), pp. 238－251.

6) *The Presidential Campaign 1976,* Vol. 1, Part 1: *Jimmy Carter* (Washington, D. C.: United States Government Printing Office, 1978), p. 90.

7) Jimmy Carter, *Why Not the Best?* (Nashville: Broadway Press, 1975); *Presidential Campaign,* Vol. 1, passim.

8) *Presidential Campaign,* Vol. 1, p. 582.

9) Ibid., p. 244.

10) Laurence H. Shoup, *The Carter Presidency and Beyond: Power and Politics in the 1980's* (Palo Alto: Ramparts Press, 1980), pp. 39－64. 카터는 다음과 같이 말했다. "삼각위원회 회합은 나에게 외교정책 수업과 같았다. 상상할 수 있는 모든 주제에 관한 논문들을 읽고, 경륜있는 지도자들이 국제적 이슈들과 문제들을 논의하는 것을 듣고, 싸이러스 밴스(Cy Vance), 해롤드 브라운(Harold Brown), 브레진스키(Zbig Brezezinsky) 같은 대가들을 만났다." Hamilton Jordan, *Crisis: The Last Year of the Carter Presidency* (New York: Putnam, 1982), p. 45에서 재인용.

11) *Presidential Campaign,* Vol. 1, p. 45.

12) Ibid., p. 60; Betty Glad, *Jimmy Carter: In Search of the Great White House* (New York: Norton, 1980), p. 350.

13) William Leuchtenburg, *In The Shadow of FDR: From Harry Truman to Ronald Reagan* (Ithaca: Cornell University Press, 1983), pp. 200－201.

14) Emmet John Hughes, "The Presidency vs. Jimmy Carter", *Fortune,* 98, no. 11 (December 4, 1978), p. 52; Sidney Weintraub, "Nothing New on Inflation: Carter's Hoover Syndrome", *New Leader,* March 24, 1980, pp. 5－6; Tim Wicker, "Carter at the Precipice", *New York Times,* July 10, 1979, p. 15.

15) Hendrick Smith, "Carter and the 100 Days", *New York Times,* April 29, 1977, p. 16; Dan Hahn, "The Rhetoric of Jimmy Carter, 1976－1980", *Presidential Studies Quarterly,* 14, no. 2 (Spring 1984), pp. 265－288; James L. Sundquist, "The Crisis of Competence in Our National Government", *Political Science Quarterly,* 95, no. 2 (Summer 1980), pp. 183－208.

16) Weintraub, "Nothing New", p. 5.

17) 예컨대 Sundquist, "Crisis of Competence"; Nelson Polsby, "Opening Carter's Cabinet", *The Alternative: An American Spectator,* October 1977, pp. 11－13; Michael Genovese, "Jimmy Carter and the Age of Limits: Presidential Power in a Time of Decline and Diffusion", paper

prepared for Hofstra University presidential conference, November 1990.

18) Dilys M. Hill and Phil Williams, "Introduction" to *The Carter Years: The President and Policy Making,* ed. M. Gen Abernathy, Dilys M. Hill, and Phil Williams (London: Frances Pinter, 1984), p. 10.

19) Gary W. Reichard, "Early Returns: Assessing Jimmy Carter", *Presidential Studies Quarterly,* 20, no. 3 (Summer 1990), pp. 603－620; Hahn, "Rhetoric of Jimmy Carter."

20) Fallows, "Passionless Presidency, I", esp. p. 38.

21) *Presidential Campaign,* Vol. 1, March 15, 1975, p. 61.

22) William Schneider, "The November 4 Vote for President: What Does It Mean?" in *The American Elections of 1980,* ed. Austin Ranney (Washington, D. C.: American Enterprise Institute, 1980), pp. 241－247.

23) Robert Sheer, "Playboy Interview: Jimmy Carter", *Playboy Magazine,* 23, no. 11 (November 1976), p. 64.

24) Glad, *Carter,* p. 472.

25) William Lee Miller, *Jimmy Carter: Yankee from Georgia* (New York: Times Books, 1978), p. 69; 전반적으로는 Theodore Lowi, *The Personal President: Power Invested, Promise Unfulfilled* (Ithaca: Cornell University Press, 1985).

26) 정당 정부의 가능성에 대한 이 점에 관해 *Presidential Campaign,* Vol. 1, pp. 349, 548－549.

27) *Presidential Campaign,* Vol. 1, pp. 330, 207.

28) Ibid., pp. 348－352.

29) 카터의 선거 광고 문구로 Glad, *Carter,* p. 317에서 재인용.

30) John Aldrich, *Before the Convention: Strategies and Choices in Presidential Nominating Convention* (Chicago: University of Chicago Press,1980), pp. 157－159; Kandy Stroud, *How Jimmy Won: The Victory Ca,paign from Plains to the White House* (New York: William

Morrow, 1977), pp. 261−270; Jules Witcover, *Marathon: The Pursuit of the Presidency, 1972−1976* (New York: Viking, 1977), pp. 253−288.

31) 예컨대 *Presidential Campaign,* Vol. 1, p. 292; *The Presidential Campaign,* Vol. 1, Part 2, p. 766.

32) Witcover, *Marathon,* pp. 306, 335, 349−350.

33) Robert Shogan, *Promise to Keep: Carter's First Hundred Days* (New York: Thomas Crowell, 1977), p. 50에서 재인용.

34) Witcover, *Marathon,* p. 645.

35) Martin Schram, *Running for President, 1976: The Carter Campaign* (New York: Stein and Day, 1977), pp. 158−159.

36) "Carter Assails Opponents Who Seek to Block Drive", *New York Times,* May 28, 1978, p. 12.

37) Sheer, "Playboy Interview", p. 86.

38) Schram, Running, pp. 300−313; Shogan, *Promises,* p. 53; Witcover, *Marathon,* pp. 580−581; Glad, *Carter,* p. 386.

39) *Presidential Campaign,* Vol. 1, p. 348.

40) Sheer, "Playboy Interview", p. 64; *Presidential Campaign,* Vol. 1, p. 292; Glad, *Carter,* p. 321.

41) 1980년 여름부터의 사례들에 대해 *Public Papers of the Presidents: Jimmy Carter* (Washington, D. C.; Government Printing Office, 1977-1981); June 6, 1980, p. 1045; June 6, 1980, p. 1047; June 10, 1980, p. 1078; July 15, 1980, p. 1238; July 16, 1980, p. 1241; July 31, 1980, p. 1341; 그리고 후보 지명 전당대회에서 수락연설로 August 14, 1980, p. 1533.

42) *Presidential Campaign,* Vol. 1, p. 174.

43) Ibid., pp. 298, 203; Jimmy Carter, *Keeping Faith: Memoires of a President* (New York: Bantam, 1982), pp. 73−77.

44) 카터의 여론 조사 책임자였던 페트릭 캐들(Patrick Cadell)이 카터 지지표들의 가변성과 취약성에 대해 분석한 메모를 다룬 것으로 Schram, *Running.*

45) George Edwards, *At the Margins: Presidential Leadership in Congress*

(New Haven: Yale University Press, 1989), p. 214.

46) Carter, *Keeping Faith,* p. 73.

47) Ibid., p. 108.

48) "To Democratic Congressional Campaign Committee", *Public Papers,* August 14, 1980, p. 1530.

49) 현대 대통령들의 입법 성과에 대한 객관적 측정치를 보면, 의회에서 지지를 얻는데 있어서 카터는 60년대의 민주당 대통령들보다는 조금 덜 성공적이었으나, 1970년대의 공화당 대통령들보다는 조금 더 성공적이었다. Jones, *Trusteeship Presidency,* p. 206; Edwards, *Margins,* p. 18, passim; Richard Fleisher and Jon R. Bond, "Assessing Presidential Support in the House: Lessons for Reagan and Carter", *Journal of Politics,* 45, no. 3 (August, 1983), pp. 745-758.

50) 카터의 실패를 능력 부족으로 설명하는 것의 한계에 대한 또 다른 관점에 대해 Edwards, *Margins,* esp. pp. 210.

51) Shogan, *Promises,* p. 243에서 재인용.

52) Shogan, *Promises,* p. 111에서 재인용. 또한 Glad, *Carter,* p. 413.

53) 주 10)을 보라.

54) Hugh Sidey, "Grafting Jog: Old Body, New Head", *Time Magazine,* January 17, 1977, p. 13.

55) Shogan, *Promises,* p. 84에서 재인용.

56) "Carter Chooses the Painful Past", *Washington Post,* December 26, 1976, pp. C1-C2.

57) Shogan, *Promises,* p. 129에서 재인용.

58) Ibid., pp. 96-164.

59) Carter, *Keeping Faith,* pp. 76-77.

60) Laurence E. Lynn, Jr., and David deF. Witman, *The President as Policy Maker: Jimmy Carter and Welfare Reform* (Philadelphia: Temple University Press, 1981), p. 103에서 재인용.

61) Ibid.; Joseph A. Califano, Jr., *Governing America: An Insiders Report*

from the White House and the Cabinet (New York: Simon and Schuster, 1981), pp. 320－364; Hargrove, *Jimmy Carter as President,* pp. 54－60; Dilys M. Hill, "Domestic Policy", in *Carter Years,* pp. 19－23.

62) "Water Resource Projects", Message to Congress, February 21, 1977, *Public Papers,* p. 207.

63) Carter, *Keeping Faith,* pp. 78－79.

64) "Interview with the President", March 5, 1977, *Public Papers,* pp. 287－288; "Remarks in Charleston, West Virginia, March 17, 1977", *Public Papers,* p. 435; "Letter to Members of Congress", March 16, 1977, *Public Papers,* pp. 453－455; "Statement Announcing Administration Decisions", April 18, 1977, *Public Papers,* pp. 651－655.

65) Carter, *Keeping Faith,* p. 102. 이 점에 관해 Bond and Fleisher, "Assessing Presidential Support", pp. 752－753.

66) Jones, *Trusteeship Presidency,* pp. 143－150; Shogan, *Promises,* pp. 212－215; Haynes Johnson, *In the Absence of Power: Governing America* (New York: Viking, 1980), pp. 158－161.

67) August 8, 1977, *Public Papers,* pp. 1461－1462.

68) Carter, *Keeping Faith,* p. 79.

69) "Presidential News Conference of September 21, 1977", *Public Papers,* p. 1636.

70) Jones, *Trusteeship Presidency,* p. 151에서 재인용.

71) Carter, *Keeping Faith,* p. 127.

72) "행정예산처는 내 행정부의 성패를 결정할 중대한 임무를 맡습니다… 내 선택은, 아무 경쟁도 없다고 말할 수 있습니다만, 버트 랜스입니다." Audust 23, 1977, *Public Papers,* p. 1492.

73) Glad, Carter, p. 439 50n.

74) "Remarks at a New Conference", August 18, 1977, *Public Papers,* pp. 1480－1481.

75) 다음의 언론 질문들을 보라. *Public Papers,* August 18, 1977, pp.

1480－1481; August 23, 1977, pp. 1489－1494; September 17, 1977, pp. 1616－1620; September 21, 1977, pp. 1635－1643.

76) *The Gallop Opinion Index: Carter's First Year,* March 1978, pp. 1, 8, 10.

77) Jones, *Trusteeship Presidency,* pp. 135－143.

78) Carter, *Keeping Faith,* p. 111.

79) "The Energy Plan", Address to the Nation, April 18, 1977, *Public Papers,* p. 656.

80) "National Energy Plan", Address to a Joint Session of Congress, April 19, 1977, *Public Papers,* pp. 663－688.

81) "National Energy Plan", Address to the Nation, November 8, 1977, *Public Papers,* pp. 1981－1987.

82) Ibid.

83) "Many Factors Lead to Energy Stalemate", *Congressional Quarterly Weekly Report,* 35, no. 52 (December 24, 1977), pp. 2631－2635; "Conversation with President", December 28, 1977, *Public Papers,* pp. 2187, 2196.

84) "Chronology of Action on Carter's Energy Plan Reflects Slow Progress in Congress", *Congressional Quarterly Weekly Report,* 36, no. 21 (May 27, 1978), p. 1292－1293; "Energy Bill", ibid., 36, no 41 (October 14, 1978), p. 2920; "Energy Bill: The End of an Odyssey", ibid., 36, no. 42 (October 21, 1978), pp. 3039－3042; Hargrove, *Jimmy Carter as President,* pp. 47－54; Jones, *Trusteeship Presidency,* pp. 135－143; Hill and Williams, *President and Policy Making,* pp. 14－19.

85) "Signing the Energy Security Act", June 30, 1980, *Public Papers,* pp. 1252－1253; "Remarks to the NAACP", July 4, 1980, Ibid., pp. 1326－1327.

86) Leuchtenburg, *Shadow,* p. 195; Hargrove, *Jimmy Carter as President,* p. 36.

87) *The Presidential Campaign,* Vol. 1, p. 473; "Consumer Agency

Legislation", June 1, 1977, *Public Papers,* p. 1048; "Consumer Protection Legislation", August 1, 1977, *Public Papers,* p. 1396.

88) Michael Pertschuk, *Revolt against Regulation: The Rise and Pause of Consumer Movement* (Berkeley: University of California Press, 1982); "Consumer Agency: Is This Finally the Year?" *Congressional Quarterly Weekly Report,* 35, no. 6 (February 5, 1977), pp. 205-206; "Anti Consumer Agency Effort Underscore Difficulties in Tightening Lobby Law", Ibid., 35, no. 21 (May 21, 1977), pp. 993-994; "Consumer Agency Bill Stalled in Congress", Ibid., 35, no. 24 (June 11, 1977), pp. 1147-1150; "Why the Consumer Agency Is Stalled", *Wall Street Journal,* July 12, 1977, p. 22; "House Vote Set on New Consumer Agency", *Congressional Quarterly Weekly Report,* 35, no. 44 (October 29, 1977), pp. 2341-2342; "Carter Dealt major Defeat on Consumer Bill", Ibid., 36, no. 6 (February 11, 1978), pp. 323-325; "A Rude Awakening for Activists in Government", *U.S. News and World Report,* March 6, 1978, p. 54; "Ralph Nader Takes on Congress as well as Business", *National Journal,* 10, no. 10 (March 11, 1978), pp. 388-390; George Schwartz, "The Successful Fight against a Consumer Protection Agency", *MSU Business Topics,* 27, no. 3 (Summer 1979), pp. 45-57.

89) 1977년 12월에 한 기자가 대통령에게 이렇게 말했다. "의료보험과 완전 고용에 대해 질질 끌고 있어서 노조가 좋아하지 않습니다. 기업계도 좋아하지 않는다고 말합니다. 당신에게 신뢰가 가지 않는다는 것입니다. 흑인들도 완전고용이 없기 때문에 좋아하지 않습니다. 버논 조단(Vernon Jordan) 역시 당신을 좋아하지 않습니다. 여성들도 당신을 좋아하지 않습니다. 낙태에 대한 연방정부 지원에 대한 당신의 입장 때문이고, 행정부 자리에 임명된 여성의 수가 충분하지 않기 때문입니다. 대평원 지대에서는 트랙터를 몰면서 농부들이 파업중입니다. 도대체 당신의 지지층은 누구입니까?" "Conversation with the President", December 28, 1977, *Public Papers,* p. 2199.

90) Leuchtenburg, *Shadow,* p. 195에서 재인용한 카터의 보좌관의 말.

91) Jack W. Germond and Jules Witcover, *Blue Smoke and Mirrors: How Reagan Won and Why Carter Lost the Election of 1980* (New York: Viking, 1981), p. 305.

92) "The Rebirth of the 'Real Jimmy Carter': Interview with Hamilton Jordan", *U.S. News and World Report,* May 22, 1978, pp. 22-24.

93) Califano, *Governing America,* pp. 88-135; Carter, *Keeping Faith,* pp. 84-87.

94) "Kennedy, Meany Assail Carter", *Washington Post,* July 29, 1978, p. 1; "Kennedy Assails Carter on Health", *New York Times,* July 29, 1978, p. 20; "Dilemma over National Health Insurance Delays Promised Carter Plan: Kennedy and Labor Pushing", *Congressional Quarterly Weekly Report,* 36, no. 28 (July 15, 1978), pp. 1770-1773; "Carter Lists Principles of National Health Plan: Reactions Mixed", Ibid., 36, no. 31 (August 5, 1978), p. 2058; "Kennedy, Labor Launch Frive for National Health Insurance", Ibid., 36, no. 41 (October 14, 1978), pp. 2955-2957); "Administration May Link Hospital Cast Bill, catastrophic Insurance", Ibid., 36, no. 51 (December 23, 1978), pp. 3477-3478.

95) Genovese, "Jimmy Carter and the Age of Limits."

96) "Kennedy Warns of a Party Split by Arms Outlays", *Washington Post,* December 10, 1978, p. 1; "Kennedy Assails Carter on Budeget at Midterm Meeting of Democrats", *New York Times,* December 10, 1978, p. 1.

97) Califano, *Governing America,* pp. 123-125.

98) Carter, *Keeping Faith,* p. 464.

99) Press Conference, June 10, 1980, *Public Papers,* p. 1085.

100) Johnson, *Absence of Power,* pp. 302-313.

101) "Energy and National Goals", July 15, 1979, *Public Papers,* pp. 1235-1239.

102) William Greider, *Secrets of the Temple: How the Federal Reserve Runs the Country* (New York: Simon and Schuster, 1987), pp. 11－180.

103) "Remarks at Lansdown, Pennsylvania", October 2, 1980, *Public Papers,* p. 2040; Greider, *Secrets,* pp. 216－217. 카터는 선거가 끝난 뒤 연준과 연준의 목적에 대해 더 공감한다고 말했다. "Economic Report of the President", January 17, 1981, *Public Papers,* pp. 3012－3013.

104) Johnson, *Absence of Power,* pp. 314－315.

105) Nelson Polsby, "The Democratic Nomination", in *American Elections of 1980,* p. 47; Glad, *Carter,* pp. 437－450.

106) Jordan, *Crisis,* p. 55.

107) Ibid., p. 53.

108) Ibid., pp. 252－254, 270－275; Carter, *Keeping Faith,* pp. 450－520.

109) "American Federation of Labor and Congress of Industrial Workers: Remarks", November 15, 1980, *Public Papers,* p. 87.

110) "Interview with the President", January 15, 1980, *Public Papers,* p. 87.

111) Ibid., p. 88.

112) 예컨대, "Iranian Situation and the United States Energy Conservation: Remarks at the White House Briefing for State Governors", November 16, 1979, *Public Papers,* pp. 2132－2135.

113) Genovese, "Jimmy Carter and the Age of Limits; Michael Howard, Return of the Cold War?", *Foreign Affairs,* 59, no. 3 (1980), pp. 459－473.

114) The Gallup Poll, *Public Opinion 1979,* pp. 187－188, 217－218, 280, 285－286. The Gallup Poll, *Public Opinion 1980,* pp. 5, 71, 79.

115) Germond and Witcover, *Blue Smoke,* p. 295에서 재인용.

116) Jordan, Crisis, pp. 359－366; 공화당의 여론조사는 마지막 주 동안 상당히 지속적으로 레이건이 앞서가고 있었음을 보여주었다. Albert Hunt, "The Campaign and the Issues", in *American Election of*

1980, p. 173.

117) "New York, New York: Remarks Accepting the Presidential Nomination", August 14, 1980, *Public Papers,* p. 1532.

118) Jordan, *Crisis,* pp. 324–339; Jody Powell, *The Other Side of the Story* (New York: William Morrow, 1984), p. 248. "공화당과의 대결에서 정치적으로 짐이 될 것임을 알았기 때문에 우리가 싫어 한 정강 조항들을 수시로 받아들이게 되었다… 되돌아보면, 우리가 [케네디에게] 꺼져버리라고 말했어야만 했다… 그랬으면 아마 전당대회 강령 싸움에서 몇 번 졌을 것이다. 그러나 어쨌든 이 강령들을 거부하는 것이 나았을 것이다."

119) "Text of Reagan's Speech Accepting the Republican's Nomination", New York Times, July 18, 1980, p. 8.

제8장

1) Richard Rose, *The Postmodern President: George Bush Meets the World* (Chatham, N.J.: Chatham House, 1991); Ryan J. Barilleaux, *The Post-Modern Presidency: The Office after Reagan* (New York: Praeger, 1988); Theodore Lowi. *The Personal President: Power Invested, Promise Unfulfilled* (Ithaca: Cornell University Press, 1985); Samuel Kernell, *Going Public: New Strategies of Presidential Leadership* (Washington, D.C.: Congressional Quarterly Press, 1986).

2) 레이건이 어떤 종류의 예외인지 물으면서 로위는 이 문제를 직접 제기한다. 그의 답은 "별로 예외가 아니다."이다. 레이건의 인기가 한창이었던 1985년에 저술하면서 로위는 임기가 끝나기 전에 레이건이 현대의 다른 대통령들만큼이나 혹독한 평가를 받을 것이라는 대담한 예측을 했다. 왜일까? "현재 대통령직이 조직화되는 방식이 그렇기 때문이다." 이 시점에서 되돌아보면, 정부와 정치가 최근에 전개된 방식에 대한 논리를 투사해서 레이건 임기의 결과를 예측한 것이 완전히 빗나간 것은 아님이 분명하다. Lowi, *Personal President,* pp. 12–21. 1989년에 로위는 자신의 입장을 재확인했다. "대통령 리더십 이론을 다시 쓰겠다고 엄청나게 시도했으나, 레이건은 어떤 제도적 유산도 남기지 못했다." Theodore Lowi, "Reagan Added Luster but

Little Clout to Office", *Congressional Quarterly Weekly Report,* January 7, 1989, p. 3.

3) "The Presidency", *We the People: An American Celebration, Pictorial History of the 50th American Presidential Inaugural and Events Leading Up to It* (Washington, D.C.: Presidential Inaugural Committee, 1985), p. 3.

4) Richard Reeves, *The Reagan Detour* (New York: Simon and Schuster, 1985), p. 94.

5) *Washington Post,* January 20, 1989, Section F, p. 4.

6) "Reagan Added Luster", p. 10.

7) Larry Berman, "Looking Back on the Reagan Presidency", in *Looking Back on the REagan Presidency,* ed. Larry Berman (Baltimore: Johns Hopkins University Press, 1990), p. 3.

8) Paul E. Peterson and Mark Rom, "Lower Taxes, More Spending, and Budget Deficits", in *The Reagan Legacy: Promise and Performance,* ed. Charles O. Jones (Chatham, N.J.: Chatham House, 1988), p. 236.

9) 1980년 선거에 대한 보다 통찰력 있는 분석으로 Stanley Kelly, *Interpreting Elections* (Princeton: Princeton University Press, 1983).

10) 이 메시지를 전달하기 위해 레이건이 평생 동안 준비한데 대해 Kurt Ritter and David Henry, *Ronald Reagan: The Great Communicator* (New York: Greewood, 1992).

11) "Inaugural Address", January 20, 1981, *Public Papers of the United States: Ronald Reagan* (Washington, D.C.: United States Government Printing Office, 1982), p. 1.

12) 자유주의 정치 질서의 주춧돌이었던 노조가 주요 목표물이었다. 레짐 관점에 대해 Terry Moe, "Interests, Institutions and Positive Theory: The Politics of NLRB", *Studies in American Political Development,* 2 (1987), pp. 266-270. 보다 전반적으로 Robert Kuttner, "Reaganism, Liberalism and the Democrats", in *The Reagan Legacy,* ed. Sildney

Blumenthal and Thomas Byne Edsall (New York: Pantheon, 1988).

13) "Remarks Accepting the Presidential Nomination of the Republican Party at the Republican National Convention in Dalls", August 23, 1984, *Public Papers,* p. 1180.

14) "Address to the Nation on the Program for Economic Recovery", September 24, 1981, *Public Papers,* p. 834.

15) Charles R. Hulten and Isabel V. Sawhill, "The Legacy of Reaganomics: An Overview", in The Legacy of Reaganomics: Prospects for Long Term Growth, ed. Charles R. Hulten and Isabel V. Sawhill (Washington, D.C.: The Urban Institute, 1984), p. 1. "미국의 아침"은 1984년 레이건의 재선 선거 유세 때의 구호였으며, 텔레비전 광고에서 자주 쓰였다.

16) David Stockman, *The Triumph of Politics: How the Reagan Revolution Failed* (New York: Harper and Row, 1986), p. 79. 레이건과 루즈벨트의 비교는 이 당시에 흔했다. 특히 레이건의 루즈벨트의 업적을 재현할 수 있을지, 1930년대의 정치에 루즈벨트가 했던 일을 1980년대의 정치에 레이건이 할 수 있는지 하는 질문들이 자주 거론되었다. 루텐버그(William Leuchtenberg)는 레이건이 끊임없이 루즈벨트와 루즈벨트식의 언술을 꺼내드는 것을 비난하면서, 이 두 사람의 지닌 신념은 정반대라고 지적했다. 비교를 고집했던 사람들은 이념적인 차이보다는 구조적인 유사성에 더 주목했다. William Leuchtenberg, *In the Shadow of FDR: From Harry Truman to Ronald Reagan* (Ithaca: Cornell University Press, 1983), pp. 209－235.

17) Kuttner, "Reaganism, Liberalism." 1988년 선거에서 말하면 안 되는 "자유주의" 단어(L word)를 활용한 데 대해 Charles O. Jones, "Meeting Low Expectations: Strategy and Prospects of the Bush Presidency", in *The Bush Presidency: First Appraisals,* ed. Colin Campbell, S. J. and Bert A. Rockman (Chatham, N.J.: Chatham House, 1991), p. 45.

18) 레이건 자신이 텔레비전으로 중계된 이임사에서 이렇게 말했다. "나는 위대한 전달자가 아니었습니다. 그렇지만 위대한 일들을 전달했습니다."

"Farewell Address to the Nation", January 11, 1989, *Public Papers,* p. 1720; Ritter and Henry, *Ronald Reagan,* p. 118.

19) Michael Rogin, *Ronald Reagan the Movie and other Episodes in Political Demonology* (Berkeley: University of California Press, 1987).

20) Kernell, *Going Public* 참조.

21) 규제 개혁의 영역에서 이 점을 구체적으로 설명한 것으로 Susan Rose-Ackerman, *Rethinking the Progressive Agenda: The Reform of the American Regulatory State* (New York: Free Press, 1992). 로즈-액커만이 요약하듯이, 양심적이고 사려 깊은 개혁이, 화려한 수사와 연방정부의 국내 프로그램들의 규모를 줄이겠다는 집착에 희생되었다." p. 147.

22) 예컨대, "Message to Congress Transmitting the Proposed Package on the Program for Economic Recovery", February 18, 1981, Public Papers, p. 115; "White Hiyse Report on the Program for Economic Recovery", February 18, 1981, Public Papers, pp. 116-132. "Address to the Nation on Federal Tax Reduction Legislation", July 27, 1981, Public Papers, p. 665. 이 마지막 연설에서 레이건은 다시 한 번 다음과 같이 말했다. "이 정책 세트의 부분들 각각은 중대한 것입니다. 부분적으로만 고려되어서는 안 됩니다. 이것은 하나의 정책 세트로 제안된 것이며, 국민들이 하나의 세트로 지지하는 것입니다."

23) Stockman, *Triumph of Politics,* p. 97-98.

24) 매튜 매큐빈스(Matthew McCubbins)가 확인해 주듯이, "1980년대 내내 하원의 민주당과 상원의 공화당은 연합을 이루어 레이건 예산 정책의 기본 원칙에 반대되는 정책들을 책정했다." Matthew McCubbins, "Party Government and U. S. Budget Deficits: Divided Government and Fiscal Stalemate", in *Politics and Economics in the Eighties,* p. 100 and passim pp. 83-111.

25) Stockman, *Triumph of Politics,* p. 159.

26) Ibid., p. 200.

27) Leuchtenberg, *Shadow,* pp. 210-211, 228.

28) 헐튼과 소힐이 말하듯이, "레이거노믹스의 두 번째 기본 가정은 프로그램의 모든 목적들이 동시에 이루어질 수 있다는 것, 어떤 행정부 인사에 따르면 한꺼번에 이루어질 수 있다는 것이었다." Hulten and Sawhill, "The Legacy of Reaganomics", p. 1.

29) Stockman, *Triumph of Politics,* p. 83.

30) Ibid., p. 199.

31) 폴 라이트(Paul Light)는 레이건을 포함한 현대 행정부들에서 시간이 흐름에 따른 두 가지 주기를 설정한다. 하나는 영향력 감소 주기이고 다른 하나는 능력 증대 주기이다. Paul Lights, *The President's Agenda: Domestic Policy Choice from Kennedy to Carter, with Notes on Ronald Reagan* (Baltimore: Johns Hopkins University Press, 1982), esp. pp. viii－ix.

32) William Greider, "The Education of David Stockman", *Atlantic,* 248, no. 6 (December 1981), p. 54.

33) "Remarks and Questions and Answer Session on the Program for Economic Recovery", February 19, 1981, *Public Papers,* p. 132. 재무장관 도널드 리건(Donald Regan)이 말했듯이, "이 프로그램은 정말 대담한 것이다. 혁신적이고 새로운 것이며 과거와 단절했고 전혀 다른 것이다. 왜 우리가 과거와 단절하고 있는지에 대해 말하자면, 지금까지 해 왔듯이 계속 할 수가 없기 때문이다."

34) Stockman, *Triumph of Politics,* pp. 124－126.

35) "Senate Opposes Social Security Cuts", *Congressional Quarterly Weekly Report,* May 23, 1981, pp. 895－896; Greider, "Education", pp. 43－46.

36) Stockman, *Triumph of Politics,* pp. 125, 163, 180－181, 193, 222－228.

37) 데이비드 스탁먼이 말했듯이, "모든 것은 신념에, 세상이 어떻게 돌아가는지에 대한 믿음에 근거를 두고 있었다." Greider, "Education", p. 29.

38) "Address before a Joint Session of the Congress on the Program for Economic Recovery", April 28, 1981, *Public Paper,* p. 392.

39) Ibid., p. 394.

40) "Address to the Nation on Federal Tax Reduction Legislation", July 27, 1981, *Public Papers,* p. 688.

41) Stephen Skrowneck, *Building a New American State: The Expansion of National Administrative Capacities, 1877–1920* (New York: Cambridge University Press, 1982), pp. 204–209.

42) Harvey Zeidenstein, "The Reassertion of Congressional Power", *Political Science Quarterly,* 93, no. 3 (Fall 1978), pp. 393–409. 의회 내 과정을 집중화함으로써 의도하지 않게 재편 대통령이 이를 피해가는 것이 쉬워지게 만들었다는 점도 주목할 필요가 있다.

43) Stockman, *Triumph of Politics,* p. 198.

44) 이 기준들에 대해 Allen Schick, *Congress and Money* (Washington, D,C.: Urban Institute, 1980).

45) "Reconciliation's Long Term Consequences in Question as Reagan Signs Massive Bill", *Congressional Quarterly Weekly Report,* August 15, 1981, p. 1465. 인용은 하원 세입위원회(Ways and Means Committee) 위원장인 민주당의 댄 로스텐카우스키(Dan Rostenkowsky)의 말임.

46) Jane Mayer and Doyle McManus, *Landslide: The Unmaking of a President* (Boston: Houghton Mifflin, 1988); Michael A. Ledeen, *Perilous Statecraft: An Insider's Account of the Iran–Contra Affair* (New York: Scribner's 1988).

47) David Johnston, "Meese Testifies that Impeachment was a Worry", *New York Times,* March 29, 1989, p. 17; Gerge Lardner, Jr., "Meese Details White House Crisis: Fear of Impeachment Grippled Staff in Late '86", *Washington Post,* March 29, 1989, p. 5.

48) 레이건의 책임 여부에 대한 의회의 공세에 대해 Seymour M. Hersh, "The Iran Contra Committees: Did They Protect Reagan?" *New York Times Magazine,* April 29, 1990, pp. 47ff.

49) 예컨대, Arnold Beichman, "The Secret of the Teflon Presidency", *Wall Street Journal,* August 8, 1985, p. 22; Sarah Cagle, "AA to Rep. Pat Schroeder Unearths Skeletons of What May Be Butch Cassidy,

Sundance Kid", *Roll Call,* April 16, 1992, p. 3.

50) "고도로 노출되는 정치"라는 표현은 부시에 대한 앤쏘니 킹(Anthony King)과 가일스 앨스톤(Giles Alston)의 분석에서 나온 것이다. "Good Government and the Politics of High Exposure", in *Bush Presidency,* pp. 249－285.

51) 타워 위원회(Tower Commission)의 불행스러운 실수 이론에 대해서는 Haynes Johnson, *Sleepwalking through History: America in the Reagan Years* (New York: Doubleday, 1991), p. 350.

52) William Greider, *Secrets of the Temple: How the Federal Reserve Board Runs the Country* (New York: Simon and Schuster, 1987), p. 516; Joseph A. Pechman and Barry Bosworth, "The Budget and the Economy", in *Setting National Priorities: The 1983 Budget,* ed. Joseph A. Pechman (Washington, D.C.: Brookings Institution, 1982), pp. 43－44.

53) Greider, *Secrets,* pp. 472－478.

54) Ibid., pp. 495－506; Joseph A. Peckman, "The Budget and the Economy", in *Setting National Priorities,* ed. Joseph a. Pechman (Washington, D.C.: Brookings Institution, 1983), p. 35; James Alt, "Learning into the Wind or Ducking out of the Storm: U.S. Monetary Policy in the 1980's", in *Politics and Economics in the Eighties,* ed. Alberto Alesina and Geofrey Carliner (Chicago: University of Chicago Press, 1991), pp. 41－77.

55) Greider, *Secrets,* pp. 516, 576－577.

56) Ibid., p. 561.

57) 1987년 주식시장 붕괴와 함께 연준의 정책 전환이 완결되었다. 연준은 신용에 대한 통제를 완화했고, 시장에 달러를 풀어 놓았으며, 금융 체계에 유동성 공급을 보장했다. Johnson, *Sleepwalking,* p. 381.

58) 1984년에 경제학자 윌리엄 노드하우스(William Nordhaus)가 요약했듯이, "레이건 행정부의 복지 국가 해체는 어둠 속의 총격이었으며, 지금까지 그 유일한 피해자는 경제와 가난한 사람들이었다." "Reaganomics and Economic

Growth: A Summing Up", *The Legacy of Reaganomics,* p. 261.

59) James Ceaser, "The Reagan Presidency and American Public Opinion", in *Reagan Legacy,* pp. 171–210.

60) Joseph J. Minarik and Rudolph G. Penner, "Fiscal Choices", in *Challenge to Leadership: Economic and Social Issues for the Next Decades,* ed. Isabel V. Sawhill (Washington, D.C.: Urban Institute, 1988).

61) Eric Pianin, "Bush Vetoes $77 Billion Tax Relief Bill: War of Words between White House and Hill Democrats Escalates", *Washington Post,* March 21, 1992, p. A8.

62) 로버트 쇼군(Robert Shogun)은 초기에 부시가 트루만 모델을 활용한 것에 대해 말해 준다. "GOP Aims May Pose Dilemma for the President", Los Angeles Times, May 28, 1991, p. 21. "현직 대통령을 위한 모델을 발견하기 위해 공화당 전략가들은 1948년으로, '아무 것도 하지 않는' 공화당과 전쟁을 벌이고 뉴딜이 일반 시민들에게 가져다 준 혜택을 공화당이 빼앗아 가려 한다고 경고했던 민주당 해리 트루만으로 돌아가고 있다."

63) Bert Rockman, "The Leadership Style of George Bush", in *Bush Presidency,* pp. 3–7. 이런 면에 유용한 것으로 Walter Dean Burnham, "The Politics of Repudiation 1992: Edging toward Upheaval", *American Prospect,* 12 (Winter 1993), pp. 22–33.

64) Michael Duffy and Dan Goodgame, *Marching in Place: The Status Quo Presidency of George Bush* (New York: Simon and Schuster, 1992), p. 22.

65) "Speech to Employees of the Republican National Committee", January 18, 1989, *Federal New Service,* "Candidate and Elections: RElated Interviews and Debates."

66) "Bush: Our Work's Not Done, Our Force Is Not Spent", Acceptance Speech before Republican National Convention, transcript printed in *Washington Post,* August 19, 1988, p. A28.

67) Bush television campaign quoted by David Hiffman, "Bush Becomes Pragmatic Champion of the Reagan Revolution", *Washington Post,*

March 5, 1988, p. 12.

68) "Campaign Report: Bush Challenges Reagan on 'Free Lunch' Economy", *New York Times,* April17, 1980, p. D17; John F. Stacks, *Watershed: Campaign for the Presidency, 1980* (New York: Times Books, 1981), p. 155.

69) Bill Peterson and Kathy Sawyer, "Reagan－Bush Show Opens in Motown", *Washington Post,* July 19, 1980, p. 11.

70) 1980년 민주당 전당대회에서 지미 카터는 레이건－부시 팀을 공격하면서 이 점을 지적했다. "그는 이것을 '미신 경제학'이라고 불렀습니다. 그런데 공화당 전당대회 말미에 갑자기 마음을 바꿨습니다. 하지만 애초에 그가 옳았습니다." "Remark Accepting the Presidential Nomination of the Democratic Party", August 14, 1980, *Public Papers of the Presidents of the United States: Jimmy Carter* (Washington, D.C.: United States Government Printing Office, 1981), p. 1538.

71) "Campaign Notes", *Washington Post,* September 23, 1980, p. A3; Duffy and Goodgame, *Marching in Place,* p. 68.

72) David Hoffman, "How Bush Has Altered Views: One－Time Moderate Claims Reagan Mantle", *Washington Post,* August 17, 1988, p. A1.

73) 예컨대, "부시는 누군가에게 다루어지고 있다는 생각을 싫어했고, 선거 유세가 통치와 아무 상관이 없다고 생각했으며, 따라서 항상 무대에서 대본을 따라 읽을 것이라는 믿음을 주지 않는 사람이라고 알려져 있다." Lloyd Grove, "Robert Teeter on the Brink", *Washington Post,* October 29, 1992, p. C1.

74) Duffy and Goodgame, *Marching in Place,* p. 24.

75) Ibid., pp. 28－33; Paul Quirk, "Domestic Policy: Divided Government and Cooperative Presidential Leadership", in *Bush Presidency,* pp. 82－87.

76) Quirk, "Domestic Policy"; Charles O. Jones, "Strategy and Prospects of the Bush Presidency", in *Bush Presidency,* pp. 52－58; "Bush Hopes for a Little Help for Hill Friends", *Congressional Quarterly Weekly Reports,*

December 31, 1988, pp. 3599–3603; "Will Bush–Hill Honeymoon Bring Bipartisanship?" ibid., February 18, 1989, pp. 332–337; "Rules of Political Navigation Altered by Bush Centrism", ibid., May 6, 1989, pp. 1017–1019.

77) Robert Shogan, "Bush Increasingly Veering Off Course Set by Reagan", *Los Angeles Times,* May 27, 1991, p. 24; Robert Shogan, "GOP Aims May Pose Dilemma for President", *Los Angeles Times,* May 28, 1991, p. 1.

78) Duffy and Goodgame, *Marching in Place,* pp. 94, 101.

79) 부시가 이 딜레마와 오랫 동안 씨름한 것에 대해 William Safire, "Bush's Gamble", *New York Times Magazine,* October 18, 1992, pp. 31ff.

80) Bob Woodward, "Origin of the Tax Pledge: In '88 Bush Camp Was Split on 'Read My Lips' Vow", *Washington Post,* October 4, 1992, pp. 1ff.

81) Ibid.

82) Woodward, "Origins"; Bob Woodward, "No–Tax Vow Scuttled Anti–Deficit Mission", *Washington Post,* October 5, 1992, pp. 1ff.

83) "Read My Lips: No Conditions, Bush Tells Democrats", *Congressional Quarterly Weekly Reports,* May 12, 1990, pp. 1457–1463; Andrew Rosenthal, "Three Little Words: How Bush Dropped His Tax Pledge", *New York Times,* June 29, 1990; "Bush's Sudden Shift on Taxes Gets Budget Talks Moving", *Congressional Quarterly Weekly Reports,* June 30, 1990, pp. 2029–2032.

84) Louis Uchitelle, "A Gamble against Keynes's Theory", *New York Times,* June 28, 1990, p. 20.

85) Duffy and Goodgame, *Marching in Place,* p. 221; 이 타협에 대한 다른 관점에 대해서는 Barbara Sinclair, "Governing Unheroically (and Sometimes Unappetizingly): Bush and the 101st Congress", in *Bush Presidency,* pp. 178–181.

86) 공화당 의회선거위원회(Republican Congressional Campaign Committee) 위원장 에드워드 롤린스(Edward Rollins)는 이런 비난으로 세금 서약을

포기한데 대해 항의했다. "당신은 포기하면 안 됩니다… 당신은 죽을 것입니다… 이것은 누구라도 우리와 민주당 사이를 구분할 수 있는 마지막 선입니다." Woodward, "Origins", p. 22에서 재인용.

87) Richard Berke, "G.O.P. in Revolt on Taxes, Step Up Criticism of Bush", *New York Times,* June 28, 1990, p. 20; "President's Hill Troops Mutinied", *Congressional Quarterly weekly Reports,* September 29, 1990, p. 3096.

88) 국제정세에서 현재 미국의 상황과 대비되는 점이 있다면, 그것은 외교정책에서 부시가 세운 상대적으로 대응적이고 방어적인 경로에 있다. 실제로 부시는 새로운 질서를 주도할 기회를 포착하는 것보다는 현상유지를 하는데 더 능숙했다. 1990년 소련에서의 쿠데타 시도를 비난하는데 주저했던 것부터 학생 시위를 탄압한 중국을 응징하는데 주저했던 것, 쿠웨이트의 에미르(Emir)를 옹호했던 것, 일본내 미국 제조업자들을 위해 했던 일들까지, 부시는 새로운 관계를 만들어내는 것보다는 기존 관계 내에서 움직이는 것을 훨씬 선호한다는 것을 보여주었다.

89) "The President's News Conference", June 29, 1990, *Public Papers of the Presidents of the United States: George Bush* (Washington D.C.: United States Government Printing Office, 1991), p. 885).

90) Bob Woodward, "Primary Heat Turned Deal into a 'Mistake", *Washington Post,* October 6, 1992, pp. 1ff.

91) 이 점을 지적한 것은 A. M. Rosenthal, "Mr. Bush Steps Aside", *New York Times,* October 13, 1992, p. 23.

92) Russell Baker, "The '92 Follies", *New York Times Magazine,* November 1, 1992, p. 58.

93) "George Bush in TV Interview with David Frost", January 3, 1992, Federal News Service Transcript; Mary McGrory, "Traveling in Poor Company", *Washington Post,* January 14, 1992, p. A2.

94) Maureen Dowd, "Bush: As the Loss Sinks In, Some Begin Pointing Fingers", *New York Times,* November 5, 1992, p. 1.

95) "Perot: Our Objective Is to Improve Our Country", *Washington Post,*

July 17, 1992, p. A17.

96) "President's Address to a Joint Session of Congress", *New York Times,* February 18, 1993, p. 20에서 재인용.

후기

1) 클린턴의 항변에 대해 *New York Times,* April 19, 1995, p. 1.

2) 의회 민주당 지도부이자 진보적 하원의원이었던 리차드 게파트(Richard Gephardt)가 거듭 말했듯이, "우리 모두는 이제 '새로운' 민주당원입니다." *Washington Post,* September 16, 1996.

3) 마찬가지로 40 퍼센트의 승리가 선공의 자세를 완전히 결정하는 것도 아니다. 1860년 선거에서 40 퍼센트로 승리했던 링컨은 리더십에 있어서 확고하게 재편적이었다. 가장 확실한 차이점은 링컨이 혁명적인 의도를 지닌 핵심 기약을 내세운 신생 정당 소속으로 집권했다는 점이다. 보다 중요한 차이점은 아마도 링컨에 대한 반대 세력들 대부분이 물러났다는 점일 것이다. 만일 남부가 연방에서 탈퇴하지 않았다면 링컨의 임기가 어떻게 전개되었을지 생각해 보는 것도 흥미롭다. 재편 자세에 대한 장애가 훨씬 컸을 것이고, 선공의 리더십이라는 대안이 훨씬 강했을 것이기 때문이다.

4) Matthew Josephson, *The Politicos* (New York: Harcourt, Brace and World, 1938), p. 362.

5) 1830년대에 전국적으로 양당간 경쟁이 구축된 이래 두 명의 소속당 대통령들만이(그랜트와 맥킨리) 재선에 성공했으며, 그랜트의 경우에는 상대방 지지층의 상당 부분이 군사적으로 점령된 상태였다. 그로버 클리블랜드는 세 번의 대통령 선거에서 가장 많은 표를 획득했으나, 1888년 선거에서는 선거인단 표에서 패배했고, 1892년에 다시 당선되었다. 자차리 테일러는 선공의 리더로서 대통령에 당선되었으나 재임 2년차에 사망했다.

6) Joan Hoff, *Nixon Reconsidered* (New York: Basic Books, 1994), pp. 129–137; Michael A, Genovese, *The Nixon Presidency: Power and Politics in Turbulent Times* (Westport, Conn.: Greenwood Press, 1990), pp. 76–80; A. James Reichley, *Conservatives in an Age of Change: The*

Nixon and Ford Administration (Washington, D.C.: Brookings Institution, 1981), pp. 138－153.

7) Gebovese, *The Nixon Presidency,* pp. 61－76, 100－110.

8) 이 점에 대해 John Skrentny, *The Ironies of Affirmative Action: Constructing Justice in American Politics and Culture* (Chicago: University of Chicago Press, 1996).

9) "George Fred Williams Quotes from Professor's History: Assails Governor Wilson's Contempt for the Poor", *San Francisco Examiner,* February 11, 1912, pp. 1, 30; Mr. Herast Exposes Prof. Wilson a sDodging, "Crafty Federalist: Ideas Suddenly Change When His Ambition Leads Him to Covet High Office of the President", *San Francisco Examiner,* March 14, 1912. 이 자료들에 대해서는 시드니 밀키스와 1912년 선거에 대한 그의 최근 연구에 빚을 졌다.

10) Herbert Croly, *Progressive Democracy* (New York: Macmillan, 1914), p. 20. 윌슨의 혼합물이 혁신주의 지성계에서 어떤 존재였는지와 이에 대한 혁신주의자들의 의혹에 대해서는 Eldon Eisenach, *The Lost Promise of Progressivism* (Lawrence: University of Kansas Press, 1994), pp. 122－129.

11) *New Republic,* June 24, 1916, p. 185. "정당을 선택하고 여기에 적응한 것보다 더 윌슨 씨가 성공적으로 기회주의적이었던 것이 없다. 그는 혁신주의 운동에 대한 철학적 해석으로 시작해서 혁신주의를 부활한 제퍼슨주의로 만들어버렸다."

12) "Presidential Complacency", *New Republic,* November 21, 1914. 이런 생각은 나중에도 생겼다. "Unregenerate Democracy", *New Republic,* February 5, 1916; "The Future of the Democratic Party", *New Republic,* July 7, 1920, p. 164. "윌슨의 혁신주의가 얄팍한 것이라는 크롤리의 분석은 기본적으로 옳다"는 아더 링크(Arthur Link)의 판단을 고려해 보라. *Woodrow Wilson and the Progressive Era, 1910－1917* (New York: Harper, 1954), p. 80. 또한 Terri Bimes and Stephen Skowronek, "Woodrow Wilson's Critique of Popular Leadership", *Polity,* xxix, 1 (Fall 1996), pp. 27－63.

13) Peter MacFarlane, "The President in Practice", *Collier's Weekly,* 53,, 5 (April 18, 1914), pp. 5−7.

14) Oswald Valliard, "The Shifting Administration: Mr Wilson Changes on Preparedness, the Tariff Commission, and Other Policies", *The Nation,* 102, 2642 (February 17, 1916), pp. 189−191; "The President's SOP to Tammany", *The Nation,* 102, 2652 (April 27, 1916), pp. 450−451; "The Week", *The Nation,* 102, 2654 (May 11, 1916), p. 506; "Wilson and the Presidency", *The Nation,* 102, 2660 (June 22, 1916), p. 661; "Mr. Wilson's Acceptance", *The Nation,* 103, 2671 (September 7, 1916), pp. 213−214.

15) "Shall We Vote for Wilson", *Outlook,* August 23, 1916, pp. 941−942; "The President's Opportunity", *Outlook,* December 13, 1916, pp. 792−793.

16) John Dinan, "Keeping the People's Liberties: Republican, Populist, and Judicialist Regimes of Rights Protection in the American State", un−published doctoral dissertation, University of Virginia, 1996에서 재인용.

17) Bob Woodward, *The Agenda: Inside the Clinton White House* (New York: Simon and Schuster, 1994), p. 165.

18) "Prepared Text for the President's State of the Union Message", *New York Times,* January 24, 1996, p. 14; "Second Inaugural Address", *New York Times,* January 21, 1997, p. 14.

19) Grover Cleveland, "Third Annual Message", Dece,ber 6, 1887, in James Richardson, ed., *A Compilation of the Messages and Papers of Presidents* (New York: Bureau of National Literature, 1897), p. 5175.

20) Theda Skocpol, *Boomerang: Clinton's Health Security Effort and the Turn against Big Government* (New York: Norton, 1996); Haynes Johnson and David Broder, *The System: The American Way of Politics at the Breaking Point* (Boston: Little Brown, 1996).

21) MacFarlane, *Collier's Weekly,* April 18, 1914, pp. 5−7.

22) *Outlook,* December 10, 1916, p. 793.

23) "Wilson, the Country and the War", *The Nation,* 103, 1678 (October 26, 1916), p. 389.

24) *The Letters of Theodore Roosevelt,* vol. 8 ed. Elting Morison (Cambridge: Harvard University Press, 1954), pp. 1031, 1199.

25) Henry Cabot Lodge, *The Senate and the League of Nations* (New York: Scribners, 1925), pp. 79－80, 212－213, 216－226.

26) Vernon Van Dyke, *Ideology and Political Choice: The Search for Freedom, Justice, and Virtue* (Chatham, New Jersey: Chatham House, 1995), pp. 274－283.

27) Geoffrey Blodgett, "The Political Leadership of Grover Cleveland", *South Atlantic Quarterly,* 82, 2 (Summer 1983), pp. 290－291; Pearl Louise Robertson, *Grover Clevelend as a Political Leader* (Chicago: University of Chicago Press, 1939).

28) 클린턴이 두 번째 임기를 시작하면서 클리블랜드 모델로 돌아가서 선거운동 개혁의 이슈를 내세울지는 두고 보아야 한다. 자신의 재선 선거 운동에 대해 제기된 의혹들을 고려할 때, 이것은 클린턴의 궁극적인 선공이 될 수 있다.

29) 특히 윌슨과 클리블랜드 시기에 있어서 선공 리더들의 정당 건설 전략에 대해서는 Scott James, *Parties, Presidents, and the State: The Construction of America's Regulatory Institutions* (New York: Cambridge University Press, forthcoming).

30) 밥 돌(Bob Dole)은 클린턴의 재선 선거 유세가 닉슨의 1972년 선거 유세와 같으며 대통령으로서 클린턴의 운명이 1974년 닉슨의 운명과 갈다고까지 주장했다. Dan Balz and Blaine Harden, "Dole Raises Spectre of Watergate", *Washington Post Service,* November 1, 1996.

역자 약력

백창재

현 서울대학교 정치외교학부 교수

미국 캘리포니아 대학교(버클리) 정치학 박사

저서

『미국패권연구』, 『미국 무역정책 연구』, 『미국정치 연구』, 『20세기로부터의 유산』 등 다수

역서

『미국 사회과학의 기원』, 『미국의 자유주의 전통』, 『단극체계 국제정치이론』, 『정부의 실패와 민주주의 위기』 등 다수

한국연구재단 학술명저번역총서 서양편

대통령이 만드는 정치 2

초판발행 2025년 9월 25일

지은이 스티븐 스코우로넥
옮긴이 백창재
펴낸이 안종만·안상준

편 집 장유나
기획/마케팅 노 현
표지디자인 이영경
제 작 고철민·김원표

펴낸곳 (주) 박영사
서울특별시 금천구 가산디지털2로 53, 210호(가산동, 한라시그마밸리)
등록 1959. 3. 11. 제300-1959-1호(倫)
전 화 02)733-6771
f a x 02)736-4818
e-mail pys@pybook.co.kr
homepage www.pybook.co.kr
ISBN 979-11-303-2324-4 94080
979-11-303-1007-7 94080 (세트)

정 가 18,000원

이 저서는 2022년 대한민국 교육부와 한국연구재단의 지원을 받아 수행된 연구임 (NRF-2022S1A5A7079837)